현대중국사
(1945-2009)

이상옥 저

JEONJU UNIVERSITY PRESS
전주대학교 출판부

목 차

제1장

국공 내전과 중화인민공화국의 건국

제 1 장

국공 내전과 중화인민공화국의 건국(1945-49)

제1절 공산당 승리의 의미-사회혁명 발발의 불가피성

20세기의 중국은 극단적으로 복잡한 역사의 궤적을 보인다. 혁명과 변혁의 소용돌이의 역사였다. 이 변화의 역사의 중심 영역은 정치였고 이 정치에 가장 영향을 끼친 요인은 국내정치가 아니라 국제정치였다. 즉, 중국의 현대사가 1911년 신해혁명에서부터 시작한다고 할 때 그 이후 중국역사를 가름하는 가장 중요한 요소가 국내가 아닌 국제적인 요소라는 것이다. 즉, 중국인이 중국 당시의 국가의 모든 일을 계획하고 실행해서 앞날을 결정하고 운명을 개척해 나간 것이 아니라 중국인이 아닌 다른 사람들이 중국인과 중국의 일을 결정했던 것이다. 이것이 근대 이후 중국의 운명적인 비극이었다. 이러한 비극적인 운명의 역사는 1945년 일본 제국주의가 패망함으로서 비로소 일단락되었던 것이다.

국제적인 요인으로서 가장 중요하게 중국에 작용했던 세력은 서구 자본주의를 중심으로 하는 제국주의 국가 중 일본과 미국이었다. 일본 제국주의의 침략은 중국 현대사의 가장 중요한 사건이었다. 그 내용은 여기서는 그 의의를 간단히 설명하기로 한다. 일본의 중국 침략으로 인한 가장 큰 중국 현대사에 있어서의 의의는 바로 공산당의 중국무대에서의 전면 등장이었다. 마오저둥이 1961년에 술회한대로 "일본의 전면적인 중국 침략전쟁이 중국 국내의 정치형세를 근본적으로 바꾸어 놓았다. 이로 인해 중국 공산당이 새로운 발전기회를 얻고 최후에 정권을 탈취할 수 있었던 것이었다."[1] 이 언급은 일본의 중국 침략이 20세기 중국 정치 형세의 흐름에 직접적으로 영향을 미쳤다는 것을 의미한다. 또한 공산당은 중국에서 창당 당시부터 제2차 국공합작 때 혹은 1945년 일본 패망 때까지 미미한 존재에서 어떻게 중국 대륙의 주인 자리를 차지할 수 있었을까? 이 중국 근현대사의 가장 큰 미스터리의 핵심 문제에 대한 답을 우리가 바로 여기서 얻을 수 있다.[2] 즉, 중국 공산당은 일본의 중국을 전면적으로 침략함으로서 국민당이 공산당 대응에 여가가 없는 틈을 이용하여 기사회생하고 세력을 확장하여 당시 중국에서 가장 큰 세력인 막강한 국민당에 승리하여 중국 대륙의 주인공이 될 수 있었던 것이다.

20세기 중국 국내의 정치형세는 일본의 전면적인 침략으로 근본적으로 변화되었던 것이다. 당시 중국의 극단적인 빈곤과 약세의 형세에서 일본의 중국 침략은 중일관계에서 결정된 것이 아니라 주로 미일관계에서 결정되었던 것이다. 이것이 국제적인 요인이다. 당시 중국을 둘러 싼 국제정치의 변화가 중국 국내 정치 변화를 일으킨 주요 작용이었다는 점이다. 구체적으로 유럽과 미국 및 일본의 정치, 경제역량과 중국의 국제정치 상 지위의 변화가 중국 사회문화에서부터 경제에 이르기까지 정체(整體, 전체적, 전면적)적인 변화를 일으켰던 것이다. 외부의 이러한 충격이 없었다면 중국의 변화는 결코 이러한 형세에서 나타나지 않았을 것이다. 외부의 충격이 중국의 전통문화, 정치제도를 철저히 붕괴시켰다. 중국이 직면한 전면적인 위기는 다음 두 가지 결과를 가져

---

1) Tang Tsou(鄒 讜). *America's Failure in China, 1941-1950*. Chicago: The University of Chicago Press. 1963. 49. Footnote 47.

2) 중국공산당의 성공과 이의 국제적 요인으로의 설명에 대해서는 Tang Tsou 교수의 중국 현대사에서의 "사회혁명" 발발의 불가피성을 주장한 내용 설명. 이에 대해 甘 陽. "鄒 讜教授" 中國革命再解釋 "序". http://www.gongfa.com/ganyangzoutang.htm 참고.

왔다. 첫째, 사회혁명이다. 정치의 방식으로 사회의 각 영역의 문제를 해결하는 것이다. 둘째, 외부 요인이 항상 중국 내부 정치 역량의 승자와 패자를 결정했다. 예를 들어 항일전쟁과 국민당 통치의 신속한 붕괴가 직접적인 관계가 있는 것이 아닌가? 중소관계의 결렬이 문화혁명의 10년 동란과 직접관계가 있는 것이 아닌가? 라는 점이다.[3]

공산당이 어떻게 미미한 역량으로 거대한 국민당을 무너뜨리고 중국 대륙을 석권할 수 있었을까? 역사적인 맥락으로서 이해가 필요하다. 당시 중국의 사회, 경제적 요인을 포함한 국내 정치 요인 말고도 중국의 대외 요소가 중요한 요인이라는 설명이다. 그러나 이러한 세계 체제적 관점으로는 격변하는 중국의 혁명 폭발의 당위성에 대해 일부분 밖에는 설명해 주지 못한다. 자본주의 신봉자인 국민당 측의 "점진적 개량주의"는 당시 중국의 역사 상황에 부합하지 않는다. 왜냐하면 개량을 하기 위해서는 상대적으로 안정된 정치제도와 비교적 높은 정당성 기초를 가진 정치통치계층의 존재가 필요하다. 게다가 더 근본적인 이유는 20세기 중국이 직면한 가장 중요한 문제는 바로 "통치계급의 해체와 전체 정치제도의 붕괴"인 것이다. 그러므로 저우당 교수는 다음과 같이 설명한다. "내부 요소에 대해 강조하고 싶은 것은 송대 이후 중국 전통사회의 통치계급은 지주, 사대부와 관료의 삼위일체의 단체로 상당히 공고하고 안정적이며 상당한 연속성을 지니고 있다. 20세기의 변혁 속에서 이러한 통치계급이 없어졌고 이와 동일하게 공고한 사회기초를 가지고 같은 안정성을 띠고 있으며 연속성을 띠고 있는 통치계급을 찾아서 또 이와 상응한 정치, 경제, 사회

3) Tang Tsou(鄒 讜, 저우당). *Twentieth Century Chinese Politics: From the Perspectives of Macro-history and Micromechanism Analysis*. Hong Kong: Oxford University Press. 1994. 46-47.

제도를 건립하기란 상당히 곤란하고 상당한 시간을 요하는 일인 것이다."[4] 그러므로 20세기 중국의 전면 붕괴와 전면 위기의 형세는 중국으로 하여금 거의 피할 수 없이 "사회혁명"의 길로 접어들게 되었던 이유이다. "사회혁명"을 통해 "국가제도의 중건(重建)"을 가장 넓은 사회계층의 지지 위에 이루기를 모색하는 것이다. 이것이 공산당이 국민당에 전승할 수 있었던 가장 중요한 이유라는 것이다.

공산당이 표방한 마르크스주의 이념이 이 승리에 한 몫을 담당하였다. 즉, 서양에서 유래한 공산주의 사상은 당시 중국의 지식인을 동원하고 사회 저변을 중국혁명에 참여시키는 힘을 가졌던 것이다. 그러나 이러한 일거에 달성되는 중국사회에 대한 "혁명"식 처방은 한편 위험한 요소를 내포하고 있다. "혁명"의 승리는 곧 정치권력이 모든 사회영역으로 침투하여 주도하는 것을 의미한다. 혁명의 이데올로기는 개인과 모든 사회단체가 무조건적인 복종하기를 요구한다. 그러므로 결국은 개인의 자유와 사회의 자주적인 발전을 극도로 제한한다.

저우당에 의하면 20세기 중국 혁명은 시작 단계부터 두 가지 상호 충돌되는 목표를 가지고 있다. 즉, 개인자유와 국가 제도 중건(重建)이다. 한편으로는 구제도의 전면 붕괴는 공전(空前)의 무수한 개인의 활력과 창조력을 석방시켰다. 중국의 새로운 형태의 지식 엘리트, 사회 엘리트와 자유로운 개인 및 단체가 탄생했다. 그러나 다른 한편 구제도의 전면 붕괴는 중국의 이러한 신형(新型) 지식 엘리트와 사회 엘리트가 "국가제도의 중건(重建)"에 절박하게 통감한 나머지 이를 "사회혁명"의 수단으로 강력하게 달성하려 한다. 이것은 동시에 개인 자유의 목표를 희생하는 것이다.

중국 현대사의 가장 절정을 이루었던 사건인 중국 공산당의 승

4) 저우당. 전게서. 47.

리에 대하여 역사적인 맥락을 좀 더 살펴보도록 하자. 왜냐하면 이것이 중국 현대사를 이어 내려 온 맥락의 기원이 되며 이것으로 현대 중국 공산당이 통치하는 중국의 기본 성격을 우리가 좀 더 근원적으로 이해할 수 있을 것이기 때문이다.

공산당과 국민당의 내전에서 공산당의 승리의 원천이 되는 요소는 무엇이었을까? 공산당의 조직 능력, 대중 선전에 능한 통일 전선, 혹은 마오저둥의 게릴라 전술 이런 것들인가? 아니면 정규군의 전략과 전술에서 승패를 가를 결정적인 차이가 났던 것인가? 이런 요소들과 원인을 규명하기란 쉽지 않다. 어디부터가 원인이고 어디까지가 결과인지 가려내기란 극히 어렵기 때문이다. 가령 항일 전쟁 당시 국민당과 공산당의 대응을 보면 양 당 모두가 무적의 일본제국주의 군사력 앞에 대적할 상대가 되지 못했던 것이 사실이었다. 그러므로 상대하는 것보다 자신의 세력을 아껴 살려 예기(豫期)할 수 있는 일본의 패망 이후의 양 세력의 대결에 준비했을 가능성에 대해서 역사가들은 주의를 기울이기도 한다. 그리고 1941년 일본의 미국 진주만에 대한 전격적인 습격으로 말미암은 미국의 참전이 일본의 중국 전장(戰場)에서의 실패하는 결과를 초래한 가장 결정적인 요인이 되었음을 지적하기도 한다. 또한 중국 전장이 세계 제2차 대전에서의 추축국 세력을 붙잡아 놓음으로서 연합국 측이 세계의 다른 전장에서 용이하고 효율적으로 전략을 펼 수 있었다고도 하는 주장도 제기된다.[5] 이러한 역사적인 평가는 제 각각 나름대로의 논리를 가지고 있지만 정작 공산당의 궁극적인 승리라는 최종 역사적 결과에 원인과 그 요소들을 꿰어 맞추려고 하는 "환원주의"의 함정에 빠질 우려가 있는 것

---

5) Edward A. McCord, "Edward L. Dreyer, China at War, 1901-1949", 13 Sep 1995, http://www.hartford-hwp.com/archives/55/118.html, 2006. 6.3. 검색 참조.

이다. 우리는 어떠한 결론을 여기서 내려고 하지 않는다. 우리 각자가 가급적 최대한 당시의 사실을 놓고 충실하게 가능한 논리와 상황을 일체의 선입견을 배제하고 재구성해 보자. 그 자체가 중요한 역사적 교훈을 우리에게 안겨줄 것이기 때문이다.

제2절 국공 내전의 경과(1945-1949)

1. 내전의 배경

당랑거철(螳螂拒轍)이란 말이 있다. 당랑, 즉, 사마귀가 전차에 맞서 싸운다는 중국 고사이다. 상대가 되지 않는 싸움을 일컫는 말이다. 그러므로 싸움하기 전부터 승패가 분명하게 보여 처음부터 싸우나마나 한 싸움인 것이다. 국민당과 공산당이 일본 제국주의가 패망하고 제2차 세계대전이 정식으로 종말을 고했을 때 중국 대륙은 비로소 외세를 몰아내고 중국인 자신들이 자신의 땅에서 자신의 운명을 결정할 중요한 순간을 맞이하게 된 것이다. 실로 얼마만인가. 중국이 서양 중심의 제국주의 세력의 침략의 대상이 되어 거의 식민지나 다름없는 반(半)식민지의 처지로 떨어지고 중국은 주권을 거의 상실하여 중국인이 민족 최대의 위기에 처해있었던 것이 바로 1800년대 전반 이후의 일이었다. 사건으로 보면 1840년의 아편전쟁으로 인하여 중국으로 하여금 불평등조약과 외국 침략의 발판인 조차지를 제공하게 된 때로부터 100년이 넘은 것이었다. 이 100년은 중국과 중국인에게 중국 전 역사를 통틀어 가장 어려운 시기였다.

일본은 전쟁에 졌고 중국 땅에서 물러갔지만 그 당시 중국을 실질적으로 지배했던 중국인 정권은 장제스의 국민당이었다. 이에 대적할 세력은 공산당으로 마오저둥이 지도자였다. 그러나 서두에 언급한대로 국민당과 공산당은 대적할 상대가 되지 않을 정도로 현저한 차이가 있었다. 공산당군은 국민당군에 비하면 전차에 무모하게 싸우려 덤비는 사마귀 같은 존재였다.

그 세력의 차이는 이렇게 비롯되었다. 국민당군은 그 세력기반이 대도시 상공업자, 관료, 상류층 지식인, 농촌의 대지주 등 지배세력을 대표하는 집단으로 구성되었다. 그들은 돈과 권력을 가진 계층이었다. 더구나 손 문의 국민혁명의 정통성을 계승한 합법성과 권위를 지닌 막강한 집권 세력이었다. 반면에 공산당은 비록 국민당보다 일찍 창당되었지만 소수의 공산주의자들에 의해 조직되고 그들은 중국에서의 공산혁명의 실현을 꿈꾸는 "혁명가"들이었다. 실질적인 권력과 재정적인 능력이 없었다. 그들은 소수로 대도시의 지하조직과 폭동 등의 유혈혁명을 일으키는 활동을 주로 해 나갔다. 마오저둥이 실질적인 공산당의 리더가 된 이후에는 농촌을 중심으로 국민당군 과의 충돌을 회피하면서 벽지의 농민들을 중심으로 자신들의 세력을 키워 나갔다.

형편이 자신들에게 유리하게 전개되면 도시로 나와 본격적인 "공산혁명"을 일으킨다는 소위 "농촌에서 도시를 포위한다."는 전략을 세웠다. 그러나 이 전략은 마르크스의 공산주의 혁명 강령, 즉, 도시에서 공산주의 유혈폭동을 일으키는 원리를 거슬러 거꾸로 하는 것이어서 마르크스의 혁명 교과서의 가르침을 포기하는 것을 의미하였다. 가장 중요한 양 세력의 차이는 이것 외에도 종전 후의 형세에서도 나타났다. 일본군의 무장해제와 일본군 점령지였던 곳의 접수는 국민당군의 몫이었다. 또 하나 중요한 요인은 국제정세에 관한 것이었다. 미국이 국민당군을 줄곧 지지해왔던 것이었다. 모든 것이 내전 발발 당시 공산당에게 불리하게 돌아가고 있었던 것이다.

2. 내전의 경과

내전은 국민당군과 공산당군이 필수 불가피하게 부딪혀야 하는 역사의 비극을 보여주고 있다. 일본 제국주의 세력과의 전쟁에서 자신의 삶의 터전에서 거의 모든 것을 잃었던 중국이 이제 다시 같은 중국인끼리 전쟁을 벌이는 것이다. 그러므로 그 정당성이 어디에 있건 같이 우리는 여기에서 역사의 교훈을 습득해야 하는 것이다. 우리의 분단 상황과 비슷하지 않은가.

내전은 1945년부터 1949년까지 계속되었으며 여기에 중요한 요인은 국민당군과 공산당군의 실제 전쟁과 그들 세력의 특징, 그리고 미국과 소련의 역할이었다. 이것들을 중심으로 당시 내전을 재구성해보자.

(1) 내전 이전 국공의 상황

막강한 국민당군 세력이 중국 대륙을 끝내 공산당에게 넘겨 준 것은 세계 현대사의 미스터리 중의 하나일 정도의 충격과 불가사의한 일이었다는 점에 우리가 주목한다면 과연 그 직접적인 이유는 어디에 있었을까 하는 것이 우리의 궁금증을 자아내게 한다. 그리고 직접적 이유의 가장 큰 내용은 아무래도 국민당과 공산당의 직접 대결에서 찾을 수 있을 것이다. 양 당의 전쟁에서 국민당이 패퇴하여 대만으로 완전히 철수하여 더 이상 본토 수복을 꿈꾸기 어렵게 된 요인은 크게 국민당의 문제, 공산당의 문제, 그리고 중국을 둘러싸고 있는 형세의 세 가지로 나누어 볼 수 있을 것이다.

1945년 일본이 패망할 당시 국민당군은 250만 명에 무기와 장비, 그리고 운수 능력 등에서 국민당군대의 절반 밖에 안 되는 공산당에 명백한 우세했다. 기본적으로 모든 중국의 도시와 공업기지, 그리고 전 인구의 4분의 3 이상에 대한 통치권을 쥐고 있는 형국이었다.

공산당 측의 역사에 의하면 장제스가 내전을 일으킬 당시에는 이미 국민당군이 430만 명의 병력, 미군 무기와 일본군 100만 명의 무장, 전국의 76%의 면적을 통치하고 있었고, 74%의 인구, 70% 이상의 도시와 대부분의 교통선과 근대 공업 및 풍부한 자원을 갖고 있었다고 기술하고 있다. 반면 공산당군은 130만 군대, "소구경 보병총"으로 기본적으로 무장한 빈약한 무기, 물자 공급과 운수 조건이 모두 장제스군보다 훨씬 못한 상황이었다.[6] 해방구(공산당 통치지역)의 면적은 전국의 24%, 인구는 28%, 도시는 23%를 차지하고 있었고 근대 공업이 거의 없는 곳이었다.[7] 차이는 현저했다. 중공군은 장비가 빈약하고 군대의 물질적 기반인 도시가 거의 없는데다가 무엇보다도 미군의 전폭적인 물질적, 군사적 지원 및 절대적인 지지는 공군과 해군력을 가지지 못한 중국공산당에게는 치명적인 군사적 약점이었다. 누군들 공산당이 이길 수 있는 전쟁으로 볼 수 있겠는가.

마샬(Jeorge C. Marshall)의 내전 중지를 위한 중재가 물거품이 되고 장제스는 전면적인 내전을 발동한다. 초기에는 국민당군이 우세했다. 1945년 7월부터 4개월 동안 장가구 등 150여 중소도시를 점령했다. 공산당 측 자료에 의하면 10월경부터 장제스군의 기동력이 떨어지지 시작하여 공산당의 점령구(소위 해방구)에 더 깊이 들어갈수록 병력이 더 분산되고 전투에 피동적으로 되어가고 있었다. 그래서 1947년 3월부터 공산당 점령구에 대한 전면 공격을 중단하지 않을 수 없게 되었으며 산동과 협북(陝北, 협서성 북부) 지역에 대한 중점적인 공격으로 전략을 전환하게 되었다. 공산군의 주요 전략은 마오저둥이 착안한 소위 "버섯" 전략이다. 붙잡고 절대로 놓아 주지 않는다는 운동전을 일컫는 말이다. 적은 병력으로 자신보다 큰 병력을 맞이하려면 적을 피로하게 하고 식량이 떨어지게 만들어야 한다.[8] 국민당군이 공산당에 대적하기

---

6) 일본 학자는 일본이 투항한 후 국공 양 측의 전력이 공산군 120만, 민병 220만 명, 국민당군은 동북, 화북의 공산당군과 대치하고 있는 병력을 200여 만 명으로 보고 있다. 森下修一, 『國共內戰史』(東京: 三州書店, 昭和45年) 참고. 張玉法 主編, 『中國現代史論集』全10輯 (臺北: 聯經出版事業公司, 1985, 11) 356 재인용.

7) 白壽彝 주편, 『中國現代史』(下) (北京: 北京師範大學出版社, 1991, 2版), 164.

8) 백수이, 전게서, 167-170.

위해 동원한 것은 그 뿐이 아니었다. 일본군 투항병, 친일파 등을 적극 활용하여 반공(反共)의 전선에 내몰았던 것이다. 이런 것들이 중국 일반의 여론을 자극하는 결과를 빚어 결국 국민당군 패망의 중요 요인으로 작용하였다. 1년여의 전투 끝에 공산군에 의해 국민당군은 112만 여명을 잃게 되었다. 통계를 내보면 평균 매일 8개 여단씩 섬멸한 결과와 같다.[9] 이 결과로 장제스군은 전투 형세에서 불리한 처지로 전락하게 되었다. 즉, 중점 공격의 전략적 착오로 아령 형태의 군 배치는 동서에 중점적인 배치와 중원 및 강남의 공백을 초래했던 것이다. 즉, 국민당 후방의 13개 성 중 병력 배치는 21개 여단 만 남게 되었고 호남, 광서, 귀주, 복건, 절강과 강서의 6개 성(省)은 수비가 전혀 없는 빈 성이 되었고 제2선 부대가 없는 형국이 되어 버렸다.[10]

(2) 미국의 중개

미국정부는 2차 세계대전 중의 소극적인 중국의 항일전쟁에 대한 태도를 적극적으로 바꾼 것은 일본의 진주만 공습 이후라는 것이 일반적인 견해이지만 구체적으로는 1944년 9월 루스벨트 미국 당시 대통령이 장제스의 개인 대표인 패트릭. J. 헐리(Patrick J. Hurley) 소장을 중국에 파견한 이후 적극적으로 태도가 변했다는 것이다. 헐리는 미국 주중대사로 임명되고 이후 국공 합작을 위해 그의 임기인 1945년까지 중개자의 역할을 하게 된다. 그의 임무는 "일본을 물리치기 위해서는 중국의 모든 군사력을 통일시켜야 한다."는 것이었다.[11]

9) 백수이, 전게서, 171.
10) 백수이, 전게서, 171.
11) 제 13권, 제 13장 1945-1949년의 국공충돌. 『캠브리지 중국사』, 전자서.

헐리는 1945년 11월 말 중국대사의 직무를 사직한다. 트루먼대통령은 조지 마샬 장군을 특사로 임명하여 헐리의 국공 조정임무를 계속 집행하게 한다. 1946년 11월 4일 국민당 정부와 미국 주중대사는 남경에서 《중미우호통상항해조약》을 체결한다. 모두 30조로 미국인과 미국 법인과 단체가 중국에서 동등한 조건을 인정받는 것이다. 거주, 상무, 제조, 가공, 과학, 교육, 종교와 자선사업, 자원 개발 등의 거의 모든 활동을 규정하고 있다.[12)]

미국은 기본적으로 국민당군이 공산군을 완전히 소멸시킬 수 있으리라 보지 않았다. 2차 세계대전 후의 유럽 복구 계획인 마샬플랜에 의거하여 미국은 유럽의 부흥에 전력했고 상대적으로 아시아는 소외되었다. 그럼에도 불구하고 중국의 미국에 대한 전략적 중요성은 나날이 증가하고 있었다. 제한적인 원조만을 제공할 수 있었고 1947년 6월 국민당에 제시한 대규모 경제 원조 요청은 거절되었다. 1947년 7, 8월 워드마이어 장군이 중국에 돌아와 국민당에 강력한 비판을 제기했다. 그러나 미국에 돌아가 중국에 대규모 경제원조가 필요하다고 했고 만주를 국제 위탁으로 공산당의 침입을 막자는 제안을 했다. 이러한 제안은 국민당에 의해 거부되었다. 그러나 사태의 악화가 미국의 중국 정책의 전반에 대한 실패로 귀결되고 중국을 잃었다는 자책감에 빠지게도 되었다. 한편 중공은 마오저둥이 미국 대사인 스트랜든을 초청하는 등 유화정책을 사용했다. 이에 미국은 적극적인 반응을 보이지 않았다. 중공과 미국의 화해는 이후 20년 이후에서 비로소 해소되기 시작했다.[13)]

---

11) 백수이, 전게서, 172.

13) 제 13권, 제 13장 국민당정부의 붕괴와 미국정책의 실패. 『캠브리지 중국사』, 전자서.

1949년 8월 5일 미국 국무장관 애치슨은 중국백서를 발표했다. 공산당 혁명에 대응하는 전략상의 실패를 인정한 내용이었다. 실패의 근본 원인으로 장제스정부의 기본적인 약점을 들었다. "재난이 이미 국민당정부를 무너뜨렸다."고 선언한다. "대규모의 무장간섭으로 국민당이 공산당을 소멸하는 것을 도왔다." "이것은 마치 고대하던 것이었던 것이었지 모른다." 그러나 "이것은 사실상 완전히 불가능한 것이었다." "왜냐하면 "미국인이 1945년 혹은 그 이후 미국군대가 이렇게 무거운 부담을 지기를 동의하지 않았기 때문이다." 미국의 유일한 선택은 "자신의 군대와 국민의 신뢰를 상실한 정부 편에 서서 전면적인 간섭을 하는 것이었다." "그러나 이러한 간섭이 중국의 광대한 인민에게 증오감을 주고 미국의 전통 정책에 상반되게 되고 미국인의 질책을 받게 되었다." 결론의 어조는 현대 중국의 가장 중요한 시각에 대해 역사의 무상함을 느끼게 해 주는 것이었다.

"중국 내전의 불행한 결말은 미국 정부 통제 능력을 벗어나는 것이었다. 이러한 불행한 일은 피할 수 없는 것이었는지 모른다. 우리 능력이 미치는 합리적인 범위 내에 우리가 하고 할 수 있는 모든 일은 이러한 결말을 바꾸지 못했다. 이러한 결말이 마침내 발생한 것은 우리가 이러한 일들을 적게 해서가 결코 아니었다."[14)]

(3) 소련의 역할

소련은 전통적인 남진(南進)정책의 대상국인 중국에 대해 진공(進攻, 공격)을 전략화 하였다. 제2차 세계대전의 전승국으로서 아시아 진출의 새로운 전략을 추진할 절호의 기회를 맞이하는 것

14) 저우당, 전게서, 255.

으로 여겼다. 전승국으로서 중국과의 이익의 충돌은 필연적인 상황이었다. 소련의 대 아시아 진출의 전략은 동아시아 정세를 복잡화하고 나아가 한반도의 운명을 좌우하는 중요한 요소로 작용하였다.

1945년 8월 9일 소련은 1945년 2월 11일의 얄타협정에 의거하여 대일 선전 포고하였다. 8월 14일 만주에 소련군이 진입하였다. 그러나 이것은 갑작스럽게 이루어진 소련의 신속한 조치였다. 동일, 즉, 1945년 8월 14일 중소우호동맹조약을 체결하여 중국 주권과 영토의 완정(完整) 및 중국 내정에 불간섭을 천명하고 3개월 내에 동북의 소련 군대를 철수한다고 성명한 바 있다. 그러나 8월 8일의 대일선전포고는 만주는 중국 동북삼성을 포괄하고 있는 지역으로 중국과 소련에 모두 전략적 지위가 높은 곳이었다.[15]는 것을 반증하고 있었다. 같은 날 이루어진 중국과 소련의 중소우호동맹조약은 이러한 국제적인 배경 하에서 체결된 것이었다.

8월 9일 소련은 세 방면으로 동북에 대거 출병했고 8월 23일 스탈린은 만주(동북)에서의 행동(작전)이 이미 완성되었다고 선포했다.[16] 이렇게 중국 동북 지역은 소련 수중에 떨어지고 과거 러시아의 영향권 아래서 현재의 소련과 미국의 각축장으로 되었으며 중국은 피해자의 입장으로 전락하였다. 소련이 점령한 지역에서 벌인 일본군에 대한 무장해제와 중국 국민당군이 동북지역에 진입하기 전인 9월 말까지 교섭과 관련 사항이 정확히 밝혀져 있지 않다.

1945년 10월 국민당정부의 육해공 각 방면의 동북 지역으로의 군대 진입이 소련 측에 의해 방해를 받는다. 이에 국민당은 11월

15) 제 13권, 제 13장 1945-1949년의 국공충돌. 『캠브리지 중국사』, 전자서.
16) 張玉法, 전게서, 374-75.

15일 동북 행영(行營)을 철수하게 되고 외교부는 소련에 경고하게 된다. 미국은 일본 패망 이후 중국 전선에서 국민당군이 일본 패전군을 접수할 수 있도록 남경, 북경, 화동, 화북과 연해 지역으로 신속히 항공 운송을 계획한 바 있다. 소련은 이에 "제국주의" 정책이라고 강렬히 비난하고 미국 해병대의 철수를 주장했다.

소련의 주장은 간단하다. 중국의 실질적인 권력자인 국민당이 유리할 때에는 국민당과 상호 방위조약 등을 체결하고 계속하여 국-공의 합작과 담판을 지지한다. 그리고 미국을 반대한다. 한편 중공의 우세한 지역에서의 세력 확장 작전을 돕고 소련군의 일본군 접수 후에 중공군에 실질적 도움과 원조를 제공하는 방식으로 전개되었다. 중공이 승기를 잡은 후 이후에는 완전히 중공을 돕는다. 또한 미국과 같이 중국 국경 내에서의 국-공 쌍방의 중재자 역할을 적극적으로 수행한다.

1946년 3월 22일 소련은 정식으로 국민당정부에 4월 말 동북지역을 철수한다고 통보한다. 그러나 실제로는 23일 늦은 5월 23일에 철수가 이루어졌다. 동북지역의 중국공산당에 대해 지지와 지원을 보내주지 않던 소련이 그 중립적 태도를 바꾼 것은 1946년 6월 27일 "진리보"에 미군의 국민당 지원에 대한 항의와 미국의 즉각적인 철수 요구를 담은 마오저둥의 성명을 실은 때부터였다. 이후부터 소련은 중공을 적극 지원하고 미국에 적극적으로 대항하기 시작했다. 소련의 대 중국 정책은 한마디로 "유동적인 탄력성정책"[17]이라고 할 수 있었다.[18]

---

17) *The China White Paper*, Vol. Ⅰ, 97. 1945년 4월 5일 당시 미국 주소련대사관 대변인 캐넌(George F. Kennan)이 해리슨(Averell Harriman)대사에게 보낸 편지 중의 부분 내용.

18) "소련의 대 중국정책"의 부분은 許湘濤, 「戰後初期之中蘇關係」, 張玉法 主編, 전게서, 367-428. 주로 참고.

(4) 내전 경과[19)]

국민당과 공산당의 내전은 1946년부터 본격화되어 1949년 중국 대륙에 대한 주도권 전쟁은 기본적으로 종결되었다. 대만 등지와 연해 도서지역인 마조와 금문도를 제외한 전 대륙에 대한 통제권의 확보는 1950년 6월의 해남도 작전까지 지속되었다. 그 경과에 대해서 단계별로 잘 정리한 저서를 요약, 정리해보자.[20)] 이 4년 동안의 전쟁 상황을 3단계로 나눈다.[21)] 첫째 단계는 1946년 7월부터 1947년 6월까지로 국부군(장제스의 국민당군)이 우세한 시기였다. 동북과 화북의 중요한 거점이 모두 국부군이 장악하고 있었다. 이 기간 국민당군은 산동, 협북을 석권하고 153개 도시를 점령했다. 모구 40여 차례의 전투를 치러 그 결과 국민당군의 손실이 78만 명, 공산당군이 36만 명에 이르렀다. 둘째 단계는 1947년 7월부터 1948년 6월까지로 국부군이 내부 문제로 사기가 떨어져 중공군이 수세에서 공격적으로 바뀌는 시기이다. 안휘, 강소,

---

19) 국민당군과 공산당군의 1946-1949년의 내전은 중국 현대사 뿐 아니라 한국, 나아가서 세계사에 지대한 영향을 미친 전쟁이다. 이 부분은 국민당과 공산당의 역사 기술이 극명하게 대조를 이루는 부분이기도 하다. 대만 국민당의 현대사 관련 부분 연구는 張玉法 主編, 전게서가 대표적이나 마지막 10집이 국공투쟁의 내용이며 1945년 이전의 국공 관계가 주된 내용이며 1945년 이후 1949년까지의 가장 중요한 국공 내전의 기본 상황과 경과, 그 결과에 대한 해석은 없고, 일본과 미국의 국공 내전 관련 저작 2권에 대한 간단한 일별적 소개 및 소련과 미국과의 관계가 주된 내용이다. 반면 공산당의 이 시기의 역사는 주로 승리자로서의 상세한 전세와 승리 경과에 대한 묘사가 그 특징이다. 이 둘 및 미국과 일본 등지의 제 삼자로서의 객관적인 역사를 두루 보아야 하는 것이 중국 현대사 중에서도 특히 이 부분의 역사 연구 부분이다.

20) 森下修一, 전게서, 전 552쪽. 참고.

21) 張玉法 主編, 張玉法, 「評介森下修一著「國共內戰史」」, 전게서, 355-59. 정리, 요약.

낙양 등지에서의 40 여 차례 전투를 거쳐 그 결과 국민당군은 152만 명 전사와 공산당군의 45만 명 전사자를 낸다. 셋째 단계는 1948년 7월부터 1949년 6월 까지로 중공군이 결정적인 승리를 하고 국민당군이 대륙을 완전히 철수한 시기이다. 이 시기를 두 시기로 나누어 1949년 6월까지와 그 이후로 나눌 수 있다. 먼저 시기에는 제남(濟南), 태원(太原), 회해(淮海), 평진(平津) 등의 승패를 좌우하는 결정적인 전투를 치러서 주요한 이 10여 차례의 전투로 국민당군은 243만 명, 공산당군은 62만 명의 사상자를 내고 국민당군은 치명상을 입은 결과가 되었다. 두 번째 시기, 즉, 1949년 7월부터 1950년 6월까지 국민당군은 완전한 패퇴를 맞게 된다. 난주(蘭州), 복주(福州), 영하(寧夏)와 해남도 등의 20여 차례 전투를 벌여 국민당군 238만 명, 공산군 9만 명의 현저한 차이의 사상자를 내게 된다.

중국 역사상 그리고 세계 역사상 중요한 전투를 중심으로 간단히 살펴보자. 먼저 "동북작전"(혹은 전역, 戰役)에서는 동북 군정을 실시하던 국민당 정부(동북 행영, 行營)의 심양 등지에서의 전투가 있었고, "회해작전"은 내전 중의 가장 규모가 큰 전투로 기록된다. 서방(徐蚌)전투라고도 불리며 1948년 11월 7일부터 1949년 1월 10일 까지 국민당군이 5개 병단(兵團) 약100만 명을 동원하고 공산당군은 주력을 제3(사령원, 즉, 사령관, 진의, 陳毅)과 제2(유백승, 劉伯承)야전군 및 화동, 중원, 화북 군구(軍區)의 60여 만 명과 역사적인 전투를 벌이게 된다. 국민당군의 전략은 "중점방어"로 서주(徐州)를 중심으로 남경을 사수하는 전략이었다. 날씨와 보급 곤란으로 국민당군은 우세한 전력을 발휘할 수 없었고 대다수의 지휘관이 자살하거나 포로가 되는 수모를 당해야 했다. "평진(平津)작전"에서는 천진의 함락과 국민당 사령관 부작의(傅作義)의 투항으로 결말을 맞게 되고 장제스의 퇴진과 이종인(李宗仁)의 대리 총통직 수행으로 체제를 재정비한 국민당은 그러나 장강(長江, 양자강) 전투로 인하여 남경, 상해, 복주, 사천 등지의 연이은 파죽지세 같은 패배와 함락을 당하게 된다.

2년 동안의 전투를 통해 국민당군은 264만 명 병력의 손실을 보았고 인민해방군(공산군의 1945년 이후의 이름)은 280만 명으로 증가하였으며 그 중 정규군이 149만 명이 되었다. 군정(軍政) 자질과 전술 기술 수준이 제고되었다. 이미 상당 강대한 포병과 공병, 석가장, 개봉 등 도시를 공격할 때 공격과 수비 전술을 익혔고 운동전 뿐 아니라 진지전에도 능하게 되었다. 기본적으로 야전군, 지방군, 유격대 삼자 결합의 체계를 갖추게 되었다.[22] 소위 삼대 전역(戰役)이라고 불리는 장춘, 심양 등지의 동북 지방의 요심(遼沈)전역, 서주 등지의 화동 지역을 중심으로 하는 회해(淮海)전역과 북경과 천진을 중심으로 하는 수도 권역의 평진(平津)전역 등에서 완전한 승패가 판가름 났다.

22) 백수이 주편, 전게서, 202.

제3절 중화인민공화국 건국

1949년 10월 1일 오후 3시 미군의 공습을 피해 천안문 성루에 모인 공산당 지도부는 마오저둥이 대표하여 카랑카랑한 호남 사투리로 모인 군중과 각계 인사 앞에서 선언했다. "이제 중화인민공화국이 성립되었다...중국인은 이제 일어섰다." 국민당군 과의 피비린내 나는 중국인끼리의 내전이 끝났다. 전쟁은 중국을 일본 침략으로 인한 피해에 더해 근대[23] 중국을 거의 폐허로 만들었다. 이날은 이후 중국의 대표적인 국경일이 되었고 최소 1주일 이상 휴무로 북경을 비롯한 전국이 온통 가을 휴가 분위기가 되었으며 경제발전을 이룩한 중국은 근대 이후 소위 '굴욕' 의 근대의 긴 암울한 시기를 지나 과거 화려한 중화제국의 위용을 되찾아가는 듯 보였다. 진정 중국인이 일어선 것인가.

중화인민공화국의 건국은 세계사적으로 또 우리에게 커다란 영향을 미쳤다. 물론 좋은 점과 나쁜 점 모두 있다. 세계사적인 의미로는 미국과 소련을 중심으로 하는 2차 세계대전 후의 세계정세 구도에 냉전의 의미를 굳혀 본격적인 체제 경쟁에 전 세계 국가가 두 편으로 나뉘어 열띤 경쟁과 대결의 사고와 행위를 보여 주었다. 화합과 융화보다 대립과 상호 적대의 세월이었다. 이는 사회주의 중국의 탄생으로 말미암아 더욱 가세되었고 서유럽이 전쟁으로부터 회복되고 일본이 경제대국으로 완전히 발돋움한 20세기 후반기에는 양극에서 분열하여 다극화 체제로 분화가 심화되

23) 현재 중국 주류 사학계는 1949년의 중화인민공화국 건국을 기점으로 현대라고 규정하고 대만 등의 자본주의 진영에서는 1911년의 신해혁명을 현대의 시작으로 본다. 1919년의 5.4문화운동을 현대의 정신적 기준으로 보는 견해 등 사회주의와 자본주의 양 진영의 현대 기점에 대한 견해는 상이하고 이에 따라 현대와 근대에 대한 역사적 해석과 적용 이론도 각각 다르다.

었다. 1989년 소련의 극적인 해체와 동구권 사회주의 국가들의 몰락으로 이러한 구도는 다시 미국 중심의 자본주의 세력의 완승같이 보였으나 1980년 이후 경제개혁과 개방을 단행한 중국에 의해 추격당해 오늘날 마치 옛 소련을 대신하여 미국과 중국의 2자 초강대국 체제로 변화되어가는 듯해 세계 역사의 변화무상함을 보여주고 있으며 한편으로는 정치보다 경제를 중심으로 하는 새로운 질서가 형성되어 가고 이는 글로벌화라는 새로운 차원의 세계정세의 의미가 더해지고 있는 역사 진화의 단계에 와 있다.

중국 대륙의 공산화는 한반도와 우리에게 엄청난 시련을 안겨주었다. 6.25전쟁의 발발과 휴전, 그리고 한반도 냉전구도의 지속은 한민족의 새로운 시대에서의 발전의 기회를 여지없이 앗아가고 현재에도 북한은 물론 남한에 있어서도 중국의 영향력은 미국과 비슷한 정도로 우리에게 중요한 요소가 되었다.

대만으로 패주한 국민당의 중화민국 측은 이 사실을 어떻게 기록하고 있을까? 중화민국의 정사(正史)같은 존재인 '중화민국 사사(史事) 일지(日誌)에 다음과 같이 기재되어 있다. 편년체로 되어 있는 내용 중 1949년 절박한 내전 전쟁 상황에 대해 공군(共軍, 즉, 공산군)...점령 등의 사실을 짤막하게 기록한 후 10월 1일의 중화인민공화국의 건국을 다음과 같이 기술하고 있다.

"10, 1일 (8, 10 음력) 갑(甲), 북평(北平)의 【중화인민공화국정부】성립하다. 마오저둥 주석이 국무위원회 석상에서 (건국을) 선포하다. 저우언라이를 국무원총리 겸 외교부장에 임명하다. 을(乙), 저우언라이가 각국 사령(使領, 대사)에 편지를 보내 신정부 승인 및 정상(正常)외교관계 건립을 요구하다. 병(丙), 북경에서 개국 전례를 거행하다. 정(丁), 주불대사관 직원들이 신정부에 복종할 것을 선포하다. 대사 첸타이는 사직하다...10, 2(8,11) 갑(甲), 소련이 북경의 중화인민공화국 중앙인민정부 승인하고 현재 광주(廣州)의 정부와의 관계 단절을 선포하다…10, 3(8.12) 갑, 정부는 소련과 외교관계 단절을 선포하다. 을, 미국 국무원은 광주의 국민정부를 계속 승인할 것과 중공 정권에 대한 입장이 어떠한 경우라도 변화하지 않을 것임을 선포하다…”[24)]

중국 공산당 정부는 1949년 정식 건국하기 이전에 그들의 중요한 소위 ‘통일’ 전략으로 ‘통일전선’을 실시했다. 이는 모든 가능한의 사회 역량을 자신 공산당 세력에 이롭게 이용하는 전략이었다. 마오저둥은 이 전략을 통일 혁명의 삼대 법보(法寶) 중의 하나로 여길 정도였다. 이 ‘통일전선’의 이론과 이의 실천은 중국 현 정권의 기반을 다지는 원천적인 이론과 제도로 남아있다. 이 대표적인 제도가 인민협상정치회의(약칭, 정협)이다. 공산당을 주축으로 군소정당과 제 단체와 사회명사 등을 망라한 것으로 중국 공산당 정권의 형식성을 여실히 나타낸다. 형식 상 사회 제 단체의 성격을 띠었고 독재를 위한 하나의 요식 행위에 불과한 것이다. 헌법에도 ‘공산당 영도’를 명기하고 있고 실제적으로 공산당의 영구적 독재를 위한 전제에서 경제개발이 시작된 정치 문화적 맥락을 우리는 중국 공산당 정권을 통해 알 수 있다. 1949년의 공산당 중심의 정권 수립은 명목상 그리고 당시 사회 정치상황으로 보아 단결과 조화가 필요한 건국 시점에서 필수불가피한 조치였다. 공산당의 역사 기술은 어떠했나?

1949년 9월 21일 오후 7시 중국인민해방군 진행곡과 54발의 예포가 울려 퍼지는 가운데 인민정치협상회의 1회 전체회의가 북경 중남해(中南海)에서 마오저둥의 주지 하에 열렸다. 마오저둥은 개막사에서 “우리의 공작은 인류 역사에 기록될 것이다. 다음과

24) 中華民國史事日志, 在線閱讀, 正文. 1949-中華民國三十八年乙丑, 讀書網, http://www.dushu.com/showbook/100283/1011566.html.

같다. 인류 총수의 사분의 일의 중국인이 이로써 일어섰다." "우리 민족은 더 이상 남에게 모욕당하는 민족이 되지 않을 것이다. 우리는 이미 일어섰다."고 선언했다. 9월 27일《중화인민공화국중앙정부조직법》과 《중국인민정치협상회의조직법》을 통과시키고 29일《중국인민정치협상회의공동강령》이 통과되었다. 9월 30일 마오저둥을 중앙인민정부위원회전국위원회 180인 중의 주석으로 선출하고 63인의 중앙인민정부위원회 중 마오저둥을 중앙인민정부 주석으로 선출하였다. 수도(首都), 공원(公元) 기원(紀元) 채용, 국가 및 국기에 대해 제정하여 국가의 기본 체제를 갖추었다. 《중국인민정치협상회의공동강령》은 임시헌법의 성격으로 당시 국가 초창기의 성격을 잘 나타내고 있다. 서언(序言)에서 "3대적(大敵)의 중국 통치 시대를 마감하고 중국인민이 피압박의 지위에서 신 사회주의국가의 주인으로 변화했으며 인민민주 독재의 공화국이 봉건 매판(買辦) 파시스트 독재를 편 국민당 반동통치를 대체했다[25]고 주장하고 있다.

그 다음 날인 1949년 10월 2일 소련 정부는 즉각 중화인민공화국 정부를 승인했다. 그 후 불가리아, 루마니아, 헝가리, 체코슬로바키아, 북한, 폴란드, 몽고, 동독, 알바니아, 미얀마, 인도, 덴마크, 월맹, 스웨덴, 스위스, 인도네시아 등이 외교 관계를 수립했다. 1950년 10월 까지 25개국이 중국을 승인했고, 그 중 17개국은 정식 외교관계를 수립했다. 1949년 12월 16일 마오저둥은 소련을 방문하여 소련 부장회의 주석 스탈린과 회견했다. 다음 해 1월 20일 중국 총리 겸 외교부장 저우언라이가 대표단을 이끌고 모스크바에 도착했다. 2월 14일 양국은 정치, 경제 문제의 현안인《중소우호동맹호조조약》,《중소의 중국 장춘 철로, 여순 및 대련에 대

25) 白壽彝,『中國現代史』, 233-234.

한 협정》 및《중소의 소련의 중국에 대한 차관 제공에 관한 협정》을 체결했다.[26] 중화인민공화국 건국 초기의 가장 중요한 외교 관계이자 국가 대사인 소련과의 대표적인 조약 체결인《중소우호동맹호조조약》의 내용을 간단히 살펴보자. 서언(序言)에서 중소 양국이 중소 간 우호합작 강화의 결심과 공동으로 일본 군국주의 재기 및 일본 혹은 기타 여하한 형식으로의 침략행위 및 일본과 연합하여 침략한 국가에 대한 공동 방위와 원동(遠東)과 세계 평화의 보위를 규정하고 있다. 일단 조약체결국 중 1개국이 일본 혹은 일본과 동맹일 맺은 국가의 침략을 받아 전쟁 상태에 처하게 되었을 때 다른 조약체결국이 전력으로 군사 및 기타 원조를 제공한다는 등의 규정을 하고 있다.[27]

2월 17일 마오저둥과 저우언라이가 모스크바에서 귀국했다. 실로 3개월 만의 일이었다. 그만큼 새로 탄생한 공산주의 중국으로서는 소련으로의 일변도가 중요한 국가 운명을 좌우하는 제일 중대사였다. 그리고 후일 1958년부터 본격화되기 시작한 중소 양국의 분열은 결국 양국 관계를 파탄으로 몰고 갔고 그 주된 이유가 바로 이데올로기에 대한 해석의 차이에서 비롯됐다. 이들의 관계는 냉전으로 대표되던 국제질서의 새로운 패턴을 낳아 동서 이념 갈등과 사회주의 이념 내에서의 갈등을 야기했다. 더 훗날 1970년대에 접어들어 중국과 미국의 관계 개선으로 이러한 냉전 구도가 깨지고 1980년대가 다 가는 때에는 결국 소련 연방이 해체되는 국제 질서의 무상함을 가져왔다.

중국 내에서는 워낙 대륙이 광대하여 아직 완전히 국민당 군이 패퇴한 것이 아니었다. 1949년 10월의 중공 정권 수립 이후 중국

---

26) 北京師範大學歷史系, 『中華人民共和國史』, (北京: 北京師範大學出版社, 1993. 11), 8.

27) 『中國外交史-中華人民共和國時期(1949-1979)』, 전자판, 10.

의 중남, 서남, 화동 일부와 연해 도서지방은 아직 국민당 정규군이 70만 이상이 잔존해 있었다. 1949년 10월 20일 신강(新疆) 우루무치 지역을 점령하고 1950년 4월에는 해, 공군이 국민당 군에 비해 절대적으로 열세였던 공산당 군이 바다를 건너 해남도를 점령했다. 공산당 측 자료에 의하면 1950년 6월 까지 8개월의 전투 끝에 국민당 군이 130만 명 희생되었고 국민당과 공산당의 내전에서의 전체 국민당 군 희생자는 807만 명에 이르렀다.[28)]

28) 北京師範大學歷史系, 전게서, 8-9.

제4절 중공 건국의 의미

중화인민공화국 건국의 소식은 전 세계적인 뉴스거리였다. 냉전을 본격적으로 초래하는 역사적인 사건이었고 또 다른 의미에서는 비극이었다. 미국과 소련을 중심으로 하는 동서 냉전 체제가 1989년 소련이 해체되기까지 지속되었으며 이데올로기 갈등과 군비 경쟁 뿐만 아니라 지구인 일상생활에서 사상이 가장 중요한 개인 생활간섭의 표준으로 작용하였다. 특히 분단국인 우리나라의 경우 그러했다. 중화인민공화국의 건국으로 우리는 북한과의 대치와 갈등, 긴장 국면이 중국이 평화로운 분위기와 경제발전을 공포한 후에도 지금까지도 여전히 지속되고 있는 민족적, 국가적 비극으로 계속되고 있는 상황이다.

다음의 진술이 중공의 건국과 관련하여 가장 잘 서방 세계의 분위기를 나타내는 말이다. "미국에서 중화인민공화국의 성립에 대한 반응을 나타냈는데 "공산당의 위협"에 대한 관심이 최고봉에 달한 것이 그것이었다. 이는 중국 혁명가의 마르크스 레닌주의가 서양 세계로 하여금 전력으로 분석 활동을 진행하게 촉진하는 꼴이 되었다."[29]

냉전의 세계 질서를 확립한 중국 건국의 사건은 세계적인 정치체제의 변화 뿐 만 아니라 중국 주변의 우리나라에게도 커다란 영향을 미쳤다. 중국 건국 후 1년이 채 지나지 않아 발발한 한국전쟁과 이에 따른 중국의 참전, 그리고 휴전으로 이어진 대치 정국은 오늘날에도 지구상에 거의 유일하게 지속되고 있다. 그러므로 중국공산당의 중국 대륙에서의 석권은 우리나라의 국운에 절대적인 악 조건으로 작용하게 된다.

---

28) R. 麥克法誇爾 費正淸, 『革命的中國的興起』(1949-1965), (北京: 中國社會科學出版社, 1990. 8), 4.

그러나 1989년 소련이 해체되고 중국 공산당은 일대 위기를 맞게 된다. 이데올로기로서의 사회주의의 국가 통치에 대한 효율성과 정통성의 문제 등 근본적인 위기 상황을 맞게 된다. 때마침 1976년 마오저둥의 사망으로 촉발된 중국의 체제 전반의 개혁은 경제발전을 국가의 제일 임무로 삼는 국가 성격 자체의 대변신을 불러 왔고 소련 연방의 해체와 공산당의 집권당으로서의 지위의 상실은 중국에 경각심을 주기에 충분했다. 개혁과 개방으로 중국은 1978년 말부터 본격적으로 경제 개발을 시작했으며 수출 입국(立國)의 정책 선택으로 이제는 세계에서 G2(Giant Two)로서 미국과 견줄 수 있는 거의 유일한 국가로 성장했다. 그리고 한국의 선택도 중국과의 경제 교류를 가장 중요시하고 각종 교류 및 정치 분야에서도 긴밀하고 밀접한 관계를 불가불 형성하게 되었다. 중국의 발전을 기회로 삼는 지혜가 요구되는 시대가 되었고 이는 중국의 괄목할 만한 국력의 발전에 기인하는 것이었다.

중국 공산당의 중국 대륙 점령과 건국을 세계사적 관점과 동북아시아를 중심으로 하는 정치, 외교 관계, 그리고 한국과의 관계에 초점을 맞추어 세 가지 방향으로 분석한다.

먼저 세계사적 관점에서는 세계 정치 이데올로기의 양 대 성격인 자본주의와 사회주의 진영의 확립을 들 수 있다. 제2차 세계대전 이후 파시즘과 군국주의 이데올로기가 패망한 후 새로운 세계 질서의 일환으로 동서 이데올로기의 대결로 불리는 냉전 체제(The Cold War)가 구축되었다. 냉전은 군비 경쟁과 핵무기 체제 구축의 가속화, 직 간접 군사 및 무력 충돌과 대결 등에서 세계적인 범위의 긴장감과 공포를 조성했을 뿐 만 아니라 정치적, 문화적, 심리적인 측면에서 각 국 국민들에게 심대한 영향을 미쳤다. 무엇보다도 자유와 문화 기반을 질식시키는 악영향과 다양한 사고 생각 들, 이를테면 진보적 사상과 노동 등 서민 위주의 생각과 행동에 족쇄를 채우는 결과를 빚어 단일적이고 획일적인 인간 사유와 생활을 강요받는 등 인권에 막대한 제한과 제약이 가해졌고 가장 큰 영향은 사회 심리 측면에서 가상 적을 항상 염두에 두고 생활 할 수밖에 없는 냉전 체제 하의 인간의 심리적 압박의 끊임 없는 증가와 관용 및 페어플레이 정신 기준의 퇴조 등 기본적으로 공포와 불안의 심리에 노출되고 이를 강요받는 국, 내외의 적의 존재[30]를 인지하지 않을 수 없었던 고난의 시기로 기억된다.

둘째, 동북아시아에서의 냉전체제는 일본의 2차 세계대전의 패망에서부터 시작했다. 미국 뿐 아니라 세계 자유국가 진영의 숙적(宿敵, mortal enemy)이었던 일본이 항복과 함께 미국을 중심으로 하는 전후(戰後)의 자유 자본주의 진영에 가입하여 동북아에서의 미국을 축으로 하는 세계전략의 충실한 수행자와 추종자로서 역할을 담당하게 되었다. 그 다음 중국 요소이다. 중국에서의 공산당의 승리는 냉전을 가속화하고 특히 동아시아 지역 질서에 냉전의 대결 체제를 가져온 가장 중요한 요인이 되었다. 그리고 한국전쟁이 결정적으로 냉전 대결 체제를 가속화시키고 고착시키는 요인이 되었다. 중국의 공산당 정권으로 인하여 북한에 대한 직, 간접적 지원과 무엇보다도 한국전쟁의 직접 참전으로 인하여 한반도는 분단이 계속되어있고 아직도 현재 진행형의 민족과 국가 최대의 비극으로 남아있는 결과를 빚은 것이다. 통일까지는 아직도 가시적인 시간표가 보이지 않고 통일 후에도 중국의 존재는 영토 분쟁과 역사 문제 등 각종 문제가 대립적인 성격으로 직면할 가능성이 다분할 것으로 예상되고 있는 상황이다.

셋째, 중국 공산당의 대륙 정권 성립과 한국과의 관련이다. 중국 속담에 일의대수(一衣帶水)라는 속담이 있다. 이는 의복의 혁대 하나 넓이의 폭을 사이에 두고 있는 양국에 대한 지리적 차원

30) Robert McMahon, *Cold War-A Very Short Introduction*(New York : Oxford University Press, 2003), 117-18.

의 인접성에 대한 말이다. 그만큼 가깝고 상호 영향이 크다는 이야기이다. 군산 앞바다에서 어느 날은 대안(對岸)의 중국 땅에서 닭울음소리가 들리고 맑은 날에는 보이기까지 한다는 것이다. 한국에서 중국까지의 비행거리는 1시간 반이면 도달할 시간으로 인근 국가인 일본보다도 상대적으로 가깝다.

중국이 적화된 다음 본격적으로 경제발전에 매진한 1980년대 이전에는 죽(竹)의 장막으로 우리나라의 적성국이었다. 우리는 대만과 국교를 유지하고 중국 공산당과는 거의 거래가 없는 실정이었다. 특히나 북한의 존재로 한, 중 양국의 관계는 세계적인 냉전의 가장 첨예한 지역을 형성하고 있었다. 그러나 1980년대 들어 중국이 한국과 경제발전의 필요에서 실리적인 관계를 재정립할 필요가 있었고 한국으로서도 대치 상황만이 양국 간의 관계의 전부가 아니라는 사실을 인식하고 있었다. 중국은 한중 수교의 필요성을 간절히 원하게 된 계기가 된 것이 1990년 베이징 아시안게임 유치를 위한 한국 측의 지지 때문이었다. 1980년대 이후 각종 국제대회에 활발한 행보를 보인 중국이 1986년 서울 아시안게임과 1988년 서울 올림픽에 참가하였고 1992년 천치천(전기침, 錢其琛) 당시 외교부장이 아시아태평양경제협력체(APEC) 제3차 장관급 회의 참석 차 서울을 방문한 차에 노태우 대통령이 별도로 접견하여 한, 중 수교의 필요성을 피력했다. 한국은 이미 1983년 중국 민항기 사건과 1985년의 어뢰정 사건을 신속하게 처리해 주어 양국 수교 분위기 조성에 필요한 조치를 취해 준 바 있었다. 1992년 4월 이상옥 외교장관이 베이징을 방문하여 수교 협상을 본격적으로 벌였다.[31] 그 결과 마침내 그해 8월 양국은 대사급 외교 관계를 수립했다.

30) 스프링데일, 「중국 측이 공개하는 한중수교 회담 비사」, http://konayuki.tistory.com/166.(2009.11.29 검색)

북한과 중국은 순망치한(脣亡齒寒), 즉, 입술이 없으면 이가 시린 둘도 없는 친밀한 관계이다. 전통 혈맹인 북, 중 양국 관계가 소원해 지면서 본격적으로 한, 중 양국의 경제 관계를 중심으로 하는 실리 외교와 각종 관계와 교류가 나날이 급증하고 있다. 무역 흑자 최대 국가, 최대 투자국의 의미를 띠고 있는 한국에 있어서의 중국, 그리고 세계 최상위권의 경제 대국, 최대 외환보유국 등의 중국에 대한 수식은 그 관계의 중요성을 말해준다. 무엇보다도 지정학(地政學)적 의미가 크다. 가까운 나라이기 때문에 우리에게 끼치는 영향력이 그만큼 크고 이러한 관계는 비단 경제 뿐 아니라 정치, 민간 등 모든 부분에서 확장되어 간다.

공자(孔子)의 사상과 한자(漢字)문화를 공유한 양국은 관계의 새로운 국면에 접어들고 있다. 한류(韓流)를 중심으로 하는 양국 민간 대중문화의 공자의 사상과 그 폭발적인 영향력, 동북공정으로 대표되는 중국의 역사 해석 문제의 분쟁 도발, 조선족 문제 등 양국은 다양하고 광범위한 관계의 현안을 가지고 있는 영원한 동반의 전략적 존재임을 상호 느끼게 되는 것이 현재의 상황이다.

제2장

사회주의 제도의 건립

제 2 장

사회주의 제도의 건립(1949-1966)

제1절 사회주의의 중국화 정착 과정

공산당에게 승리는 어떻게 보면 홀연히 찾아 온 예기치 않은 것이었다. 공산당의 중국에서의 승리의 교훈은 전쟁에서의 승리보다 더 힘든 것이 수성(守成), 즉, 정치와 관리의 문제라는 것을 보여준다. 프롤레타리아가 중심이 된 공산당 기본 세력은 인재가 부족했다. 이것이 가장 큰 문제였다. 국민당 세력에 비해 교양과 학식, 사회적 경험과 능력을 지닌 인재가 절대적으로 부족한 상황이었다. 이렇게 준비되지 않은 전쟁 승리의 결과는 전쟁의 당사자인 장제스와 마오저둥 그 누구도 예측하지 못한 일이었다. 마오의 공산당은 1946년 전쟁에서 승리하더라도 최소 20년 넘게 걸릴 것이라고 생각했고 심지어 1948년의 화북 전역(戰域)에서의 승리 후에도 마오는 완전한 승리까지는 최소 3년의 시간이 필요할 것이라고 예상했다.[32] 그러므로 당면 문제는 새로운 점령지를 관할할 신당원의 충원이었다. 1948년부터 1950년까지 280만 명에서 580만 명으로 급증했고 이것은 무계획적이라는 덩사오핑의 비판을 받기도 했다.[33]

이러한 상황 하에서 국가 관리를 위한 본격적인 시험에 들어갔다. 우선 관료 자본의 몰수 조치가 시작되었다. 1948년부터 1949

32) *New York Times*, 1946年9月25日. 저우언라이의 예상에 대한 보도.

33) R. 麥克法誇爾 費正淸 전게서, 73.

년 초까지 이미 양자강 이북의 관료 자본 기업에 대한 몰수가 진행되었다. 관료 자본 기업에 대한 국유재산으로의 환원은 결코 쉬운 일이 아니었다. 무엇보다 중요한 것은 전쟁으로 피폐해진 국가 재건을 위해 생산 시설이 중단되어서는 안 되었기 때문이다. 몰수 조치는 몇 가지 방향으로 이루어졌다. 금융 분야, 공업과 광업 분야, 상업 분야 등으로 나뉘어졌고 외국 제국주의 세력이 중국에 착취를 위해 한 여러 가지 조치들을 철폐하는 것도 동시에 해 나갔다. 대표적인 것이 세관과 무역 통제와 외환 관리 등이었다. 이러한 조직과 정책을 통해 서양을 중심으로 하는 제국주의 세력은 중국의 국가로서의 독립과 주권, 경제 분야에 있어서 거대한 이익을 취할 수 있었다. 1950년 12월 16일 미국이 미국 내 중국 공사(公私) 재산에 대해 동결 조치를 취하고 영국이 그 뒤를 잇자 중국도 여기에 상응하여 미국 재산 동결 조치를 취하였다.[34)]

신해방구는 구해방구가 내전 전 공산당 통치 하에서 이미 토지혁명을 거쳐 농민이 토지를 소유한 상태에서 경작하고 이것이 선전이 되어 결국 내전 승리에 기여했다고 하는 것이 공산당과 마오저둥의 생각이었다. 공산당으로서는 전쟁을 제외하고는 가장 당면한 문제가 바로 토지혁명이었다. 이렇듯 농촌의 토지혁명과 도시의 사유재산의 국유화 정책은 공산당과 서로 공생 관계의 밀접한 상호 일체감을 확인하는 존재감을 느끼는 관계가 있는 상징적이고 실제적인 정책이었다. 1945년 8월부터 1949년 10월까지 4년 2개월 간 실시된 토지개혁은 총 230만 평방킬로미터의 면적에 2.7억 인구에 대해 실시되었고 그 중 2.15억 명이 농민이었다.[35)] 1946년 5월 4일 감세(減稅, 세금을 경감해 줌) 감식(減息, 이자율

34) 北京師範大學歷史系, 전게서, 11-12.

35) 李永芳 何新麗, 「第二十一章 解放戰爭時期土地改革」, 陸廷湘, 『新時期的中國現代史研究』(成都: 四川大學出版社, 2008. 4), 407-428.

을 낮춰 줌)의 개혁 기조를 지주계급의 토지를 몰수하여 농민에게 분배하는 방식으로 바꾸는 "54지시"로 본격화되었다. 이를 근거로 전국토지대회가 열리고 점차 과격한 좌경화로 토지의 평등분배의 방향으로 개혁 방향이 정해져가고 있었다. 1947년《중국토지법대강(大綱)》이 제정되어 모든 지주의 토지소유권을 폐지하는 것을 명백히 규정했다. 1949년 공산당 승리의 해에 450만 당원 모두를 새로운 점령지에 파견했다. 외지인으로 들어간 당원 들이 촌에 들어가 1952년 가을에는 이미 90%의 농촌 인구 거주 지역에 토지개혁을 완성했다. 이로써 공산당의 농촌 지역 공작의 경험이 풍부하고 성공했다는 반증이 되었다.[36] 공산당의 토지개혁은 중농이 최대의 실익 계층으로 43%의 농경지를 60%의 농민에게 분배한 결과를 낳았다.[37]

물가와 인플레이션 문제는 신생 중국에 가장 큰 문제인 경제 안정을 위해 필요한 조치였고 이것의 해독이 가장 심하였다. 정권의 안정을 위해 반드시 인플레를 잡아야 했다. 통화팽창의 억제와 이로 인한 인플레이션은 국민경제에 막대한 지장을 초래하여 공산당 통치를 위태롭게 만드는 가장 큰 요소로 작용할 수 있다. 내전이 막을 내린 1949년에 1936년과 비교하여 공업 생산액이 50% 감소하고 농업 생산액은 25% 하락했다. 국민당 정부가 중국 대륙을 통치한 1937년부터 1949년까지 통화량은 1400억 배, 물가는 36807억 배라는 살인적인 숫자로 증가했다. 공산당이 대륙을 접수한 이후 1949년에 국가 재정 수지는 2/3의 적자를 기록했다. 이를 만회하기 위해 공산당 정부는 인민폐 발행량을 늘렸는데 1949년 11월 인민폐 발행량이 100배 늘어 연 270배 증가를 기록했다. 여기에다 국민당 통치 하에서의 자본주의의 경제가 잔존해 있어

36) R. 麥克法誇爾 費正淸, 전게서, 85.
37) R. 麥克法誇爾 費正淸, 전게서, 88-89.

서 투기, 불법, 물가 조작 등의 악성 경제 불법 행위가 존재하여 1949년 4, 7월, 11월과 1950년 2월에 4차례의 대규모 물가 상승 현상[38]이 일어나 경제 공황에 빠지기도 했다.

천윈(진운, 陳雲)은 저명한 공산당 경제 전문가로 이때 활약한다. 1947년 7월 상해에서 화동, 화북, 화중, 동북, 서북 등 5대구(大區)의 재경(財經)공작회의를 개최하여 금융관리 체계 강화와 강력한 국영 공소(供銷, 공급과 판매)합작사 상업 체계 건립으로 북경, 상해, 심양과 서안 등지의 대도시를 중심으로 양식, 석탄, 면사(綿絲) 등 기본 소비 물자와 물가를 안정시켜서 시장 체계를 새로이 건립하는 것 등의 조치를 취한다. 이러한 물가 안정 조치를 기초로 하여 전국 재정 수지 균형과 시장 물자 공급과 수급의 평형을 위해 전국의 재정 경제 공작을 정부 창구로 일원화하고[39] 이를 "재정 공작의 통일"이라 명명하고 있다. 그리고 이러한 정책의 실천이 국민당과의 전투에 못지않은 중요성을 띠고 있다고 해서 "회해(淮海) 전역(戰役)(공산당이 국민당에 승리한 결정적인 계기가 된 3대 전투 중의 하나)에 못지않다."고 할 정도로 마오저둥은 중시했다.[40]

마오저둥은 중국 대륙에서의 승리 이후 처음 열린 전국 규모의 공산당 대회인 7차 3중 전회(全會)에서 건국 이후 경제 전반에 대한 유명한 강연인 《4면(面) 모두 출격하지 말라》의 논단을 펼친다. 이 표제의 의미는 경제를 발전시키는 것이 지금 당면한 문제이므로 정치적인 숙청 작업을 어느 계급에나 적용해서는 안 된다는 것이다. 즉, 전 인민의 단결을 주장하는 전술, 전략적인 측면의 논단이다. 마오저둥의 《4면 모두 출격하지 말라》의 내용은 다음

38) 北京師範大學歷史系, 전게서, 13.
39) 北京師範大學歷史系, 전게서, 14-15.
40) 北京師範大學歷史系, 전게서, 15.

과 같다. 공산당의 중심 임무가 국가 재정경제 상황의 근본 호전에 있다. 이를 위해 다음 세 가지 조건이 필요한데 첫째, 토지개혁의 완성, 둘째, 현재 공업과 상업의 합리적인 조정, 그리고 셋째, 국가 기구가 필요로 하는 경비의 대량 절감이 그것이다. 이 세 조건을 달성하고 국가재정경제 상황의 근본적인 호전을 실현하기 위해서는 다음 8가지 공작이 이루어져야 한다. 첫째, 단계별 토지개혁 공작, 둘째, 재정경제공작의 통일, 재정수지 평형과 물가 안정을 공고하게 하는 방침 하에 세수 조절과 인민 부담의 경감이 필요하다. 경제의 거시적인 부분을 중시하여 현재의 공업과 상업의 합리적인 조정과 공사(公私)관계와 노자(勞資)관계의 개선이 이루어져야 한다. 셋째, 대만과 서장(티벳)을 해방시키고 국방 공고와 반혁명 진압, 국가 기구의 행정 효율을 제고하기 위한 충분한 역량을 보장하기 위해 군대를 일부 해체하고 행정기구를 간소화한다. 넷째, 문화교육사업의 개혁 공작을 단계별로 신중하게 진행한다. 모든 애국 지식인을 인민을 위해 봉사하게 한다. 다섯째, 실업 공인(工人), 실업 지식인과 이재민의 구제 공작을 단계별로 실업자 취업을 위해 정책을 편다. 여섯째, 각계 민주인사를 단결하게 하여 통일전선의 작용을 발휘하여 각계 인민대표대회를 개최한다. 일곱째, 인민에 위해적인 토비(土匪), 특무, 악질 및 기타 반혁명분자를 확고하게 숙청한다. 여덟째, 공산당 중앙의 조직의 공산당 공고와 발전에 대한 지시를 집행하여 당 조직을 발전시키고 당 조직의 노동자 성분을 확충하여 전당(全黨)의 대규모 정풍운동을 진행할 때 당과 인민 군중의 관계를 강화한다.[41]

41) 北京師範大學歷史系, 전게서, 16.

제2절 한국전쟁

한국전쟁은 중국을 무대로 일어난 전쟁은 아니지만 중국 건국 초기에 대단히 중요한 국제 전쟁이었다. 제2차 세계대전과 국공 내전에 시달린 중국으로서는 이런 전쟁이 달가울리는 없었다. 그러나 일반의 예상을 뒤엎고 중국은 참전했다. 우리는 한국전쟁을 중국과의 관련 하에서 검토해 보려고 한다. 우선 중국 측 자료에 한국전쟁의 기원에 대해서 어떻게 보고 있나 부터 보자. 중국 내부 자료인 『중국인민지원군 전사 간편』(中國人民支援軍戰史簡編)에 보면 그냥 발생한 것이다. 대한민국과 북한 어느 쪽의 도발을 기록하고 있지 않다. 이는 과거의 역사 지침인 "남한의 도발"에서 후퇴한 견해이다. 곧 북한의 도발을 인정한 것이나 별 반 차이가 없다. "1950년 6월 25일 날이 밝자 조선 내전이 마침내 폭발하였다. 당일 조선 노동당 중앙과 정부는 긴급회의를 거행하여 과단 조치를 취해 적에 반격을 가하기로 결정했다. 공화국 경비대와 인민군은 철저히 이(李) 위(僞)군(즉, 이승만 대통령의 국군을 지칭)의 진공을 철저히 저지하고 반공(反攻)으로 즉각 돌입하기로 했다."[42)]

중국 참전의 상황을 보기로 하자. 먼저 상대인 미군의 전력에 대해 분석한다. 미국이 세계 49개국에 군사를 파견하여 병력이 분산되어 있고 조선에 투입할 병력이 제한되어 있다. 본토에서 멀어서 사기도 높지 못하다. 원자탄도 독점하고 있지 못하고 승부도 결정할 수 없다. 동맹국인 영, 불도 이미 군사강국이 아니다. 이러한 사실들이 이미 미국을 격퇴할 수 있는 주관적 및 객관적 조건을 갖추고 있는 것이다.

---

42) 『中國人民支援軍戰史簡編』, 전자판, 내부자료, 4.

김일성의 기습적 남침으로 야기된 민족적 비극인 한국전쟁은 한국 측에서 미처 대비할 틈이 없이 8월 중순에 이미 한국의 90%를 점령한다. 그러나 9월 15일 맥아더 장군이 지휘하는 미국 등 16개국의 유엔 참전국은 인천 상륙작전에 성공하여 전세를 완전히 뒤집는다. 9월 29일 38선을 돌파한 미국 등 유엔 참전국과 국군은 10월 1일 맥아더 장군은 최후통첩을 포고하여 북한의 무조건 투항을 요구했다. 급박해가는 전세(戰勢)에 중국은 9월 30일 총리 겸 외교부장 저우언라이가 "제국주의자의 중국 인근 국가에 대한 침략전쟁을 용인하지 않겠다."는 경고를 보낸다. 10월 3일 저우언라이는 인도 주중대사를 통해 미국에 다시 경고를 보내 미군이 38선을 넘어 전쟁을 확대하면 좌시하지 않겠다는 발언을 한다. 1950년 10월 초 미군 등이 평양을 수복한 후 중공군사정치국은 마오저둥이 주재한 가운데 회의를 열어 "참전하면 이익이 극대화하고 참전하지 않으면 손해가 극대화된다."[43]는 발언을 하며 중국인민지원군의 명의(名義)로 참전하기로 결정했다. 10월 2일 마오저둥은 소련부장회의 주석 요셉 스탈린에게 전보를 보내 참전을 통보한다. 그러나 원래 마오저둥이 스탈린과 상의했던 소련의 공군 엄호 문제가 취소되자 10월 13일 마오저둥은 그대로 중국 군대만으로 전쟁에 참가하기로 한다. 드디어 10월 19일 황혼에 중국인민지원군은 공군의 엄호 없이 안동(지금의 단동), 집안 등지에서 압록강을 넘어 참전하여 큰 전투만 5차례 치른다. 마오저둥이 참전하면서 걱정한 문제는 조선 경내에서 미군과 전투를 벌여 승리하면 좋지만 전쟁의 화근이 중국 본토로 번질 수 있다는 우려를 안 할 수가 없었던 것이었다.

미군이 공군으로 중국의 많은 도시와 공업기지를 폭격하고 해

---

43) 毛澤東, 『毛澤東軍事文選』,(北京: 戰士出版社, 1981), 347.

군 병력으로 연해 지대를 공격할 가능성은 아무리 적게 잡아도 충분히 가능성 있는 문제였다. 마오저둥은 아직까지 소련에 머물고 있는 저우언라이에게 전보를 쳐 원래 계획대로 참전하기로 한 결심을 강조했다. 두 가지 강조 사항 중 두 번째 것을 보면 마오저둥이 우려한 바가 그대로 드러나 있음을 알 수 있다. "우리가 출병하지 않으면 적이 압록강 변에 몰려 국내 국제의 반동 세력이 증가하여 우리와 적 모두에게 불리할 것이다. 우선 북방에 더욱 불리하여 모든 동북 변방군이 묶일 것이고 남만주 전력이 적의 수중에 넘어갈 것이다."[44]

한국전쟁은 중국 국내에 적지 않은 영향과 파장을 몰고 왔다. 결과적으로 중국 공산당의 통치력을 크게 제고하는데 결정적인 기여를 했다. 그런 의미에서 그들은 일부분 성공했다고도 볼 수 있다. 한국 전선에서의 중국 인민지원군의 승패와 관련 없이 이러한 주변국에서의 전쟁을 국내 정치에 교묘히 이용하여 인민의 지지를 대거 얻어냈던 것이다. 나이 든 중국인들은 아직도 6.25 당시 중국 각계에 펼친 참전과 지원 운동이 전투병, 간호병, 후근(예비 및 물자 등) 및 물자 헌납 등의 형식으로 다각도로 이루어진 당시 상황을 생생히 기억하고 있고 이것이 공산당에 대한 절대적인 지지로 이어졌던 것이다. 전쟁 이후에도 이보다 더 무시무시한 공산당의 이질세력 숙청 운동은 지속적으로 전개되어 갔다. 이것이 캠페인(campaign)의 형식으로 정치 운동의 성격을 띠고 소위 반동분자 숙청의 주요 방법으로 사용되었다. 이것이 도시를 중심으로 전개되었던 도시군중운동이었다.

도시군중운동을 통한 공산당의 숙청운동은 국민당 잔여세력의 대륙에서의 준동(蠢動, 움직임, 활동)과 이에 따른 정권 전복의

---

44) 『중국인민지원군전사간편』, 전게서, 12-13.

가능성에서 비롯된 것이었지만 6.25전쟁에 따른 참전 결정과 이 뒤를 이어 대대적으로 전개되었다. 가장 중요한 것들로는 1951년 2월에 발동되어 1953년까지 지속된 반혁명운동 진압, 1951년 가을부터 1952년 여름까지의 부패 간부 반대의 명목을 단 3반(反) 운동, 민족자산계급을 겨냥한 5반(反)운동과 지식인에 대한 사상개조운동이 있었다. 일련의 이러한 인민재판 형식의 운동은 극도로 격렬하게 진행되었다고 역사 기록에 남아있다. 극도로 사회 분위기를 긴장과 우려로 몰아넣었으며 농촌 등지에서는 관방의 폭력이 대규모로 사용되었고 수백만 인이 공심(公審, 공개재판, 즉, 인민재판의 형식)에 참가하여 극도의 불신임 분위기와 개인 관계의 파괴 및 대량의 자살 사태의 비극을 낳았다.[45]

이러한 운동은 필연적으로 한국전쟁과 연관 있다는 것이다. 특히 운동 정도의 격렬함이 중국의 한국전쟁 참여와 의심할 나위없는 연결이 되어 있다는 것이다. 1950년 9월 후반에 마오저둥은 한국전 개입 결정전에는 단 한 명의 특무(特務, 국민당 소속 특수공작을 수행하는 군인)를 죽이지 않는 것이 반드시 지켜야 하는 정책이라고 언급했는데 1951년 초에는 "모든 반동분자를 반드시 섬멸하라."는 지시로 바뀌었다.[46] 한국전쟁은 이렇게 중국 내 정치운동과 숙청 재판을 더욱 가혹하게 몰아 간 빌미를 제공해 주었다. 중국 공산당에게는 더할 나위없는 호재였다. 국내의 그들의 소위 반동분자 소탕과 숙청, 그리고 기회분자(아직 공산당의 눈치를 살피고 적극적으로 지지를 하지 않고 있는 중간 계급)들

---

45) 자살자에 대한 통계는 부정확하나 반혁명진압 시기에 50만 명 이상, 3반(反)과 5반(反) 시기에 20만인으로 추정된다. 周鯨文, 『10年風暴: 中國共產黨政權嫡嫡眞相』, 115, 113. R. 麥克法誇爾 費正淸, 『革命的中國的興起』(1949-1965), (北京: 中國社會科學出版社, 1990. 8), 90. 재인용.

46) R. 麥克法誇爾 費正淸, 전게서, 90-91.

을 다그쳐 확실한 지지 기반을 다지는 데에는 국내에서의 위험 부담이 큰 직접 전쟁보다 국외에서의 전쟁에 참전하는 것을 기화로 국내의 인민을 엄하게 단속할 수 있게 되어서 무엇보다 공산당 정권 안정에 기여하는 측면이 컸다.

그러나 한국전쟁이 중국 공산당 정권의 공고화에 기여한 가장 큰 공로는 갑작스런 내전 승리로 인한 군사 통치에서 문관 통치로의 전이(轉移, 변화)에 기여한 점이다. 문관 통치는 공산당의 관료계급에 의한 통치를 말하는 것으로 전시에는 공산당이 군사를 지휘하여 전쟁을 수행하고 평시에는 공산당의 관료계급을 중심으로 인민에 대한 통치를 하는 것이다. 이는 마오저둥의 1938년 발언인 "우리의 원칙은 당이 총을 지휘하는 것이지 결코 총이 당을 지휘하게 용납해서는 안 된다."[47]는 논단에 기인한 것이었다. 그러므로 모든 군사 조직 단위에는 사령원(사령관) 외에 서기(제1서기)를 두어 실질적인 지휘를 하게 하는 것이 중국 군대의 특징인 것이다. 이러한 군(軍)과 정(政)의 분리에는 군사의 현대화가 중요한 과제로 부각되었으며 이에는 인민해방군이 보유하고 있지 못한 해군과 공군에 대한 현대화, 즉, 한국전쟁에 참여하는 대가로 수행되는 소련의 대량 지원에 의한 군대 현대화 작업은 한국전쟁이 그 원동력으로 작용했던 것이었다. 수많은 해방군 지휘관이 문관 업무에 종사했지만 대부분의 전문화 되어가는 군대는 충분히 자신 입지를 발전시킬 여지를 얻었던 것이다.[48]

중국 무력 세력, 그들의 표현에 의하면 "지원군"은 한국전쟁 후 대부분 본국으로 철수했지만 상당수의 조선족인으로 구성된 군인들이 북한에 남아 거주하게 된다. 약 1만인의 "지원군" 제72사의 조선족 출신 군인들이 김일성의 요청으로 남게 되었다.

47) 『毛澤東選集』, 一卷本. 535.

48) R. 麥克法誇爾 費正淸, 전게서, 82-83.

그들은 대부분 미혼인 사람들로 구성되어 있었다.[49]

중국의 한국전쟁 참전은 현대 세계사의 거대한 소용돌이를 가져왔다. 세계사적 의미로 보아 냉전과 동서 이데올로기 대결의 첨예한 대립을 불러왔으며 동아시아에서는 그 대결의 직접적인 현장이었다. 이후 냉전 구도가 해빙된 곳도 있지만 2000년이 넘어서는 현재까지 아직도 한국은 그 영향으로 신음하고 있는 것이다.

49) 중국 야후 지식당, 중국사.
http://ks.cn.yahoo.com/question/1308012002941.html.

제3절 사회주의 국유화 과정

모든 사유재산을 몰수하여 국유화로 소유제 전환을 하는 것이 사회주의 국가의 기본적인 경제 제도이고 이념이다. 즉, 개인 재산과 자본주의적 형태의 모든 소유권을 소멸하고 자본가는 모두 노동자로 신분이 변하는 노동자 단일 계급 국가를 건설하는 것이 중국의 국가 건설 목표이며 이것이 1954년 제1부 헌법에 중국이 무산계급자의 국가임을 명시한 이후로 역대 수정된 헌법에 모두 명기되어 있는 국가의 국체(國體)에 해당하는 부분이다. 인민의 개념은 무산자, 즉, 프롤레타리아 계급을 지칭하는 것이다. 이런 의미에서 중국 공산당 집권 이후 중국 내 모든 개인 재산과 자본주의 형식의 모든 가치는 모두 국가에 그 소유권을 귀속시켜야 하는 거대한 혁명적 조치에 직면하게 되었으며 이는 1953년부터 1956년까지 단 3년 사이에 전국적 범위에서 기본적으로 완수되었다. 이 역사적 과업은 1953년 "사회주의 과도(過度)로의 총(總)노선(路線)"을 제정했다. 일반적으로 보아 15년 이상 걸리는 소유권의 구조조정이 이렇게 단 기간에 해 치워진다는 것은 너무 급진적인 정책이었음이 틀림없었다. 공산당의 사회주의 소유제로의 개조에서 맨 처음 단계는 "국가자본주의"를 상정하고 있었다.[50]

경제 재산 형식의 문제에서 중국은 전통적으로 농업국가 이어서 미발달된 도시와 농촌을 이원화하여 소유권의 문제를 착안하고 정책을 집행해야 하는 것이 기본적인 공산당 이론가들의 생각이었다. 그들은 중국 경제 구조의 특성에 기초하여 도시와 농촌으로 소유권 개조를 위한 구조를 분리하여 도시에서의 자본주의 형태의 공업과 상업과 농촌의 농업, 그리고 수공업 등으로 대별하여 소유권 국유화 운동을 실시하기로 했다. 농촌은 집체(集體, 소속

50) R. 麥克法誇爾 費正淸, 전게서, 94.

감이 강한 집단 개념, 특히 재산권 등에서 공동 운명에 처해 있음) 소유제 형태로 도시에서는 전민(全民)소유제 형태의 개조로 하기로 정책을 입안했다.

기본적으로 농촌에서의 집체화 작업은 소련의 방식과 다르게 차별화하여 실시하였다. 즉, 소련이 돌연히 그리고 혼란을 가중시키고 부농(富農)을 소멸하는 방법을 취한 반면 중국은 점진적으로 단계별로 실시하기로 했다. 우선 부농을 보호하는 방안도 강구했다. 농촌 합작화의 방법은 다음 세 가지 단계로 실시된다. 첫째, 호조(互助)조(組) 설치이다. 즉, 노동력을 주식 같은 기본 단위로 하여 농민 개인으로 하여금 토지와 기타 생산 요소의 소유권을 보유하게 하는 온건한 단계이다. 둘째, 저급(低級) 농업 생산합작사로의 발전이다. 이 단계에서는 생산성 재산을 집체가 관리 행사하게 한다. 단 농민은 자신이 가져온 토지, 농구와 가축의 숫자에 근거하여 이익을 분배한다. 셋째, 고급농업합작사로 완전 집체화된 합작사로 최고 단계의 합작사이다. 이 단계는 이익 분배는 폐지되고 엄격한 노동에 따른 분배를 실시한다.[51)]

실시를 위하여 농촌에서는 1955년 마오저둥의 지시에 의하여 1954년 10만 개였던 농촌 합작사(合作社)를 1955년에 65만 개로 증대하고 1956년에 65만개에서 100만 개로 증가하기로 하였으나 마오저둥은 실무진의 실제 상황에 의한 조치가 미흡하다고 생각했다. 이에 또 한 차례의 "반(反)우파(右派)" 투쟁을 벌인 결과 농촌합작사 운동은 급속도로 진행되었으며 이 결과 1956년 1월 합작사에 가입한 농가가 전국 비율에서 80.3%에 달하여 기본적으로 초급합작화가 실현되었고 5월에 이르러서는 전국적으로 아직 초급(初級)합작사가 확립되지 않은 상황에서 절반의 농가가 고급(高級)사(社)에 가입했다. 195년에는 합작사 가입 농가가 전국 농

51) R. 麥克法誇爾 費正淸, 전게서, 114.

가의 96.3%에 달했고 그 중 고급사에 가입한 농가는 전국 농가 수의 87.8%에 이르렀다. 원래 18년의 시간이 걸릴 것으로 예상됐던 농촌합작사 운동이 단 7년 만에 완성되어 11년이나 앞당기는 기록을 남겼으나[52] 이는 후일 두고두고 농촌의 생산성 약화와 이로 인한 대량의 기아 사태를 야기하는 원인을 제공해 결국은 마오저둥의 일선에서의 후퇴로 이어지는 인민과 공산당 모두에게 비극의 씨앗을 잉태한 비극적인 사태의 서막이 되었다.

도시에서의 자본주의 공업과 상업에 대한 소유권의 개조 정책의 실시는 그야말로 중국 역사상 유래가 없는 범위와 심도를 갖춘 것이었다. 비록 1952년 후반까지 70%에서 80%의 중공업과 40%의 경공업이 이미 국가 소유의 상태였다.[53] 수공업이 공업과 상업보다 당시 더욱 우세한 보편적이고 초보적 자본주의 상품 경제의 성격을 띠고 있었다. 농업 합작화 운동의 추동(推動, 추진) 하에 수공업, 자본주의 공업과 상업에 대한 사회주의 개조의 운명이 점차로 고조되고 있었다. 1955년까지 전국 수공업합작사(조, 組)가 6.8만 개와 사원(社員) 220만 인으로 발전되었고 이는 전국 수공업 종사인원의 29%에 달하는 정도였다. 이에 "우경(右傾)보수사상" 바람이라고 공산당에서 이에 관계한 간부들을 비판적으로 몰아붙여 1956년 1월부터 지시를 내리고 본격적으로 착수하여 1956년 말까지 합작사 참여 수공업자가 이미 600여 만 명으로 전국 수공업자의 91.7%를 차지하였고 그 생산액은 117억 원에 달해 전체 수공업 총 생산액의 93%를 점하여 기본적으로 수공업 합작화가 전국적 범위에서 완성되었다.[54]

가장 중요하고 심대한 영향을 전 사회에 미치는 것이 자본주의 공업과 상업의 사회주의 소유제로의 개조 운동이었다. 형세는 이

52) 北京師範大學歷史系, 전게서, 47-48.

53) R. 麥克法誇爾 費正淸, 전게서, 95.

54) 北京師範大學歷史系, 전게서, 48.

미 공산당의 정책에 호응하는 쪽으로 기울어 가고 있었다. 공포와 절망의 심정이 재산을 가진 당시 중국의 자본가들에게 팽배해 있었으리라. 그래서 이미 1955년 가을에 전국적 규모로 이미 행업(行業, 업종별)의 조정 현상이 나타나고 있었다. 즉, 공사(公私) 합영(合營)의 방식으로 면방(綿紡) 모방(毛紡), 조지(造紙), 권련(卷烟) 등 유사 업종 간 공사 합영, 즉, 국가와 개인의 공동 경영의 형식이 나타나고 있었다. 공산당 내 경제 전문가인 천원이 중심이 되어 추진한 공업과 상업 개조는 원칙은 유상 보상, 점진적 방법과 몰수 대상 재산 소유인에 대한 일자리 안배, 자산계급의 선거권 박탈 않음, 자본가들의 사회주의 개조 및 개조 성적이 좋은 사람에 대한 정치적 안배 등을 규정하고 있지만 실제는 강박과 강요에 의한 계획적인 소유권 박탈이었다. 일례로 하북성의 사회주의 개조의 사례를 보기로 하자. 하북(河北)성은 북경을 포함하고 있는 경기(京畿) 지역으로 사회주의 개조 정책 입안부터 실시까지 그 일정은 일사천리로 진행되었다. 1956년 1월 하북성의 중요 도시인 보정(保定)시의 경우 전성(全省) 범위로 불기 시작한 공사(公私) 합영(合營, 공동 운영)의 고조(高潮)가 일시에 시(市)의 56개 업종의 공사 합영을 신청, 비준하고 다른 시 등에서도 이와 유사하게 진행되었다. 1956년 3월까지 전 성의 모든 자본주의 공업과 상업과 교통운수업이 모두 공사 합영을 시행했다. 공사 합영 방식은 다음 여덟 가지이고 이것은 전국 거의 모든 도시에서 행해진 방법이었다. 첫째, 구매. 국가에서 현금으로 사영공업상품을 구매한다. 둘째, 가공. 국가에서 원재료와 반완제품을 자본주의 공업에 위탁하여 완성품을 만들어 국가에 납품하게 하는 것이다. 셋째, 주문. 국가가 규격, 질량, 수량과 생산 기한을 규정하여 기한 내에 자본주의 공업에 상품을 주문한다. 넷째, 일괄 구매. 국영 무역 부문에서 사영 공장의 생산품을 일괄 구매한다. 사영 공장이 스스로 판매하지 못하게 한다. 일괄 구매하는 상품은 일반적으로 국민 경제에 직결되는 상품으로 면사(綿絲), 양식, 식물유, 면포와 면화 류 등이다. 다섯째, 일괄 납품. 국가가 원료 공급을 않고 대출도 안 해 준다. 시간을 지정해 주어 사영기업이 국가가 정한 규격 상품을 납품하면 국가가 판매를 담당한다. 처음에는 원료를 자유로이 조달토록 허용했으나 후에는 국가에서 원료 공급을 통제하였다. 여섯 째, 국영 상업 부문에서 상품을 사영 판매업체에 위탁하도록 계약을 맺고 국영 상점의 브랜드로 판매한다. 국영 상업은 수속료를 지불한다. 여덟째, 공사 합영. 개별기업의 공사 합영과 전 업종 범위의 공사 합영의 방식이 있는데 초기의 형태는 관료자본부분을 국유로 하거나 국가에서 기업에 투자하거나 간부를 파견하여 기업 관리를 담당한다. 그 다음 단계로 기업의 생산 자료를 국가와 자본가가 공동으로 점유하고 기업의 이윤을 분배한다. 전 업종 공사(公私) 합영 후에는 국가가 기업가의 주식부분(소유 부분)에 대해 이자를 지불한다.[55] 사영기업에는 국가가 직접 운영과 관리에 개입할 필요가 없는 것이 자본주의의 기본 경제 운용 원칙이다. 개인의 경제 자유와 활동이 보장되어 있는 것이다. 이 자유를 박탈하기 위한 방법이 바로 기업의 가장 중요한 경제 활동인 원료 조달, 생산, 판매와 경영과 이윤 창출에 대한 것이다. 이러한 것을 모두 국가의 명의로 막아 버린다. 원료 조달과 생산, 판매와 기업의 고유 활동인 세일즈에 이르기까지 기업의 자유는 하나도 없다. 모두 국가가 지정한 대로 해야만 한다. 이렇게 하여 국가에서 인원을 파견하여 합영(공동 경영)이라는 미명하에 기업 접수를 시작한다. 처음에는 발생한 이윤을 조금 분배하는 척 하다가 원래의 기업가를 노동자로 전락시킨다. 이것이 간단한 자본주의 공업과 상업의 사회주의로의 개조의 현상이다.

55) 張繼衞, 「河北省對資本主義工商業的社會主義改造述要」, 讜案天地, 2001 增刊, 34.

제4절 대약진운동과 인민공사화운동

1. 대약진운동

1958년 무렵 마오저둥에 의한 국내 형세 파악은 더욱 더 현실과 유리되어 가고 있었다. 사회주의로의 국내 모든 경제와 생활 체제를 개조한 후 이제는 공산주의로의 이행을 꿈꾸고 있었다. 사회주의는 모든 개인과 사유 재산의 국유화를 기본적으로 의미하는 노동한 대가에 따라 소비할 것을 가져가는 것이지만 공산주의는 모든 재산 형태를 소멸하고 가정도 국가도 철폐하는 것이다. 이 단계에서는 노동은 하고 싶은 대로 하고 필요에 따라 소비하는 단계이다. 중국이 마르크스의 이론에 따르면 고도의 금융자본주의가 정점에 이른 국가에서나 가능한 공산주의 체제를 낙후된 중국에 짧은 시간 안에 도입하여 성공할 수 있을까?

이러한 사회주의에서 공산주의로 이행하는 과도기의 가장 중요한 운동이 대약진 운동이다. 마오저둥의 공산주의에 대한 낭만적 혁명가 기질은 중국을 온통 재난으로 몰아넣기에 충분했다. 중국의 실상에 정통한 공산당 간부들은 온건하고 실사구시적인 정책을 내놓다가 마오저둥에게 "우파" 혹은 "기회주의자" 등 각종 명목의 반국가 성향의 인물로 낙인 찍혀 실각하거나 후일 문화혁명시 무자비하게 숙청되어 목숨을 잃는 경우도 허다했다.

대약진 운동은 중국 전 사회와 공산당의 의식의 후진성을 보여주기에 충분한 현대판 버전의 한판의 쇼였다. 그 대중성과 사회에 끼친 영향력은 가히 파괴적이어서 그로부터 8년 후의 문화혁명의 재앙적 사태를 예고해주는 역할을 해 주었다. 이러한 공산주의 극좌의 풍토가 사회주의 국가인 중국에서의 가장 큰 사회의 문제로 지금까지도 "극좌"의 경향이 "극우"의 경향보다 더 무서운 사상과 이데올로기의 광풍으로 여겨지고 있는 것이다.

대약진 책략은 대략 다음의 사회적 고려에서 기원(起源)되었다. 첫째, 노동력과 농업 양자의 취업을 위한 자금의 결핍으로 충분히 대중을 동원하지 못했다. 농업 지역에서 이런 현상이 심각해서 기본적으로 지역에서 스스로 자금을 모금하는 수밖에 없었다. 이것이 역설적으로 후일 도시 공업 발전에 농산물 등 자원을 제공하는 기회를 제공해 주었다. 둘째, 경제 목표를 제정함으로써 사회와 국가 건설의 총체적인 발전을 이끌 수 있는 원동력으로 삼고 다른 부분의 개혁을 선도하는 역할을 한다. "계획을 완성하라", "어려움에 봉착하면 밟고 지나가라." 등의 선동적인 어조로 대중을 감정적으로 격양되게 한다. 셋째, 특히 공업 생산이 중요한데 여전히 전통적인 생산 방법에 의존할 수밖에 없었다. 강철 생산을 예로 들자면 현대화 시설에 투자가 이루어져야 하지만 전통 방식으로 생산하는 부문도 참여하여 비생산적인 철강을 제련한다.[56] "대약진"은 그 용어의 호전성 같이 급속한 공업 위주의 생산량의 수치 증가를 의미한다. 그러므로 사회 기반이나 생산에 필요한 기술과 시설 등 모두가 다 구비된 상태에서야 비로소 제대로 된 상품과 생산 활동이 가능하다. 극히 비정상적인 발상으로 공업 생산이 이루어졌다. 영국의 철강 생산량을 가지고 우리(중국)가 그것을 초과하면 영국을 따라잡는 것이라고 선전한다. 그리고 각종 토법(土法), 즉, 전통적인 방법으로 철강 원석을 채광 하여 제련한다. 그러나 그것은 기술상의 부족으로 경제적 가치가 전혀 없는 철강이 된다. 생산 원가는 에너지를 포함하여 막대하다. 철강 생산의 수치를 맞추기 위해 다른 원재료나 인건비, 에너지 비용 등은 모두 무시되는 것이다. 원시 사회의 주먹구구식 방법이 현대 중국의 경제 발전의 과정에서 등장하였다. 경제 논리가 아닌 정치 논리로 경제를 발전시키는 패턴이다. 전근대적인 성격을 벗어나지 못하는 것을 극명히 보여주고 있는 1950년대 후반의 풍경이다.

56) R. 麥克法誇爾 費正淸, 전게서, 321-22.

이러한 발상에서 급속도로 서양의 발전된 선진국을 따라 잡으려는 심리가 중국인 들 마음 속에 자리 잡고 있었었다. 대중도 이에 적극 영합하였다. 제국주의 세력의 속박에서 벗어나 우리의 존재가 세상에 서게 된 것이었기 때문이다. 신 중국은 이런 의미에서 국가건설의 임무와 이의 세부적인 과제인 경제건설에 매진하게 된 것이다. 가난은 없어져야 한다는 인식이 팽배해져 있었다. 남에게 업신여김 당하지 않으려면 반드시 자력으로 갱생해야 한다. 역사의 맥락에서 보자면 비록 이데올로기에 가리어져 차 순위로 밀릴 때도 많았지만 경제발전은 공산당의 역대로의 가장 중요한 통치 수단으로서 역할이 부여되었다. 공산당의 정책의 1호가 가난과 농촌문제였다. 가난과 농촌 위주의 정책은 사실 중국 현대사를 통틀어 자주 눈에 띠는 부분이다. 이것으로 말미암아 중국은 현대화 과정에서 많은 시행착오를 낳았다.

농업 분야부터 "대약진"의 실상으로 살펴보자. 원래 12년에 걸쳐 완성되리라 예상하고 작성된 발전 강요(綱要, 중요한 내용의 요약)의 목표가 사천성 성도(成都)에서는 앞당겨 7년 만에 완성되었다. 각 지방정부에서 다투어 목표치를 내 놓았는데 5년, 3년 이런 식이었다. 하남성(河南省)은 1년에 완성할 수 있다는 주장을 날린다. 회의에서 이를 부추기는 셈이다. 화동(華東) 협작구(協作區) 농업 규획(規劃)회의에서 양식 생산량에 대해 사실과 부합하지 않는 다음과 같은 지표를 설정한다. 금년과 내년 2년 동안 양식 생산량이 매 인(人) 평균 1000-1500근에 도달했고 3에서 5년 내에 매인 평균 2000근을 돌파한다. 공산당이 전국적으로 6월 분 예상이 전년 보다 1000근 증산할 수 있다고 했으니 4700억 근 달성이 무난할 것이다.[57)]

"대약진"의 운동을 박차를 가하기 위해 1958년 6월 공산당은 전국을 동북, 화북, 화동, 화남, 화중, 서북, 서남 등 7곳의 협작구

---

57) 北京師範大學歷史系, 전게서, 72.

(協作區)를 건립했다. 이들은 각자 독립적인 경제 체제로서 상황이 서로 다른 공업 체계를 건설하는 것이 임무였다. 이를 위해 지방 정부에 중앙 직속 기업의 80%와 사업단위 880 여 곳을 권력하방 했다. 그러나 정부의 조직이 긴밀하게 구성되어 있지 못한 상황에서 분산주의와 무정부주의적 현상이 나타났다. 직공 대오의 급거 팽창과 군중성의 공업 생산 운동 등의 해프닝적 사건들이 속출하고 그 중 가장 대표적인 운동이 강철 생산 운동이었다. 공산당은 원래 15년이나 더 단축하여 강철과 기타 주요 공업 생산품의 생산량을 영국을 추월한다는 목표를 선정했다. 강철 생산량이 경제건설의 중심 위치에 놓이게 되고 "대약진"의 상징적인 구호가 되었다. 그러나 사회 경제 시설과 연건이 이러한 초과달성의 목표를 허용하지 않았다. 마오저둥은 다급해져서 모든 공산당의 역량을 동원하여 어떠하든 영국의 생산량을 초과하려고 하였다. 그 결과 1958년에만 기초건설 투자가 제1차 경제개발5개년계획 중의 절반이고 전년도의 2배가 되는 비용을 투자하고 수 천 만 명이 오로지 강철 생산에만 매달려 결국 목표치인 1070만 톤을 상회하는 1108만 톤의 생산에는 성공했으나 그 중 300만 톤은 쓸모없는 불합격품이 되었다. 그러나 이러한 주먹구구식의 감정적인 운동은 후유증을 남겼다. 국민경제는 각 부문이 심각한 불균형을 이루었고 가공업과 농업, 공업과 교통운수, 중공업과 경공업, 누적과 소비 및 사회구매력과 상품 공급량이 심각한 불균형에 처하게 되었다.[58]

2. 인민공사화운동

"대약진"운동과 더불어 농촌에서는 인민공사화운동이 소용돌이 치고 있었다. 1957년 겨울 전국적으로 수 천 만 명을 동원하여

58) 北京師範大學歷史系, 전게서, 73-74.

수리(水利) 건설, 가축 양육과 비료, 토양 개량 등을 중심으로 동계 농업 생산의 고조(高潮)를 이루었다. 그러나 1958년이 되자 농촌 소사(小社)의 규모를 늘려야 한다는 "공산풍"의 분위기가 조성되었다. 즉, 소사 몇 개를 병합하여 대사(大社)로 만드는 것이다. 평균 몇 십 개의 소사를 합병하여 "대사", "집체농장"과 "농장" 등을 만드는 것이다. "대사"는 평균 2000호 농가로 구성되었으며 요령성의 경우 전 성(省)의 9272개 농업장(莊)을 합병하여 1461개 대사를 만들었다. 모든 것이 획일적이고 일순간에 진행되었다. 마오저둥의 속셈은 농촌공사를 "공(공업), 농(농업), 상(상업), 학(문화교육)과 병(민병, 즉, 전민무장)의 모든 기능을 담당하는 자급자족의 사회 기본단위"를 조성하는 것이었다. 연말이 되자 전국의 74만 농업사(社)를 2.6만 인민공사로 합병하고 여기에 참여한 농민이 1.2억 명이 되었다. 전국 총 농가의 99%가 인민공사라는 사회주의에서 공산주의로 이행하는 과도기로의 검증되지 않은 한 삶의 형태에 속하게 되었다. 1, 2백 호 농가의 합작사가 4000에서 5000호의 인민공사로 변모하는 것이다. 토지와 농기구, 가축 등 생산자료 및 모든 공유재산은 모두 공사 소유인 것은 물론 사원(社員) 마당, 가축, 사유 방(房), 임목(林木) 등 모두 공사 소유로 하여 사유재산을 근본적으로 없앴고 공급제와 월급제를 분배제도로 실시한다. 공공식당, 행복원, 유아원 등 공공사업을 실시하고 1958년까지 전국 농촌에 돈 안내고 식사하는 공공식당을 340만 여개를 건설하였다. 모든 생산대(공사의 기본 단위)의 노동력, 재물 등을 공사에서 무단으로 동원하거나 점유하는 일이 빈번해졌다.[59] 이러한 획일적이고 비생산적이고 개인 자유를 철저히 유린하는 인민공사제도는 후일 덩사오핑의 개혁 개방 정책이 본격화된 1980년대에 비판의 대상이 되고 해체된다.

59) 北京師範大學歷史系, 전게서, 74-75.

제5절 사회와 문화

중화인민공화국 건국은 중국 사회의 내용과 성격 자체에 본질적인 변화를 가져왔다. 우선 무엇보다도 사상적으로 단속을 강화한 것이다. 극단적인 정도로 통치 이데올로기 영역에서 사상과 자유를 통제하고 억압하였다. 공산주의는 본질적으로 자신의 마르크시즘 외에는 어떠한 다원적인 가치도 존립을 허용하지 않는 독재적 성격의 이데올로기이다. 중국의 공산주의와 사회주의의 이데올로기는 오늘날까지 공산당의 통치가 계속되는 한 지속될 것이다. 사상 단속의 영역은 모든 사회, 사상, 정치에 대한 분야에 널리 퍼져 있었다. 우선 1950년의 영화 《무훈전》(武訓傳)에 대한 비판을 들 수 있다. 영화의 주인공인 무훈은 명나라 때의 거지왕으로 자신이 근검절약하여 많은 학교를 세운 사람으로 유명하다. 이렇게 역사의 위인으로 추앙받던 무훈이 마오저둥에 의해 비판을 받은 이후 영화 《무훈전》은 사회의 비판을 받게 되고 중국 공산당 집권 후 제1차 대규모 사상 비판 운동을 낳는 계기가 되었다. 이 운동은 후일 계속되는 중국의 사상 비판 운동의 성격과 양상을 보여주는 계기가 되었으며 비판의 주요한 대상으로는 지식인이 그 표적이 되었다.

1954년에는 후스(호적, 胡適)의 자산계급 유심(唯心)주의사상에 대한 비판의 회오리가 불었다. 후스는 미국에서 유학한 대표적인 국민당 계열의 지식인으로 자본주의 사상가의 중국판 같은 역할을 담당한 상징적인 인물이었다. 유평백(兪平伯)의 《홍루몽》(紅樓夢) 연구에 대해서 먼저 학술계 영역의 비판이 전개되었다. 공산당은 학술과 사상 영역에 있어서 자신의 생각과 사상의 자유를 조금도 인정하지 않는 속성을 가지고 있는 독재정당인 것이다. 모든 사유(思惟)와 학문이 어김없이 마르크스 레닌주의 및 마오저둥 사상의 유물론에 입각하여 연구되고 논리가 전개되어야 하는 것이다. 학문과 예술이 정치에 오염되어 있는 형상인 것이다. 마오저둥의 《홍루몽》연구 및 후스의 소위 자산계급 사상에 대한 비판은 연구자 유평백에 대한 가혹한 비판으로 이어졌고[60] 이는 명백히 정당한 학술과 예술의 발전을 저해하는 것이었다.

1955년 1월 중국 공산당은《간부와 지식인 중 유물주의의 조직과 선전으로 자산계급유심주의 사상을 비판하는 것에 대한 강연공작의 통지》를 공포하여 사상 비판에 대한 기준을 만들었고 3월 1일《유물주의사상 선전과 유심주의사상 비판에 관한 지시》를 공포하여 자산계급 유심주의사상에 대한 비판은 학술계와 공산당 내 지식인 중에서 유물주의를 선전하는 유효한 방법이고 학술 토론과 과학 진보를 추동(推動)하는 유효한 방법이며 각계 학술 영역에서 마르크스주의의 신생 역량 성장을 촉진하는 유효한 방법이고 이론공작 대오를 배양하고 조직하는 유효한 방법이라고 못 박고 있다. 장기적인 악습인 자산계급 사상을 학술 문화 영역에서 깨끗하게 청소해야 된다는 것이다.[61]

또 하나 문예와 학술상의 마르크스주의 원리의 절대적이고 유일한 지도적 위치를 강조한 중국 공산당의 정신문명의 노선을 확립하기 위한 대표적인 사건이 호풍(胡風)사건이었다. 1955년 시작된 호풍 문예사상에 대한 비판 운동은 호풍이 진보적 문예이론가로 문예 창작 분야에 있어서 자신의 독특한 견해를 피력하고 자신에 대한 기존의 비평을 반박하며 공산당의 문예 영도공작에 대한 첨예한 비판을 의견으로 제시한 데서 발단되었다. 절대적이고 완전무결한 무결점의 사상 지도 원칙을 고수하고 있는 공산당으로서는 이러한 비판이 결코 용납될 리가 없었다. 공산당의 그에 대한 비판은 처음에는 이론 비판 수준에 머물다가 점점 수위를 높

60) 北京師範大學歷史系, 전게서, 44-45.

61) 北京師範大學歷史系, 전게서, 45.

여 호풍 문예사상에 대한 비판, 그리고 나아가 호풍이 반혁명집단에 가입한 것 같이 상정하여 비판을 가하는 것이었다. 즉, 정치적인 비판을 집중적으로 실시하여 개인을 사회적으로 퇴출시키는 전형적인 인민재판의 방식을 구사한다. 호풍 사건은 1980년 공산당이 평화로운 분위기가 필요한 경제발전의 필요성에 의거하여 호풍의 사건에 대한 무죄를 선포했다. 이어 1986년 호풍의 정치, 역사, 문예사상 등 분야에 대해 모두 무죄를 공포했다.[62] 아무리 공산당의 독재와 마르크스주의의 유일한 지도사상으로서의 위치를 강조한다고 해도 실질적인 사회와 경제발전의 추동 원리로서 과학, 문화, 예술과 학문의 일정 범위 내에서의 가치의 용인이 제한적으로 필요한 것으로 해석할 수 있는 것이다. 그리고 이러한 분야들에 대한 통제와 제한은 분야의 특성과 국, 내외 상황에 따라 변화하며 국제화와 인터넷 등의 커뮤니케이션 자유화 시대에 사실 조작적 의미에서 더욱 어려운 것이 실정이며 이것이 공산당 정권의 유지에 지렛대로 작용하게 되었다.

62) 北京師範大學歷史系, 전게서, 45-46.

제3장

문 화 혁 명

제3장

문화혁명(1966-1976)

제1절 문화혁명의 기원(起源)

대약진운동과 농촌공사운동은 중국에 "극좌"노선이 우위를 점하는 중요한 계기가 되었다. 관료파는 리우사오치(劉少奇)와 덩사오핑(鄧小平) 등을 중심으로 하는 실용주의파들은 현실의 경제 상황에 근거하여 그들의 실용 노선을 견지하여 이데올로기와 일정한 거리를 두고 있었다. 현실 위주의 경제 정책을 펴고 있었다. 반면 마오저둥을 핵심으로 하는 원리주의자들은 공산주의의 교조주의를 현실에 상관없이 하루바삐 중국의 낙후된 현실에 접목하려고 서두르고 있는 형국이었다. 1962년이 되자 민간 경제 회복과 국민경제 조정을 주장하는 실용 당권파와 계급투쟁의 문제를 제일로 삼는 사상 중심파는 계속 상황에 대한 의견이 엇갈리고 있었다.

이때에 불씨를 당신 사람이 국방부장 펑더화이(팽덕회, 彭德懷)였다. 그는 현실의 농민들의 기아의 참상을 목도하고 마오저둥에 인민공사를 비판하는 장문의 공개편지를 보낸 것이다. 마오저둥은 이것을 모반활동의 일환으로 간주했다. 펑더화이 등 온건파들은 비판을 당하고 이는 계속 "반우파"투쟁의 일환으로 1963년부터 "사청"(四淸, 네 가지 숙청할 일)운동으로 전개되었다. 이는 1966년 상반년 까지 "무산계급 문화대혁명" 발발 1년 전까지 계속된 사회주의 교육운동이었는데 농촌의 "인민공사"를 운영하면서 불거진 여러 가지 부정부패를 일소한다는 취지에서 "재물 장부, 창고, 재물, 노동점수" 등에 대한 대대적인 정리 작업에 착수한 것이었다. 국유 재산의 절도와 투기, 낭비와 분산주의, 관료주의에 대한 도시에서의 청산운동인 "오반(五反, 다섯 가지 반대할 일)운동과 함께 대대적인 계급투쟁운동을 전개하였다. 이 운동은 적과 아(我)의 두 모순되는 진영을 상정하고 나에 반대되는 모든 활동과 인물을 적으로 간주하는 것이다. 모든 나(즉, 마오저둥)의 정책에 이의를 제기하거나 반대되는 입장의 모든 행동과 인물을 포괄한다. 그러므로 마오저둥의 일인 지배 체제와 개인숭배로 가는 과도기를 형성하게 되었다. "사청"과 "오반"운동은 두 단계로 진행되었는데 첫째 단계는 공산당 간부의 "사불청"(四不淸, 4가지 숙청하고 바로 잡아야 하는 현상과 문제들)문제에 대한 적대적 투쟁을 전개하는 것이다. 이는 부정부패 등의 반(反)인민적인 행동 뿐 아니라 마오저둥의 정책과 관점에 비판적이거나 회의적인 모든 행위와 사람을 의미하는 것이 되었다. 또 한 단계는 조직건설이었다. 새로운 계급투쟁으로 무장된 마오저둥의 충실한 정책 집행자 군을 양성한다는 취지였다. 마오저둥은 정권이 적의 수중에 있다고 주장했다. 그 정권을 "탈취"해야 한다는 것이 그의 논리였다. 공산당 내외의 적과의 투쟁이었다. 즉, "관료주의자 계급"과의 한 판 승부였다. "자본주의 길을 가고 있는 당권파를 숙청"해야 한다는 것이 마오저둥의 판단이었다. 리우사오치가 "근본 뿌리를 뽑아야 한다." "대병단" 작전, "간부에 대한 불신임 시작" 등을 주장하는 것에 대해 "사회주의 교육운동의 성질을 제대로 설명하지 못한다."고 비판하고 이로부터 마오저둥의 리우사오치에 대한 불신임이 시작되었고 이것이 "문화혁명"의 불씨를 심는 계기 중의 하나가 되었다.[63]

문예 사상 영역에도 이러한 "좌익" 노선의 광풍이 몰아 닥쳤다. 소위 "정신 검사" 공작을 실시하는 것이다. 1963년 중국 공산당 중앙에서는 "귀신 희극"(귀희, 鬼戲)를 중지시켰다. 중국 전통 경

63) 北京師範大學歷史系, 전게서, 102.

극 유(類)의 각 지방 형식 극인 곤곡(崑曲) 중에서 극 중에 귀혼(鬼魂)이 나온다는 구실로, 또《이혜낭》(李慧娘)과《유귀무해론》(有鬼無害論)이 무단으로 공산당 비판을 영사(映射, 빗대었다)했다는 구실로 비난했다. 이로서 모든 문예 작품과 예술, 학문은 모두 공산당의 정책과 지침, 마르크시즘과 마오저둥사상의 굴레 속에서 갇힌 신세가 되었다. 1963년 12월 마오저둥은 이런 발언을 남겼다. "수많은 공산당원 들이 열심히 봉건주의와 자본주의 예술을 제창(提唱)하고 있고 사회주의 예술은 열심히 제창하지 않고 있다. 어찌 이상스런 일이 아닌가?"[64)]

당시 많은 지식인들이 반동분자의 누명을 쓰고 희생이 되었다. 1964년 여름 들어 문예계에 대한 비판이 철학, 경제학, 역사학, 교육학 등 각 학술 분야로 확대되었다. 철학계 에서는 양헌진(楊獻珍)의 "합이이일"(合二而一)론이 사회주의의 양대 진영인 소련의 수정주의와 중공의 교조주의의 합일성을 주장하는 것으로 비판되었으며 풍정(馮定)의《평범한 진리》와《공산주의 신인(新人)》의 저작이 유심(唯心)주의로 낙인 찍혔고 경제학계에서는 손야방(孫冶方)이 주장한 물질 이익 중시와 이윤 중시 등의 이론 관점이 여지없이 비판되었다. 역사학계에서는 전백찬(翦伯讚)의 "역사주의"와 "양보정책" 등의 이론이 주곡성(周谷城)의 "시대정신 회합(匯合)론" 등이 공산당 특히 마오저둥의 생각과 맞지 않는다는 명목으로 모두 여지없는 비판과 퇴출을 겪어야만 했다. 이로써 중국은 오늘날까지 독재주의적인 단일적 사고를 유지하고 다원적 사상을 제약하며 오로지 자신들의 필요한 사상과 학문적 것들만을 수용하는 태도를 유지하고 있는 것이다. 1965년 11월 10일 야오원웬(姚文元)이《해서파관》(海瑞罷官)을 비판하는 글을 발표함으로써 대규모의 비판 풍조가 몰아쳤으며 이것이 "문화혁명" 발동의 시발이 되었다.

---

64) 北京師範大學歷史系, 전게서, 103.

제2절 문화혁명의 경과

1966년은 국민경제 제3차 5개년 계획의 시작 년도였다. 새로이 조정된 국민 경제를 시작하는 이 해에 "문화혁명"은 발동되었다. "문화혁명"은 지금의 역사 해석으로 완전히 "영도자에 의한 착오로 발동된 혁명"이었다. "영도자"는 마오저뚱을 지칭하는 말이다. 그럼 왜 중국 공산당의 영도자이며 중화인민공화국을 창시한 가장 원훈(元勳)이 어떻게 국가를 훼멸의 궁지로 몰아넣는 극단적인 수단을 택했을까? 조금 더 현대 역사의 관점에서 "문화혁명"에 대한 기본적인 인식을 들어보자. "반혁명집단에 의해 이용되어 공산당과 국가 및 각 족(族) 인민에게 심각한 재난을 가져다준 내란이었다. "문화혁명"의 발생은 결코 우연히 시작된 것이 아니었다. 중화인민공화국이 성립한 이래로 각종 모순, 각종 요소가 상화 작용하고 누적된 결과였다."[65)]

"문화혁명"은 원 명칭이 "무산계급 문화대혁명"이고 1966년부터 1976년까지 10년 동안 계속된 "혁명"이었다. 그것은 소위 "무산계급자"인 인민이 인민의 적에 대한 무차별한 공격이었다. 공산주의의 순결성과 수호를 위한 문화혁명 발동자인 마오저뚱을 중심으로 하는 "사인방" 그룹의 극단주의 좌파의 판단에 의한 조치였다. 그것은 무차별하고 무원칙적이며 임의적이고 주관적인 "적"과 그러한 적대 그룹으로 "지목"하는 것 그리고 그들에 대한 무자비한 탄압과 학대, 인민재판 등 온갖 전근대적이고 야만적인 수단이 동원되었다. "적대" 그룹은 대개 지식인과 학자, 기술자, 당료파 공산당원 들이 주요 대상이 되었다. "문화혁명" 기간 중에는 무법 천지였고 이러한 "반동분자"들을 응징하는데 사용된 "도구"는 젊은 학생들로 구성된 "홍위병"이었다. 이들은 그들이 임

---

65) 北京師範大學歷史系, 전게서, 108.

의로 정해놓은 "적"에게 무자비한 공격을 감행하여 목숨을 빼앗는 일이 다반사로 벌어졌다. 모든 국가의 공권력과 사법기관, 경찰은 기능이 완전히 마비되었다.

"문화혁명"을 기억하는 사람들에게는 아직도 등골 오싹한 전율이 들 정도의 전대미문의 야만성이 현대 국제 사회에서 버젓이 자행되었다. 그 직접적인 이유는 무엇이었나? 첫째, 1957년 이후 중국 공산당과 마오저둥은 사회주의 사회의 계급투쟁의 문제에 있어서 "좌"경 착오적인 발상을 계속 키워오고 있었다. 이것이 제어가 안 되고 계속 진행되어 "문화혁명"이 발생하게 된 가장 직접적인 원인이 되었다. 둘째, 공산당 내와 중국 국내에 개인이 국가 대사를 전단(專斷, 정해진 규칙이나 법에 의거하지 않고 마음대로 행동함)하는 작풍과 개인숭배의 현상이 점차로 발전하여 민주집중제 원칙[66]을 심각하게 훼손하고 있었다. 셋째, 린뱌오(임표, 林彪), 장칭(강청, 江靑), 강생(康生) 등이 공산당과 마오저둥의 착오적인 사고와 행동을 이용하고 이를 조장하여 "반혁명활동"을 진행하고 이것이 "문화혁명"이 발생하고 지속된 중요한 원인이 되었다. 넷째, 마오저둥은 만년에 사회주의 이론 문제에 있어서 실제에 어긋나는 공상 색채를 띤 사상을 가졌다. 마오는 이렇게 계속 무산계급의 혁명을 발동하여 적들에게 타격을 가하는 것이 마르크스주의를 진정으로 발전시키는 길이며 부단히 혁명을 진

66) "민주집중제" 원칙은 공산당 정치 체제에서 의사결정을 진행하는 중요한 원칙으로 레닌의 볼셰비키 정당에서 처음 창안되었다. 소련 공산주의 혁명 과정에서 레닌이 이끄는 볼셰비키 정당은 고도로 중앙 집중된 권력을 지향하는 정당으로 혁명을 성취하기 위해서는 소수의 혁명가가 필요하다는 입장을 취했다. 정당의 기층, 즉, 아래로부터의 의견 수렴 과정에서는 "민주"를 정당의 위로 올라갈수록 "집중"이 필요하다는 원칙으로 기실은 "집중"을 위한 "민주"의 허울을 가지고 있는 이중적인 원칙이었다. 즉, 소수의 집중적인 의견이 혁명 주체인 당의 의견을 대표한다는 입장을 견지하고 있다.

행하는 것이며 "문화혁명"을 발동하는 것이 이러한 사상의 실현에 대한 장애를 모두 극복하는 길인 것이다. 다섯째, "문화혁명"의 발생과 지속에는 사회 역사 근원이 작용하고 있었다. 국제적으로 소련 영도자가 중소 논전(論戰)을 시작하여 급기야는 중소 양국 간의 국가 분쟁으로 변질되었다. 이것이 중국에 막대한 정치, 경제와 군사적인 압력으로 작용하였다. 이것이 결국 마오저둥으로 하여금 막대한 불안을 가지게 야기해서 "소련 수정주의" 에 대한 경각심을 제고하게 되었고 중국 내에서 수정주의에 반대하는 투쟁을 전개하는 결과를 빚었다. 그러나 무엇이 수정주의인지 공산당과 마오저둥은 과학적이고 정확한 판단을 제시하지 못했다. 다만 그들은 공산당 내외의 정상적인 그들과 다른 의견과 쟁론을 소위 수정주의 노선의 표현이거나 계급투쟁의 표현으로 간주해서 공산당 내 관계를 나날이 긴장하게 했으며 국내 상황으로 보아 한편으로 중국이 사회주의 혁명과 건설 진행에 있어서 참고로 삼을 경험이 부족한 상황이었다. 공산당과 마오저둥은 중국 국정(國情)에 부합하는 사회주의 건설의 길을 찾기 위해 탐색할 수밖에 없었다. 그 탐색의 과정 중에 곡절과 실책이 없을 수 없으며 이러한 상황이 중국의 정치, 경제, 사상, 문화 등 분야에 존재적 결함과 폐단이 집중적으로 노출되기 시작했다. 다른 한 편으로는 중국이 몇 천 년 동안의 봉건 사회역사를 지닌 국가로서 봉건 전제주의와 소농(小農)경제를 위주로 하는 평균주의 사상이 단 기간 내에 쉽게 청산되지 못했다. 이로써 중국의 사회주의 건설 사업은 소극적인 영향을 낳을 수밖에 없었던 것이었다.[67]

"문화혁명"의 도화선이 되었던 1965년 11월 10일 야오원웬(姚文元)의 《해서파관》(海瑞罷官)을 비판하는 글은 마오저둥의 사전 동의를 구한 것이었다. 《해서파관》은 북경시 부시장이자 저명한

67) 北京師範大學歷史系, 전게서, 108.

명(明)대 사학자인 오함(吳晗)이 1960년 말에 완성한 작품으로 다음 해 공연되었다. 그러나 마오저둥의 처 장칭과 강생 등의 설복에 의해 마오저둥은 펑더화이를 위한 명예회복이라는 설에 넘어가고 만다. 이에 장칭이 상해시 공산당 서기인 장춘차오(張春橋)를 찾아가 상해시 공산당위원회의 사작조(寫作組, 공보 기관) 직원인 야오원웬으로 하여금 《해서파관》을 비판하는 글을 쓰게 한 것이었다. 이로써 장칭, 장춘차오, 야오원웬과 왕홍웬(王洪文)으로 구성된 사인방(四人幇) 조직이 린뱌오 등과 같이 마오저둥의 낭만적 공산주의관에 편승하여 "극좌" 노선을 취하여 정치적인 이득을 취하고 있었다. 마오저둥에게는 "문화혁명"이 "우파"를 척결하는 중요한 계급투쟁이었지만 린뱌오나 사인방에게는 정치적인 이점을 챙기는 권력 투쟁이었다. 린뱌오는 국방부장으로 중앙 군사위원회 업무를 전담하면서 중국 내 막강한 인민해방군 무력을 손아귀에 쥐고 마오저둥의 후계자이자 2인자로서 군림하기 시작했다. 그는 마오저둥을 신격화하기 시작했다. "마오저둥 사상은 당대 마르크스레닌주의의 최고봉이다."라는 아첨식의 논조를 선전하기 시작했다.

《해서파관》이 도화선이 된 "문화혁명"은 바야흐로 그 핵심의 치열한 과정에서 파탄으로 점차로 치닫고 있었다. 오함의 《해서파관》은 펑더화이와 아무런 관련이 없다는 결정은 1966년 2월에 성립된 북경시 시장 펑전(팽진, 彭眞)을 조장으로 하는 "문화혁명 오인(五人)소조(小組)" 회의에서 결의한 소위 "2월 제강(提綱)"에서였다. 정치 문제로 비화하지 말고 학술문제로 국한하여 논의하자는 것이었다. 그러나 장칭과 린뱌오의 반격이 만만치 않았다. "수정주의의 문예사상이 마오저둥 사상과 대립하여 반(反) 공산당, 반 사회주의의 흑선(黑線)으로 우리에게 독재를 편다."는 식의 "제요(提要)"를 만들어 마오저둥에게 보여주고 마오저둥은 이를 3차례에 걸쳐 수정했다. 이 "제요"를 전 공산당에 지시문으로

내려 보내 마침내 "문화혁명"을 일으키겠다는 결심을 굳히게 되는 계기가 마련되었다.[68)]

이로써 1966년 5월 "문화혁명"이 전면 발발하게 된다. 펑전(북경시 공산당 제1서기), 뤄루이칭(나서경, 羅瑞卿, 중앙서기처 서기), 루딩이(육정일, 陸定一, 공산당 선전부장)와 양상쿤(양상곤, 楊尙昆, 공산당 중앙판공청주임) 등이 그들의 직위에서 축출되고 숙청되었다. 5월 16일 마오저둥은 소위 "5.16통지"를 발동하여 국내 정치 상황에 대해 상당한 숫자의 수정주의자들이 공산당 내에 잠입해 있다는 결론을 내린다. "현재 학술계, 언론계, 문예계, 출판계의 영도권은 모두 무산계급의 수중에 있지 않다. 중국 공산당 중앙과 중앙 각 기관, 각 성(省), 자치구에 모두 자산계급의 대표 인물들이 포진해 있다. 한 무리의 수정주의자들이 일단 시기가 성숙하면 정권을 탈취하여 무산계급 독재에서 자산계급 독재로 변질하려고 한다. 이러한 인물들을 우리가 알 수도 있고 모를 수도 있다. 우리가 신임하는 사람일 수도 있고 우리 후계자로 양성되고 있을 수도 있다. 후르시초프 같은 인물이 우리 곁에서 잠자고 있다. 각급(各級) 공산당 위원회는 충분히 이러한 사태를 주의해야 한다."[69)] 이 "통지"는 "2월 제강"을 취소하고 "문화혁명 5인 소조"를 철폐하였다. 린뱌오는 이틀 후 장문의 담화를 발표하여 개인숭배를 극력 고취하였다. "마오 주석의 말씀은 구절구절 모두 진리이다. 마오 주석의 말씀 한 구절이 우리 1만 구절보다 낫다." "누구든 마오 주석에 반대하는 사람은 공산당이 모두 나서서 멸망시키리라, 전국이 모두 멸망시키리라."라는 극도의 아부성 발언을 남발하였다. 이러한 정치 분위기가 정세에 악 영향을 미쳤다. 마오저둥은 이러한 상황 속에서 "대약진" 시대의 청사진

68) 北京師範大學歷史系, 전게서, 108-110.

69) 北京師範大學歷史系, 전게서, 111에서 전재.

을 실현하여 이상 사회로 나아가려고 하였다. 마오저둥은 전국 각 분야를 하나의 거대한 "대(大)학교"를 건설하려는 구상을 하고 있었다. 즉, 자신의 전공이나 생업 외에 기타 다른 분야를 겸해서 배우는 것이다. 거기에다가 "정치, 군사, 문화를 모두 배워야 하며 농(農)부업(副業) 생산에 종사할 수 있어야 한다." 이것은 고대 중국의 "천하 대치(大治)" 즉, 이 세상을 다스리는 가장 중요한 골간이 되는 구상이며 "문화혁명"이 추구한 목표가 되었다.[70] 5월 4일부터 26일까지 열린 정치국 확대회의에서 "중앙문화혁명소조"의 성립을 결정하여 이틀 후 이 조직의 성립을 선포하였다. "극좌"적 성향의 인물들로 구성된 "중앙문화혁명소조"는 조장에 천버다(진백달, 陳伯達), 고문에 캉성(강생, 康生), 부조장에 장칭과 장춘차오(장춘교, 張春橋), 조원에 왕리(왕력, 王力), 관펑(관봉, 關鋒), 치번위(척본우, 戚本禹), 야오원웬(요문원, 姚文元) 등으로 구성되었다. 이것이 곧 "문화혁명" 기간 동안의 실질적인 지휘 기구가 되었다.

마오저둥은 그러나 리우사오치, 저우언라이와 덩사오핑 등으로 구성된 관료파 실용주의자들이 공산당 조직을 완전히 장악하고 있다고 믿었다. 이들을 척결하지 않고는 "무산계급의 영원한 계속혁명"을 이어가지 못할 것이다. 그는 공산당 조직에 더 이상 의존하지 않았다. 그러면 어떻게 어떤 역량으로 문화혁명을 완수할 수 있을 것인가? 사상으로 무장된 소수의 혁명가로 혁명이 완수될 수 있을 것인가? 타고난 혁명가 기질을 가진 마오저둥 으로서는 혁명의 성공 가능성에 대해 의구심을 갖지 않을 수 없었다. 그렇다. 오로지 믿을 역량은 "군중"이다. 마오저둥이 내린 결론이었고 이로써 군중을 동원한 물리적이고 거친 인민재판식의 방법으로 원시적으로 인간을 학대하고 심판하며 폭력을 가하고 있었다.

---

70) 北京師範大學歷史系, 전게서, 110-111.

엄청난 재앙이 이후 10년을 휩쓸었으며 이는 마오저둥의 사망으로 일단락 지어질 수 있었다.

그러면 군중 동원의 방법으로 어떻게 기존의 공산당 간부들과 소위 "반동분자들" 및 "권위자" 들을 타도할 수 있었을까? "군중"들 중에는 여러 부류와 계층이 있고 다양한 오합지졸이다. 그러므로 그 중에 정예분자를 선정해야 한다. 그들은 가장 순수하고 혁명의 열정이 넘치며 마오저둥에 대해 무한한 절대적인 충성심과 숭배심이 있어야 한다. 이러한 부류가 바로 학생이며 가장 피가 끓는 열정을 지닌 고등학생 들이 적합한 혁명에 동원할 대상이 되었다. 고등학생 혹은 대학생 들이 1960년대 당시 중국 상황에서 처한 상태는 다음과 같은 것들이었다. 첫째, 이상주의를 지닌 학생의 특징을 표출한다. 이상주의는 학생들로 하여금 지위가 우월한 사회 구성원과 불평등 현상에 본질적으로 거부감을 보인다는 점에서 마오저둥과 동일한 시각과 사고방식을 가지고 있다. 당시 중국의 관료 기구의 타성에 분노를 느끼는 차였다. 이러한 상황 속에서의 젊은이들은 기꺼이 마오저둥의 혁명 적위대가 되어 수정주의와 맞서 싸워 자신들의 이상에 부합하는 지위와 권력을 장악하기를 기꺼이 바랐다. 둘째, 1960년대 초의 교육정책도 학생들에서 분열과 고통을 안겨 주었다. 초등학교와 중학교에 진학할 기회는 증가했으나 고등학교와 대학의 모집인원은 대약진 시대와 비교해서 상당한 숫자로 감소했다.

국가 경제 쇠퇴와 이로 인한 국가 재정 지출의 과도한 긴축에 따른 결과였다. 소위 명문인 중점(重點) 중학(중학교와 고등학교)과 비중점 중학 사이에 큰 차이가 존재했고 중점중학의 학생이 비중점 중학의 학생보다 더욱 많은 고등교육 접수의 기회가 주어졌다. 게다가 1964년에서 1965년까지 대학에 진학 못한 학생들과 공장에 취업한 고등학생들을 대량 변강(邊疆)과 농촌으로 이송했다. 이 정책은 훗날 대규모의 상산(上山) 하향(下鄕)운동의 전조

가 되었다.[71]

홍위병을 동원한 "문화혁명"을 수행하기 위해 단계별로 사전 작업이 필요했다. 첫째는 기존의 공산당 조직에 대한 타격을 가하는 것이고 둘째는 매스 미디어 장악과 선전. 셋째, 일반 사회에 침투해있는 "불순분자"들에 대한 학생 들 대오를 중심으로 하는 타격 등의 방법으로 진행되었으며 마오저둥의 지시나 동의에 의해 전국적인 범위에서 무차별적으로 야만적인 방법으로 대중에 의해 임의적인 재판이나 행동이 자행되었다.

첫째의 기존 공산당 조직이 자본주의자들에 의해 점령되었다고 판단한 마오저둥에 의해 자행된 공산당 조직 파괴 공작은 "사령부를 포격하라"라는 말로 대변된다. 사령부란 바로 자본주의자들의 무리인 리우사오치를 중심으로 하는 실용주의파를 지칭하는 말이었다. 마오저둥에게는 이들 실용주의파들은 자본주의의 노선을 걷는 자본주의 및 수정주의자들이다.[72] 이들은 반드시 타도되어야 한다고 믿었다. 그러므로 그 방법은 학생들로 하여금 그 유명한 악명 높은 "홍위병(紅衛兵)"을 조직하게 하는 것이다. 이들이 행동의 주체가 되어 마오저둥의 의사에 의해 무조건적인 실천을 한다. 학생들에게 마오저둥은 신(神)이기 때문이다. 5월 25일 중국의 대표적인 학문의 전당인 북경대학에 네웬즈(섭원재, 聶元梓)라는 과격파 학생을 시켜 북경대학의 공산당위원회와 북경시공산당위원회를 공격하는 대자보를 붙이게 한다. 그리고 이 대자보는 마오저둥의 열람을 거쳐 기존 공산당 조직을 비판하는 도화선이 된다.

둘째의 "문화혁명"을 위한 언론기관의 접수는 6월 1일 공산당

71) R. 麥克法誇爾 費正淸, 『中國革命內部的的革命』(1966-1982), (北京: 中國社會科學出版社, 1992. 8), 126-27.

72) 北京師範大學歷史系, 전게서, 111-112.

기관지《인민일보》가 군중에 의한 "문화혁명" 진행을 선동하는 사설을 게재하고 자본계급의 "전문가", "학자", "권위", "원조", "위풍이 땅에 떨어져라" 등의 6월 2일 이 대자보를 전재(轉載)하고 사설에 북경대학공산당위원회를 "가짜 공산당", "수정주의자들의 당", "반당(反黨)집단"이라고 공격하고 철저히 이를 훼멸할 것을 선동하는 논조의 글을 실었다. 그날 밤 중앙인민방송은 마오저둥이 비준한 녜웬즈의 대자보를 보도했다.[73)]

셋째, 일반 사회에 침투해있는 "불순분자"들에 대한 학생 들 대오를 중심으로 하는 타격의 방법은 사회 각 단위(직장의 단위, 중국 특유의 직장에 대한 명칭)의 군중에 대한 "조반(造反)", 즉, 모반을 하라고 부추기는 것이다. 감정적으로 부추기는 방법은 자신과 의견이나 태도가 다른 반대파를 "반당분자", "가짜 좌파", "우파학생" 등의 누명을 씌우는 방법을 동원한다.[74)]

8월 5일 "혁명"의 불길은 단계를 높인다. 마오저둥이 "사령부를 포격하라-나의 한 장 대자보"라는 문책성 문서를 발표한다. 명백히 개혁파의 대표인 리우사오치를 겨냥한 내용이었다. 이로써 마오저둥의 보수파와 리우사오치의 개혁파 간 양 대 세력 간의 투쟁이 본격화되었다. 이로써 "문화혁명"의 불길이 전국적으로 번져서 전국은 10년 동안 혼란과 무법천지 속에서 휘말리게 되었다. 8월 8일 공산당 회의는 마오저둥의 의견에 의해 제정된《무산계급문화대혁명에 관한 결정》(즉, 16조)을 통과시켰다. 이로써 "자본주의파"인 리우사오치와 덩사오핑에 대한 비판이 본격화되었다. 12일에는 공산당 권력 서열이 본격적으로 변화되기 시작했다. 최고 권력의 핵심인 정치국 상임위원이 7인에서 11인으로 증가되었는데 원래 마오저둥 다음 서열 2위였던 리우사오치가 8위

73) 北京師範大學歷史系, 전게서, 112.

74) 北京師範大學歷史系, 전게서, 112.

로 강등되고 저우언라이, 주더(주덕, 朱德, 인민해방군 총사령관)와 천윈(경제전문가) 등이 더 이상 언급되지 않았다. 권력 서열에서 완전히 제거된 것이었다. 1966년 5월 29일 북경 청화대학 부속중학의 일부 학생들이 마오저둥을 보위하고 홍색 정권을 보위하기 위해 전국에서 처음으로 홍위병을 조직했다. 6월 초에 북경의 다른 학교들에서 홍위병 조직이 출현하기 시작했다. 홍위병들은 자발적인 군중의 조직이고 군중의 "직접 민주주의" 행동에 해당하는 "정치" 행동을 하기 시작했다. 거대한 군중이 제각기 자신의 의사에 따른 행동의 자유가 일견 주어진 것 같으나 그 문제점은 실제 그러한 상황에 부딪혀 보지 않은 경우는 알 수 없을 정도의 무질서와 파괴력을 가진 것이었다.

개인과 개인, 집단과 집단, 혹은 집단과 개인 사이의 이러한 갈등과 의사와 행동의 충돌은 이것을 해결해 주거나 중재할 어떠한 "권위적"인 존재가 없는 한 결코 해결될 수 없는 것이었다. 마오저둥이 자신의 이상과 몽상을 현실에 실현하기 위한 방법으로 고안한 기상천외한 "군중노선"의 실천은 현대 중국에 상대적으로 막대한 재앙을 안겨 주기도 했다. 상대적으로 이익을 챙긴 집단이나 개인도 존재하니 상대적이라는 논리가 성립하는 것 같지만 가장 중요한 점은 사회와 국가에서 인간의 자유와 그 본질적인 문제, 즉, 자유와 기본권리가 보장되지 않는다는 데에 문제의 심각성이 존재하는 것이다. 다원적이고 다양한 생각이나 행위가 최소한 남에게 방해되지 않고 범법행위에 해당되지 않는다면 그것은 허용되거나 보호해야 하는 인간의 기본권이기 때문이다. 이러한 문제가 하나도 해결되지 않고 무시무시한 공포와 미개하고 폭력적이고 생명에 극단적인 위협을 주는 군중으로부터의 위협은 실로 가공할 공포와 삶에의 미련을 버리게 하기 충분한 이유를 제공하기 때문이다. 수많은 사람이 박해와 고문, 수치와 비인간적인 대우에 자살을 실행하거나 장애를 입고 정신적인 상처를 가지게 되었다. 이러한 비극의 시대로 각인되어지는 것이 "문화혁명"의 실상이었다.

왜 "문화혁명"인가? "문화"는 정치와 경제, 혹은 정치혁명과 경제혁명과 본질적으로 구분되는 개념이다. 정치는 권력의 주체에 대한 상대적인 개념으로 권력을 가진 집단에 대한 표상을 가진 말이다. 반면 경제는 경제 분야에 국한된 혁명적으로 경제 체제를 개혁하는 사건을 말한다. 즉, 사회주의 경제 체제에서 자본주의 경제 체제로 전환한다면 그것은 가히 경제혁명이라고 할 만하다. 중국 현대의 경우 덩사오핑의 경제 개혁과 개방 정책을 국가의 제일의 임무로 삼는 것은 경제혁명이라고 할 수 있고 마오저둥이 중국 대륙을 공산당이 장악하여 권력을 잡고 통일한 것은 정치혁명이라고 할 수 있다. 그러나 "문화혁명"은 과연 어떤 형태의 혁명을 말하는 걸까? 바로 "문화"의 차원이 "정치"와 "경제" 체제의 혁명과 같이 인간 외부의 형식에서 혁명의 대상이 이루어지는 것이 아니라 인간 내부에서 혁명이 대상이 나온다. 즉, 문화의 차원은 인간 의식의 차원이지 인간 외부의 제도나 체제적 차원의 문제가 아니다. 그러므로 "문화혁명"은 인간 개조와 세뇌를 의미하며 "문화혁명"이란 개인 인간을 완전하게 모든 인간을 전부 사회주의에 맞는 인간 의식을 지닌 인간으로 개조하는 것을 의미한다. 그러므로 정치혁명이나 경제혁명에 비해 근본적이고 과격한 형식을 띨 수 있는 것이다.

"문화혁명"의 가장 중요한 성격은 모든 인간의 남김 없는 철저한 개조인데 근본 개념이 바로 "조반(造反)", 즉, 반역이었다. 홍위병의 주장은 한마디로 "마오저둥사상의 영혼은 바로 반역이다."라고 단언한다. 혁명은 반역의 행위이다. 무엇에 대한 반역인가? 기존의 모든 반 사회주의, 반 공산당 적인 사고방식과 인물에 대한 포괄적인 것인데 이것의 판단 기준이 바로 마오저둥 개인과 이에 영합하는 기생세력인 린뱌오와 사인방 세력이다. 홍위병의 운동 방식으로 혁명을 성취하려는 마오 생각의 저변에는 "천하가 완전히 혼란해야 천하가 다스려진다."라는 정치철학에 근거하고 있다. 마오저둥이 청화부속중학교의 홍위병에 보낸 서신에서 다음과 같이 주장하고 있다. "홍위병의 대자보는 반동파에게 반역이 타당하다는 것을 설명해주고 있다. 당신들에게 열렬한 지지를 보낸다." 8월 18일 마오저둥은 군복 차림에 홍위병 휼장을 패용(佩用)하고 천안문 성루에서 전국 각지에서 모인 백만 명 군중과 홍위병을 접견했다. 린뱌오는 "자본주의 도로를 걷는 당권파를 타도해야 한다. 자산계급 반동권위를 타도해야 한다." "모든 잡신(자본주의자들)을 타도해야 한다." "모든 착취계급의 구(舊, 낡은) 사상, 구 문화, 구 풍속, 구 습관을 타파해야 한다."고 선동하는 정치 쇼를 벌인다. 8월 19일부터 북경의 홍위병이 가두를 빈번하게 걸어 다니며 대자보를 붙이고 전단을 살포하며 연설을 하고 하는 전형적인 "직접 민주주의"의 방식을 따라 혁명을 수행하기 시작했다. 이날부터 11월 26일까지 마오저둥은 북경에서 8차례에 걸쳐 1100만 사생(師生)과 홍위병을 접견했다. 계급의 적으로 몰린 수많은 전문가, 학자, 민주인사와 군중이 수시로 학대와 고문, 집 불사르기, 가두 유행(遊行), 혹형(酷刑) 실시, 장애와 사망에 이르게 한 사례가 부지기수로 늘어났다. 중외 고전저작, 문화재, 명승고적 등을 훼손하고 임의로 상점, 거리, 공장, 학교, 병원의 명칭을 바꾸는 등의 군중 행동을 자행했다. 이를테면 북경 동교민항을 "반제로"(反帝路), 협화의원(醫院)을 "반제의원"등의 정치색을 띤 명칭으로 강제로 바꾼 것이다. 또한 혁명 운동을 산포하기 위해 전국의 외지(外地) 학생과 교직원 대표들로 하여금 북경에서의 혁명 상황을 참관토록 했다. 이로 인하여 전국적인 동란(動亂)이 발생하여 각 지방 당(黨)정(政)기관은 모두 혁명의 소용돌이에 휘말리게 되었다. 10월 18일 드디어 국가주석이었던 리우사오치에 대한 타도운동이 본격화되어 북경 홍위병은 거리마다

"리우사오치 타도"를 외치며 데모를 벌였다. 리우사오치와 덩사오핑, 그리고 일련의 당 간부들이 숙청되어 사망하거나 구금되었다. 이 와중에 저우언라이는 마오저둥의 동의를 얻어 노 간부, 저명 민주당파 인사와 전문가들을 보호하려 애썼다.[75]

1967년 들어 상황은 더욱 악화되었다. "문화혁명"의 소란이 전국적인 범위에서 퍼져 나갔다. 무정부 상태가 전국을 휩쓴 것이다. 1967년 들어 상해에서 "조반파"가 공산당과 정부 각 기관을 접수한 것이다. 이 과정에서 상해 공인(工人) 왕홍웬(왕홍문, 王洪文)이 등장하여 4인방의 일원이 된다. 결국 시정부의 정권을 탈취하려는 혁명 조직과 기존 조직 간의 유혈 싸움으로 전국적인 무장 투쟁의 발단이 시작되었다. 1월 6일 드디어 상해시 공산당 조직이 혁명파에 넘어 가고 이것이 "1월 풍폭(風暴, 폭풍)"이라고 역사에 기록된다. 흑룡강성에서 "조반파"가 기존 공산당 기관으로부터 권력을 탈취한 후 "홍색조반혁명위원회"가 성립되었다. 이것이 전국 최초의 "혁명위원회"가 되었다. 군대의 향방이 정세에 중요한 변수가 되었다. 린뱌오와 장칭 등이 인민해방군이 혁명좌파를 지지한다는 문서를 공포하여 군대로 하여금 조반파가 지방의 조반파가 기존 세력으로부터 정권을 탈취하는데 지원해 줄 것을 규정하고 있었다. 2월 들어 후일 역사가들에 의해 "2월 역류(逆流)"라고 명명된 명칭의 사건이 발생했다. 예센넨(섭검영, 葉檢英), 탄전린(담진림, 譚震霖), 리센넨(이선념, 李先念) 등 노 간부들이 혁명파들을 힐난한 사건을 두고 마오저둥이 이들 노 간부들이 반성할 것을 촉구한 사건이었다. 즉, 노 간부들이 역전을 시도했다는 것이다. 전국성적인 무정부 상태와 집단적인 유혈 충돌은 극단적인 무정부 상태를 야기하고 공산당의 영도를 부정하며 공산당을 위해 혁명을 전개한 노 간부들을 박해한다는 것이 주요

75) 北京師範大學歷史系, 전게서, 115-117.

내용이었다. 이러한 회의의 내용을 장춘차오, 야오원웬과 왕리 등은 《2월16일의 회인당(懷仁堂)회의》라는 자료를 만들어 장칭으로 하여금 마오저둥에 보고하도록 하였다. 마오저둥은 이를 노 간부들이 "문화혁명"의 기세를 돌려놓으려는 복벽이라고 단정하고 그들의 반성을 촉구했다. 이 사건 이후 공산당 중앙정치국은 활동을 정지당하고 중앙 문혁(문화혁명)소조(小組)에서 이 기능을 대신하였다.[76)]

중화인민공화국 국가주석이었던 리우사오치는 이미 모든 권력을 상실하고 숙청의 정치적 사망과 인신의 사망의 길로 들어서고 있었다. 1967년 4월 1일 치본위는 《인민일보》에 《애국주의냐 매국주의냐?-청궁(淸宮) 비사(秘史)》라는 글을 실어 마오저둥의 심의를 거쳐 리우사오치를 "공산당 내 최대의 자본주의 길을 걷는 당권(當權)파"라는 모자(죄명, 누명)를 씌웠다. 1967년에는 그에 대한 인신공격이 가세되어 고문 자행과 집에 대한 파괴 등을 일삼아 결국 사망에 이르게 된다. 호북성(湖北省) 무한(武漢) 등지에서 군중 조직들의 상호 전투와 인민해방군의 개입으로 18여 만영의 군중과 간부, 군인이 사망하거나 부상을 입은 사건이 발생하고 이러한 사건이 전국을 휩쓰는 무법천지와 유혈 폭동과 상호 무력 폭력 충돌이 난무하는 사태를 빚어 사후 몇 년간 이러한 무정치, 무법의 "전면 내전"의 천지가 연출되었다.[77)]

1967년을 기점으로 "문화혁명"은 그 패턴의 본질을 군중에 의한 기초 정치의 실현, 즉, 군중의 상호 정치적 의견 및 행동의 표출과 이에 대한 하등의 상호 규칙이나 제약이 결여되어 있는 위험한 무력에 의한 투쟁의 양식으로 비화되었다. 무질서와 무법은 기본적으로 중국 경제와 인민 생활에 위협을 가하는 존재가 되었고

76) 北京師範大學歷史系, 전게서, 118-119.

77) 北京師範大學歷史系, 전게서, 119-120.

홍위병의 난동과 군중성 조직의 폭력 행사는 국가와 사회 조직을 극도의 위험한 상태로 몰아넣었다.

"문화혁명"은 마오저둥에 의해 철저히 계획된 정치 및 인민 세뇌 운동이고 공산당 간부들에 대한 불만이 그들에 대한 "자본주의의 스파이"라는 누명을 씌워 숙청하기 위한 무 논리의 선동과 모략의 정파(政派) 파벌의 투쟁이었다. 마오저둥의 논리는 "무산계급 독재 하의 계속 혁명의 이론"이라는 명제로 총괄되었다. 마오저둥은 일련의 "문화혁명" 용 이론이 필요했다. 이 이론 논리의 핵심은 다음과 같은 단계를 거쳐 혁명이 성취된다.

"첫째, 마르크스레닌주의의 대립 통일의 규율을 사용하여 사회주의를 관찰해야 한다. 둘째, 사회주의사회는 상당히 긴 역사 단계이다. 사회주의의 역사 단계에서는 계급과 계급 모순, 계급투쟁이 존재한다, 사회주의와 자본주의의 두 가지 길의 투쟁이 존재하며 자본주의의 복벽의 위험이 존재한다. 셋째, 무산계급 독재를 위한 계급투쟁은 본질적으로 정권의 문제이다. 곧 자산계급이 무산계급 독재를 전복시키는 것이다. 무산계급은 무산계급 독재를 공고하게 해야 하며 무산계급은 상부구조인 각 문화 영역에서 자산계급에 대해 전면적인 독재를 실행해야 한다. 넷째, 사회에 존재하는 두 계급, 두 가지 길의 투쟁은 반드시 공산당의 내부를 반영해야 한다. 공산당 내부의 한 줌 밖에 안 되는 자본주의 길을 가는 당권파가 곧 자산계급이 당 내 존재하는 대표 인물이다. 다섯째, 무산계급 독재 하의 계속 혁명을 진행하기 위해 가장 중요한 것은 무산계급 문화대혁명을 전개하는 것이다. 여섯째, 무산계급 문화대혁명은 사상 영역에서 그 근본 강령이 수정주의와 투쟁하는 것이다."[78]

이 논리를 간단히 도식화하면 무산계급(프롤레타리아 계급, 즉,

---

78) 北京師範大學歷史系, 전게서, 121.

주로 도시의 노동자 계급)이 정권을 취득하고 사회주의 제도를 건립하는 것을 기본 조건으로 한 다음 한 계급이 다른 계급을 전복시키는 정치대혁명을 진행한다. "문화혁명"은 이러한 정치혁명을 "계속할 혁명"의 가장 중요한 방식이다. 문제는 이러한 마오저둥의 혁명 이론이 중국에서 실제로 발생할 상황이 조성되어 있느냐는 점이다. 사실 시기가 성숙했다 안 했다 의 문제는 누구도 속단할 수 없는 문제이다. 다만 혁명이라는 이름의 무력수단으로의 정권 전복을 행사하기 위한 방편으로 제공될 뿐이다. 중국은 낙후되고 도시와 농촌의 경제적 사회적 격차가 크며 자본주의가 발달하지 않은 국가이다. 자연히 도시의 노동자 계급의 형성은 거의 미비한 실정이다. 그러나 사회주의 정권의 혁명 주력군은 어디까지나 노동자 계급이다. 중국의 현실은 노동자 계급이 미비하고 사회주의 혁명을 진행시키려 하는데 필요한 논리는 무엇인가? 자연스레 중국에서는 사회주의 혁명이 가당치 않다는 것이 기본적인 논리이다. 그러나 역사는 아이러니이고 이러한 상황에서 소위 사회주의 혁명이 발생했으며 외관상으로 성공했다. 그것은 정확히 말해 "사회주의" 혁명의 허울을 쓴 전통 중국의 농민 반란의 현대판의 한 형식으로 보아야 더 타당한지 모른다. 그러므로 중국의 "문화혁명"의 역사적 의미는 낙후된 사회의 분열상을 더욱 가속화시키고 극단적인 이데올로기화로 모든 인민과 국가의 영역을 사분오열시켰다는 점에 있었다. 모든 국가의 역량은 인민을 위하는 데 사용되는 것이 아니라 적과 나를 구분하고 이질적이라고 주관적으로 생각되는 사람이나 무리를 탄압하는 빌미로 사용되었다는 점에 "문화혁명" 시기를 살았던 중국인의 비극이 있는 것이다.

1967년 초 "문화혁명"은 "전면적인 탈권(奪權, 즉, 정권 탈취)"의 단계에 접어들었다. "무산계급 혁명파 대연합"이 이 시기의 중요한 특징이 되었다. 농촌으로 하방 갔던 학생들에게 학교로 복귀하여 혁명 투쟁하라는 지시 등은 이미 먹혀 들어가지 않았다. 장칭 등의 극좌파와 이에 반대하는 온건파 사이의 투쟁이 계속되었다. 국가는 전국적인 범위에서 무력 투쟁의 무법천지의 상태가 계속되었다. 교통 운수, 물자, 현금 및 무기 장비 등이 탈취되거나 무단 점거되었다. 1968년 9월 까지 전국의 모든 성(省)에 혁명위원회가 성립되었다. 10월에 리우사오치에 대한 영구 출당(黜黨, 제명)과 "반혁명수정노선" 분자로서 반도(叛徒)로 낙인찍혀 11월 사망에 이르게 된다. 1969년 4월에 열린 공산당 9차 대표대회는 린뱌오가 주동이 되어 개인숭배와 극좌노선이 우위를 점하게 되었다. 여기서 통과된 공산당 규약인 당장(黨章)은 마오저둥 사상을 "제국주의가 전면 붕괴하고 사회주의가 전 세계에서 승리로 가는 시대의 마르크스레닌주의"로 규정하고 "마르크스주의를 참신한 새로운 단계로 제고했다."고 찬양해 극단적인 개인숭배와 독재의 극단으로 치닫고 있었다. 또한 린뱌오를 "마오저둥 동지의 친밀한 전우이고 후계자"로 총강(總綱)에 삽입하였다.[79]

린뱌오는 마오저둥의 공식 후계자로 명문화된 이후에 과도한 정치색을 띤 인물들이 제거되어 가고 있었다. 마오저둥의 의심과 주관적인 판단에 의한 것이었다. 특히 린뱌오가 장악하고 있던 군부에 대한 경계와 의심을 가지고 있었다. 1969년 이후 린뱌오는 신변의 불안을 느끼고 마오저둥을 제거하려는 음모를 꾸미게 된다. 1971년 실행에 옮기려는 순간 이를 눈치 챈 마오저둥에 의해 적발되자 소련을 향해 비행기를 타고 가던 중 몽고 지역에서 추락하여 모두 사망했다.[80]

이후 덩사오핑 등에 대한 복권이 이루어 졌다. 그러나 마오저둥은 "문화혁명"이 부정되는 것을 걱정했다. 이후 정세는 린뱌오가 제거된 상황에서 극히 일부의 온건파인 저우언라이 등과 "4인방"

79) 北京師範大學歷史系, 전게서, 121-125.

80) 北京師範大學歷史系, 전게서, 125-132.

의 세력이 대립하는 형세가 되었으며 "4인방"의 세력이 우위를 점하였다.

"문화혁명" 기간 중에 외교와 국제 정세에 커다란 변화가 있었다. 즉, 소련과의 국경 분쟁의 심화와 유엔 안전보장이사회의 상임이사국 지위의 회복, 그리고 가장 중요하게는 미국과의 전격적인 관계 개선을 들 수 있다. 중소 간의 국경 분쟁은 역대로 중국에 있어서 가장 첨예한 문제였다. 소련은 1964년 후르시초프가 최고 권력자로 부상한 후 급격히 중국과의 관계가 악화되었다. 드디어 1969년 우수리 강의 중국 측 진보도에서 양국 군사는 충돌을 벌여 양국 간의 관계가 극단으로 치닫고 있었다.

유엔에서 대만을 축출하고 중국이 안전보장이사회의 상임이사국 자리를 차지한 것도 마오저둥과 저우언라이가 직접 지휘한 외교상의 성과였다. 1964년 프랑스와 외교 관계를 맺은 중국은 1970년 캐나다, 이태리, 칠레 등과 외교관계를 맺게 되었다. 드디어 1971년 제26회 유엔총회에서 표결로 중국이 대만을 축출하고 안보리 상임이사국의 자리를 차지하게 되었다.

가장 중요한 "문화혁명" 중의 외교적 사건으로 미국과 일본과의 국교 정상화였다. 소련의 위협에 불안을 느낀 중국과 소련 견제를 위하고 월남에서의 무력 충돌을 해결하기 위한 방편으로 미국의 제의에 의해 양국은 1969년부터 접촉과 회담을 거쳐 1971년 미국 대통령 특사 키신저가 북경을 방문하고 이로부터 일주일 후에 미중 양국은《공고》(公告)를 발표하였다. 1972년 2월 닉슨 미국 대통령이 북경을 방문했다. 상해에서《연합공보》를 발표하고 관계 정상화를 위해 합의했다. 대만 문제에 있어서도 중화인민공화국이 중국의 유일한 합법정부이고 대만은 중국의 일부분이라는 데에 의견이 일치했다. 일본도 1972년 다나까 수상이 취임하자 9월 북경을 방문하고 수교했다. 이러한 세계정세와 이에 대응하는 중국의 태도는 완전히 마오저둥의 세계관에 입각하고 있었다. 그는 원래 공산화 혁명을 전 세계에 수출하는 원리주의자로 알려져 있었다. 그러나 냉전 체제가 장기화되고 무엇보다도 사회주의 진영의 분열과 이에 따른 소련과의 갈등과 충돌은 중국과 마오저둥에게 커다란 공포와 전쟁의 위협과 이에 따른 핵폭탄의 공격의 위기감을 느끼기에 충분했다. 마오저둥에게는 당시 세계관이 형성되어 있었다. 이른바 "3개 세계관"이 그것이었다. "미국과 소련이 제1세계이고 중간파인 일본, 유럽, 캐나다가 제2세계이며 우리(중국)가 제3세계이다." "제3세계는 인구가 많고 아시아에서는 일본을 제외하고 모두 제3세계이다. 아프리카는 모두 제3세계이다. 라틴 아메리카는 제3세계이다."[81] 이러한 세계관은 패권주의에 대항하여 제3세계를 투쟁 하면서 단결시키는 이데올로기관에 입각해 있었고 이는 오히려 제3세계들과는 물론 미국 등과 관계 개선을 하는데 유연한 자세를 취하는데 도움을 주었다.

1973년 8월 공산당 10차 전국대표대회가 열렸다. 공산당《당장》(黨章)에서 린뱌오가 마오저둥의 후계자라는 규정을 삭제하고 "마르크스주의, 레닌주의, 마오저둥 사상의 위대한 홍기를 높이 들고 무산계급정치를 강조하자."라는 구절도 삭제되었다. 그러나 "무산계급 독재 하의 계속혁명의 이론"은 견지하였다. 정치적 자유는 물론이고 사상과 학문의 기본적인 자유가 계속 제한되어 온 기본 상황은 변화가 없었다. 린뱌오와 관련하여 "공자"에 대한 비판을 더하여 전국적으로 "비림비공(批林批孔)"운동을 전개했다.[82]

1974년 저우언라이가 암으로 인한 투병으로 덩사오핑이 국무원 제1부총리가 되었다. 후에는 공산당 부주석, 제1부총리, 군사위원회 부주석과 총참모장을 겸임하게 되었다. 그는 "문화혁명"

81) 北京師範大學歷史系, 전게서, 139.

82) 北京師範大學歷史系, 전게서, 140-141.

와중의 파괴와 정체 되었던 사회 각 부문과 경제 건설 및 군대 공작, 과학기술 부문을 주관하게 되었다. 그러나 마오저둥의 사회주의와 공산주의에 대한 신념은 "문화혁명"에 대한 미련을 버리지 못하게 되었다. 수시로 중국의 당전(當前) 현실에서 실시하는 것이 "급여 제도의 8급제 차등과 불평등", "상품제도 실시" 화폐제도 및 "노동량에 의한 분배" 같은 것이고 오로지 변하지 않은 것은 "소유제" 뿐이라고[83] 탄식했던 것이다. 이러한 배경 하에서 마오저둥은 1971년 이래로 병환 중이었으며 1975년 하반기 이후에는 상태가 악화되어 가고 있었다. 이 와중에 "4인방"은 덩사오핑의 타도에 골몰했으며 마오저둥이 덩사오핑에 대해 의심하는 가운데 다시 한번 덩사오핑은 숙청되었다.

1976년이 시작되자 "문화혁명"은 그 결말을 위해 달려가고 있었다. 1월에 저우언라이가 사망하고 마오저둥의 제안에 의해 화궈펑을 총리 대리로 임명했다. 4월 4일 청명절이 되자 중국 인민들은 전통 명절의 의미에 따라 고인을 추모하기 위해 천안문광장에 모여 들었다. 약 20만 명일 군중이 자연스레 저우언라이를 위해 추모하려 할 때 "4인방" 등이 주축이 된 세력이 이를 제지하고 "반혁명" 군중으로 규정하여 5일 민병과 경찰, 군대가 이들 군중을 무력 진압한 사건이 발생했다. 이에 마오저둥은 이러한 "반혁명" 사건에 대한 규정과 진압 조치에 수긍하고 7일 두 가지 조치가 취해졌다. 하나는 화궈펑을 공산당 제1부주석과 국무원총리에 임명하는 것이고 또 하나는 덩사오핑의 공산당 내 모든 직위를 해제하는 것이었다. 이어 7월에는 주더 전국인민대회 상무위원장이 사망했다. 그로부터 1달도 채 되지 않아 하북성의 당산에서 지진이 일어나 북경과 천진에도 그 영향이 미칠 정도의 강도였으며 24만 명 이상의 사망자를 기록한 대규모 사건이 발생했다. 그리

83) 北京師範大學歷史系, 전게서, 146.

고 9월 9일 마오저둥이 드디어 사망한다. 이로 인해 "4인방"은 전면적인 세력을 장악하기 위해 기도하지만 예젠핑 등 원로 간부들과 화궈펑에 의해 모두 체포되고 "문화혁명"은 일단락을 짓게 된다. 1977년부터 본격화된 "4인방"에 대한 죄상의 조사와 재판을 통해 린뱌오와 같은 범죄로 취급하여 사법 판결을 내리게 된다. 그들의 죄명은 "공산당과 국가 영도인에 대한 모함과 박해, 무산계급 독재 정권 전복 기도, 간부와 군중에 대한 박해와 진압, 마오저둥 주석을 모함하여 반혁명 무장 정변의 책동, 무장 반란 책동" 등으로 특별법정을 열어 장칭 등에 사형 및 무기징역을 선고했다.[84]

그러나 이로써 바로 현재의 개혁과 개방을 위한 혁명의 청산이 이루어 진 것은 아니었다. 문제는 화궈펑이었다. 그는 마오저둥에 의해 공식 후계자로 지명된 설이 있는 인물이었다. 그러나 그는 정세를 파악하고 정확한 노선으로 올바로 혁명 후의 중국을 영도해 나갈 역량이 부족한 인물이었다. 계속 "혁명"의 정신을 계승하려는 자세와 마오저둥의 유훈(遺訓)에 의한 통치를 실행해 나가는 구태의연한 인물이었음이 후일 역사에 의해 판가름 난다. 즉, 그가 주장한 것은 "양개범시"(兩個凡是)였다. "마오주석이 내린 결정은 모두 결단코 지켜 나가야 한다. 마오주석의 지시는 모두 시종 좇아야 한다."는 것이었다. 그의 생각은 "첫째, 4인방을 집중 비판한다. 덩사오핑도 연대해서 비판한다. 4인방의 노선은 극우노선이다. 마오주석이 말한 것과 긍정한 것은 모두 비판해선 안 된다. 천안문사건은 언급하지 않는다." 등으로 요약된다. 그러나 덩사오핑은 "양개범시"에 대해 "마르크스주의에 부합하지 않는다."고 주장한다. 그의 논리는 "마르크스, 엥겔스는 범시를 말하지 않았다. 레닌, 스탈린은 범시를 말하지 않았다. 마오저둥 동지

---

84) 北京師範大學歷史系, 전게서, 154.

스스로도 범시를 말하지 않았다." "마오저둥 사상은 사상 체계이다." "우리는 이 기치를 높이 들고 이 사상 체계를 학습하고 운용해야 한다."[85]는 것이다. 마오저둥 사상을 전체적으로 체계로 보아야 한다는 것이다. 이를 통해 학습과 운용하는 것이 중요하다. 그래야만 비로소 마오저둥 사상에 대한 정확한 인식을 할 수 있고 이러한 정신이 바로 사상 해방과 실사구시이다. 거기에다가 혁명 후 피폐한 경제 재건을 위한 대책에 화궈펑은 소위 "양약진"(洋躍進)의 방법을 제시했다. 국력을 고려하지 않은 외국 기술 장비와 외채의 도입을 의미하는 것으로 1950년대의 "대약진"과 그 방법과 사상이 유사하다는 비판을 받는다.

1977년 공산당 13차 전국대표대회가 개최되었다. 이 대회는 "4인방"을 청산하는 자리였다. 화궈펑을 공산당 주석, 중앙군사위원회 주석으로 추인하고 덩사오핑의 중앙위원, 정치국위원, 정치국상임위원, 중앙 부주석, 군사위원회 부주석, 국무원 부총리, 인민해방군 총참모장의 직위를 회복시키는 결의와 "4인방"의 영구 공산당적 제적을 결정한다.

혁명은 종결되었지만 문제가 완전히 끝난 것은 아니었다. 혁명의 무질서와 계급투쟁의 소용돌이는 아직도 계속 되고 있었다. 사회 성격과 정치색 중심의 국가 성격을 완전히 역전시키지 않으면 안 되었다. 화궈펑의 전략은 마오저둥의 계속을 의미하는 것이었다. "4인방"만 축출된다고 문제가 해결된 것은 아니었다. 덩사오핑은 자신을 배제하고 비판하는 화궈펑에 대해 토론을 시작했다. 그것은 일종의 철학 문제 같은 것이었다. "실천이 진리를 점검하는 유일한 표준이다."라는 명제로 화궈펑의 무 철학과 무사상의 정치를 비판했다. 화궈펑이 명목상 최고 통치자이지만 경력과 정치 수완으로 보아 화궈펑은 덩사오핑의 적수가 결코 되지 못하였

85) 北京師範大學歷史系, 전게서, 155.

다. 원래 중앙공산당교에서 내부 출판물로 발표된 것이 《인민일보》에 전재되어 알려지게 되었다. 덩사오핑의 주장은 문장과 글자 그대로 마오저둥 사상을 이해해서는 안 된다는 것이었다. 상황에 맞추어 적절히 운용해야 진정으로 그 사상을 이해한 것이고 그 사상의 정신을 살리는 길이다. "4인방"이 인간 정신에 족쇄를 채운 "금지된 구역"은 진정한 마르크스 레닌주의나 마오저둥 사상이 아니고 몽매주의, 유심(唯心)주의, 문화전제주의인 것이다. 이러한 사상에는 과학도 없다. 이러한 "금지된 구역"을 우리는 과감히 접촉해야 하고 시비를 확실히 가려야 한다. 이것이 실천이다. 모든 이론이란 반드시 부단히 실천의 점검을 거쳐야 한다. 진리를 점검하는 표준은 사회 실천뿐이다. 이론과 실천의 통일이야말로 마르크스주의의 가장 기본 원칙이다. 진리를 점검하는 표준은 무엇인가? 이미 무산계급의 혁명 도사(導師)들에 의해 해결된 문제이다. 이것이 지금에 와서 "4인방"에 의해 혼란하게 된 것이다. 이것을 바로 잡아야 한다. 마오저둥 사상의 종이 위에 씌어진 글귀를 공식처럼 여겨 풍부한 혁명 실천을 자르거나 제한적으로 만드는 행위는 착오이다. 점차로 필연왕국에서 자유왕국으로 전진해야 한다는 것 등이 주요 논리였다.[86)]

시대 상황과 국내 정치 동향, 무엇보다도 인민의 민심 향배에 의해 덩사오핑은 화궈펑에게 자연스레 승리할 수 있었다. 소수의 무능력한 정치 지위를 가진 사람들은 노련한 정치 경험과 정략에 능한 다수의 온건파에 뒤질 수밖에 없었다. 덩사오핑은 철학 토론에서 기세를 제압한 후 사회 각 분야에 걸쳐 그의 개혁 사상을 펼쳐 나갈 기반을 다져 나갔다. 교육과 기술, 과학 방면에서 "문화혁명" 중 정지되거나 정체되어 있었던 제도와 활동을 전면적으로 다시 부활하고 회복시켜 나가는 작업을 시작한다. 문학과 예술도

86) 北京師範大學歷史系, 전게서, 158.

어느 정도 회복되어 가기 시작했다.

드디어 완전한 덩사오핑의 기반을 다지는 시기가 다가 왔다. 1978년 12월 15일에 열린 공산당 11차 3중 전회에서의 일이었다. 공산당의 공작 중점의 전이 문제가 중점 토론되었다. 천윈이 "문화혁명" 중에 억울한 누명을 쓰고 박해받은 일련의 당 간부들을 위해 복권을 위한 발언을 했다. 본 회의의 중점 사상인 사회주의 현대화 건설에 논의의 핵심이 토론되었다. 더 이상 계급투쟁이 국가의 제일 임무가 아니라 공업, 농업, 국방과 과학기술의 현대화 공작이 가장 중요한 국가의 임무로 제기되었다. 생산력을 제고해야 한다. 모든 생산력 발전에 적용되지 않는 생산관계와 상부구조를 개혁해야 한다. 그렇게 함으로써 모든 적용되지 않는 관리방법, 활동방법과 사상방법을 개혁해야 한다. 국가 경제체제의 심각한 결함이 과도한 권력 집중으로 지목되었다. 이를 개혁하기 위해 사상정치 공작과 경제수단을 결합해야 한다. 농업 등의 발전에 전력을 기울여야 한다. 이것이 바로 1957년 이래의 공산당 공작 중점 전이 문제를 해결하는 것이다.[87]

덩사오핑이 국정(國政)을 장악하자 사회관계의 대규모 조정이 시작되었다. "문화혁명" 기간 중의 사건들에 대한 대규모 복권과 명예 회복이 이루어졌고 "문화혁명" 이전의 사건들에 대해서도 광범위한 복권이 진행되었다. 또 계급투쟁의 포기와 경제 개발에의 매진을 위한 사회적 관계의 개선으로 다음 조치들이 취해졌다. 첫째, 우파로 낙인찍힌 사람들에 대한 복권. 1959년부터 1964년까지 30여만 명에 대한 누명을 벗겨주는 복권이 1978년부터 진행되어 1990년에 기본적으로 공작이 완성되었다. 둘째, 지주, 부농에 대한 복권 문제. 셋째, 1979년 1월부터 국민당에서 투항한 사람들에 대한 정책적 배려로 이들에 대한 석방 조치가 이루어졌다.

86) 北京師範大學歷史系, 전게서, 163.

넷째, 1979년 12월《원(原)공업 종사자와 상업 종사업자의 약간 구체정책에 대한 규정》을 하여 1979년부터 현재의 성분을 기재할 때 간부는 "간부"로 공인과 같이 생산노동에 참여한 사람은 "공인"으로 기재하여 정치적으로 간부, 공인과 같은 계급으로 취급한다. 다섯째, 1956년 사영공업과 상업에 대해 공사합영을 실시할 때 수많은 소상(小商), 소판(小販), 소(小) 수공업자 및 기타 노동자를 자산계급 공업과 상업자와 같이 취급한 것은 타당하지 않은 조치였다. 1979년 11월부터 소상 등에 대해 원(原) 공업과 상업자와 구별해야 한다. 1981년에 86만 명의 공업과 상업자 중의 70 여 만 명이 노동자 신분을 회복했다. 여섯째, 지식인 정책의 수정. 학위제도 건립. 학술과 기술직칭(稱) 평정 회복, 전문 인재의 배양과 선발 등의 제도 건립에 매진한다. 일곱째, 민주당파의 활동 회복. 여덟째, 1980년부터 1981년까지 공산당 중앙서기처에서 서장, 운남, 신강, 내몽고 등지에 대한 회의를 통해 민족정책을 실시한다. 아홉째, 종교정책의 수정. 애국종교조직의 회복, 열째, 화교정책의 중시.[88] 등의 정책 안배가 기본적으로 이루어졌다.

88) 北京師範大學歷史系, 전게서, 167-168.

제3절 문화혁명의 경제, 사회와 문화

경제는 "문화혁명" 기간 중에 실질적인 성장에 후퇴를 기록했다. 비록 마오저둥이 공업 성장을 강조했지만 실리적인 경제에 치중하는 것보다 사상적인 명분을 중시한 까닭에 실용주의파별이 대부분 "주자파(자본주의 노선을 걷는 사람)"으로 낙인 찍혀 경제 발전을 주의할 수가 없었던 것이다. 그 직접적인 이류를 들어보자. 첫째, 국민경제가 무계획 상태로 남아 있었다. 경제 지휘와 관리기구가 기본적으로 작동을 못 하였다. 1967년 원래 정했던 국민경제계획이 실제 폐지되었다. 둘째, 중공의 건국 후 형성되었던 일련의 유효한 경제정책과 규장(奎章)이 폐지되어 "수정주의"와 "자본주의 부활"로 비난되었으며 무정부주의와 평균주의가 범람하게 되었다. 셋째, 공인(工人)들이 노동에 종사하지 않고 "혁명"에 몰두한 것이다. 이는 정상적인 생산 질서를 파괴하여 공업교통 각 부문의 생산이 하락했다. 공업 총 생산액이 1967년에 1453.5억 원으로 전년 대비 14% 감소했으며 1968년에는 1380.3억 원으로 전년 대비 5%가 더 하락했다. 1966년에 비하면 81.8%에 불과했다. 넷째, 농촌에서 진행했던 소유제의 집체화 "승급(昇級)"과 "과도"가 농민으로 하여금 가정 부업을 "자본주의의 꼬리"라고 하여 모두 잘라버려야 한다는 정책으로 농촌 경제가 심각한 타격을 받게 되었다. 농업생산액은 1967년에 651억 원으로 전년 대비 약간 증가하였고 1968년에는 635억 원으로 전년 대비 2.5% 하락했고 1966년의 99%에 불과했다. 생산의 하락에 따라 국민 수입도 대폭 감소했으며 국가재정수입도 1967년과 1968년에 감소했다. 이러한 경제 상황은 인민 군중의 생활수준을 상당 폭으로 하락시킨 결과를 빚었다.[89]

89) 北京師範大學歷史系, 전게서, 120-121.

그러나 서양 역사학자들의 통계는 이와 약간 다르다. "문화혁명"으로 인한 공업 생산은 거의 타격을 받지 않았다는 것이다. 공업은 1967년에 13% 하락했는데 이는 공장과 운수선의 정상 운행이 파괴된 데에 따른 것이었다. 1967년도 와 1968년에 국가 수입, 지출과 국유기업의 투자가 급격히 하강한 결과를 빚었다. 그러나 공업 경제는 빠른 회복세를 보여서 1969년 공업 생산량은 1966년의 수준으로 회복되었으며 그 다음 해 국가 수입, 지출과 투자가 이어서 상승했다. 1971년에 들어서 공업 생산은 이미 완전히 회복했고 이는 1960년대 초 계획한 증가율 수준에 도달한 것이었다. 농업 부분에서는 1966년과 1967년에 곡물 생산량이 증가하여서 1968년에는 정치 소동에 비해 거의 영향을 받지 않았다. 1968년의 기후가 1967년에 비해 악천후였으나 생산량은 신속히 회복되고 거의 영향을 받지 않았다.[90)]

"문화혁명" 시기에 공업 생산 등 경제 전반에 있어서 타격을 받았다는 해석과 꼭 그렇지만은 않다는 해석이 상반되는데 전자는 중국 사학계의 이론이고 후자는 서양 실증사학계의 논법이다. 전자는 정치적인 입장이 역사 해석에 가미되어 역사를 재생산 하는 모델이고 후자는 당시의 실증적인 자료를 가지고 주장을 입증하는 방식을 취한다. 양자 모두 장단점이 존재하며 이러한 장단점은 비단 이 "문화혁명"에 대한 해석에 국한되는 문제가 아니라 중국 역사 전반에 해당될 수 있는 문제이다. 즉, 중국 역사의 중국인에 의한 해석은 사실과 일정한 거리를 두고 있다. 자신의 정치적인 입장에 입각하여 중국 대륙과 대만 등의 정치와 이데올로기의 이론에 의거하여 해석해야만 한다. 그러나 서양 사학자들의 역사 중국 역사의 해석과 재해석은 실증적이고 객관적이며 과학적인 방법을 채택하는 역사 무대와 시간과 공간 당시의 제1차 사료와 자

90) R. 麥克法誇爾 費正淸, 전게서, 211-12.

료를 제일 중시하는 반면 사료와 자료 이면의 중요한 중국적 상황과 맥락에 대한 이해가 부족하다. 중국인이나 중국 문화에 기본적인 이해가 있는 경우가 아니면 중국 역사의 지면(紙面)상의 고증적, 실증적이며 고고학적 사료의 단순 재해석의 방식은 사실이지만 진실과 진리와 일정한 거리가 있을 수 있다.

"문화혁명"의 경제 상황의 경우도 마찬가지이다. 위에서 언급한 중국 측 자료에 의거한 방법이 기본적으로 부정적으로 "문화혁명" 시기의 경제 상황을 해석하고 있는 반면 서양의 중국역사학자들은 우선 "대약진" 시기와 "문화혁명" 시기의 경제적인 지체와 파괴의 성격이 다르다고 진단한다. "대약진" 시기에는 양식생산량이 26% 하락했고 면화는 1958년의 최고 수준에서 38% 하락했다. 1961년에 개인 농업 활동이 실제적으로 소멸되었고 돼지사육이 1957년 최고수준의 52%에 불과했다.[91]

공업 분야에 있어서 1953년에서 1957년까지의 제1차 경제개발 5개년 계획이 소련의 모델을 모방하여 수립되어 실시되었다. 그리고 "문화혁명" 시기에도 기본적으로 이 전략을 유지하고 있었다. 결론적으로 요약하여 1957년에서 1978년까지 국민소비량이 인구증가율이 2.5%의 상황에서 매년 평균 4.5% 증가와 1인당 2.5%의 비율로 증가했다. 연 평균 2.5%의 증가율은 중국 인민의 물질생활 수준이 매 28년 마다 1배씩 증가했다는 것이다. 영미(英美)의 19세기 수준과 비교할 때 이러한 성적은 중요하지 않다고 할 수 없다. 그러나 연 평균 2.5% 증가와 5% 증가의 계획 공표는 차이가 많은 것이다. 중국이 소련의 1950년대 연 평균 증가율 5%를 모델로 같은 수치를 제시했으나 1인 평균 소비량이 1952년부터 1980년까지 4배가 증가하는데 그치고 실제 임금도 정지 상태에 처해 있었다.[92]

91) R. 麥克法誇爾 費正淸, 전게서, 504.
92) R. 麥克法誇爾 費正淸, 전게서, 518.

그러나 경제 분야보다 사회, 교육 분야에서의 타격은 훨씬 큰 편이었다. 중국의 "해방" 후 기본적으로 사회는 급속도로 소련을 모방하기 시작했다. 교육에 있어서 영어보다 러시아어가 제1외국어가 되고 1964년의 경우 기존의 공업 분야에서 "공인-농민제도" 실행에서 이를 확대했다. 공업 생산의 필요에 의하여 도시 교외의 인민공사에서 임시공이나 비전일제공인을 모집했다. 정부는 이러한 조치가 도시와 농촌 사이의 사회와 경제 차별을 줄일 수 있다고 생각했다. 왜냐하면 이러한 "공인 겸 농민" 계층이 공업과 농업 분야 모두에 걸쳐 있기 때문이었다. 그러나 실시 후의 실상은 달랐다. 공장에서는 이러한 사람들을 환영했다. 임금이 상대적으로 공인보다 저렴했고 퇴직금과 의료보험금을 지급할 필요도 없었으며 무엇보다 수시로 해고가 가능했기 때문이었다. 그리고 이 제도는 사회 불안을 현저하게 야기했다. 정식 공인이 해야 할 일을 임시공이 맡는 가하면 정신공이 농촌으로 보내져 임시공으로 전락할 위험도 가중되고 있었다. [93]

이렇게 사회 분업과 계층이 유동적이고 변화가 많아 사회의 불안과 이러한 사회 분업 체제와 계층 분화에 불만을 품은 계급이 나날이 늘어가고 있었다. 사회의 구성원 개인은 사회 경제 지위와 그 정치 경향 사이에 느슨한 연계가 존재했다. 즉, 홍위병 운동 중에 자주 눈에 띄는 사실은 출신이 "비교적 떨어지거나" 혹은 "보통"인 사회 구성원들 중 계층 상승의 기회가 점차로 감소하고 있다고 느끼는 학생 계층이나 경제 분업의 단계에서 위치가 비교적 낮은 공인 들이 공산당을 향해 터뜨리는 분노가 "문화혁명"의 주요 연료로 역할을 했다고 하는 점이다. "문화혁명"이 군중성 대규모 항의의 형식으로 분출한 것은 이러한 소외된 단체나 개인의 고통과 소외감이 기존의 세력이나 기성 계급에 대해 폭발한 것이었다.[94]

93) R. 麥克法誇爾 費正淸, 전게서, 128.

94) R. 麥克法誇爾 費正淸, 전게서, 128-29

이러한 사회의 새로운 계급의 출현과 사회 질서의 재편은 교육 체계의 변화에서도 그 현상을 발견할 수 있다. 신(新) 중국 이후 학생의 진학과 이상(理想) 공작 안배의 3가지 표준은 가정 성분, 학습 성적과 정치 표현이 되었다. 그러나 1960년대 후반 들어 이러한 기준의 중점이 변하였다. 가정 출신과 정치 표현은 갈수록 그 중요성이 더해 가고 학습 성적은 중요성을 잃어 갔다. "문화혁명" 직전에는 가장 행운의 학생은 간부나 군인 가정의 학생이었고 그들은 학업 성적이 타 학생보다 좋지 않더라도 그 가정 출신이 고교, 대학 진학과 공산주의청년단에 입단에 중요 표준으로 작용했다. 이러한 우대는 갈수록 증가했다. 그 다음 순위가 공인이나 농민 자제로서 가정 성분 때문에 학업 성적이 조금 안 좋더라도 그것을 보충해 주었다. 가장 하층 계층은 자산계급 이나 지식인 가정의 학생으로 그들은 거의 학업 성적이 가장 우수했으나 "아주 불량" 하거나 "중등" 정도의 가정 성분으로 진학에 가장 큰 걸림돌로 작용했다. 학생 뿐 아니라 공인 계급도 분화했다. 1960년대 초 공인 계급이 분열되기 시작했는데 고정 직공과 도제, 기술 공인과 비 기술공인, 국영기업 공인과 작은 규모의 집체기업 공인 사이에 분열이 일어나 고정 직공, 기술 직공, 국영기업 직공 등이 도제, 비 기술 공인, 집체기업 공인 보다 월급과 복지에서 훨씬 우대를 받고 있었다.[95]

문화 분야에서는 4인방의 일원인 장칭의 영향 등으로 급진적인 혁명파 문화가 오로지 허용되고 있었다. 예술성과 작품성을 띤 문화 상품은 상연이나 판매 등이 금지되었고 도서관과 박물관은 문을 닫아야 했다. 1966년 여름 대학은 수업을 정지했으며 동년 가을 중고등학교는 교육을 중단했다. 교육이 회복된 것은 1970년

95) R. 麥克法誇爾 費正淸, 전게서, 127-28.

여름이 되어서야 대학생을 모집했고 이것도 아주 제한된 범위 내에서 이루어졌다. 1969년 이후 본격화된 교육 과정의 정치화는 교육 시간의 감소, 체력노동의 장기화 요구, 계급 출신에 의한 학생 선발이 이루어졌고 수많은 문화, 교육 기구가 심각한 물질적 손실을 입었다. 도서관과 박물관들은 파괴와 손실을 보았고 홍위병에 의해 대량의 역사 고적, 종교 건축과 문물이 파괴되었다. 군대가 질서 유지를 위해 학교에 파견되었으며 학교 건물은 마치 그들의 개인 사유물 같이 취급되었다.[96)]

"문화혁명" 기간 중 가장 큰 피해를 입은 부분은 아마도 지식인, 작가와 학자 부류일 것이다. 1966년부터 1969년까지 문화계에서 박해와 비판을 받은 사람의 숫자는 문학과 예술계에 2600인, 교육계 기구 중에 14.2만 명 간부와 교사, 연구 기구에 5.3만 명 과학자와 기술 인원, 위생부 소속의 의학원 연구 기구에 500명 교수와 부교수 등으로 1980-81년 4인방 심판 시 물증으로 제시되었다. 공산당과 정부 간부 중의 박해 비율은 지식인에 비해 적지 않았다. 성(省) 일급지에서 숙청율이 70-80% 되고, 6개 대구(大區) 당위원회의 제1시기 중 4명, 29개 성위(省委)제1서기 중이 23명 등이 피해자로 기록되고, 공산당 중앙기구에 숙청률이 60-70%가 되어 23명의 정치국원 중 9명, 13명 서기처 성원 중 4명 및 167명 중앙위원 중에 54명 만 이 피해를 보지 않았을 정도였다. 악명 높은 농촌의 "5.7 간교(干校, 간부학교, 즉, 공산당 간부 중 사상이 투철하지 못하다고 지적된 사람들이 사상 개조를 위해 입소하여 육체노동과 자아비판 등을 하는 수용소 시설 같은 곳)" 에서 육체노동과 사상 개조 교육을 했던 당 간부의 숫자가 300만 명에 이르렀고 나이가 든 간부들에게는 참기 어려운 일이었던 것이다.[97)]

---

95) R. 麥克法誇爾 費正淸, 전게서, 212-23.

96) R. 麥克法誇爾 費正淸, 전게서, 212-15.

중국은 전통적으로 문예 창작과 정치생활이 밀접한 상호 관계가 있었다. 특히 중화인민공화국 수립 이후 공산당이 문화정책을 영도한다는 정책 하에 더욱 이러한 추세는 심화되었다. 그 이전의 과거에는 중국적 문화 분위기와 정서의 패턴에서 문학과 희곡 작품 등이 정치적인 비평과 풍자를 하곤 했다. 그러나 1966년 이후 "문화혁명"의 기세가 본격화 되면서 이러한 분위기는 사라졌다. "문화혁명"의 영도자들은 문학 작품과 희곡 등에 이상할 정도로 민감한 반응을 보이고 두려워하였다. 거의 모든 저명한 작가는 모두 그들의 박해를 피하지 못했다. "문화혁명"의 시발점과 중요한 진전의 와중에는 거의 문학작품에 대한 비판이 배경으로 자리하고 있었으며 마오저둥의 의견이나 동의에 따라 비판이 진행되어 간 패턴을 따르고 있었다. "문화혁명"의 시발점인 우한(오함, 吳?)의 역사희곡 《해서파관》(海瑞罷官)과 덩투어(등탁, 鄧拓)의 《연산야화》(燕山夜話) 등이 모두 견강부회(牽强附會, 억지 논리를 부림)적인 "반당(反黨)", "반 사회주의"의 누명을 쓰고 혹독한 비판과 숙청을 당하게 된다. 공산당 중앙선전부부부장 저우양(주양, 周揚)은 1949년 공산당 집권 이후 문예정책을 주관한 인물로 "우파"로 낙인찍혀 전면 타도의 대상으로 졸지에 변하였다. 저우양은 비판자에 의해 루쉰(노신, 魯迅, 저명한 현대 중국의 좌파 문학자)의 적(敵)이며 후르시초프 같은 인물로 빗대어졌다. "마오저둥주의"와 완전히 어긋나는 것으로 매도되었다. 이러한 공포적 극단 과격주의의 문학 표현이 완화되기 시작한 것은 1971년 린뱌오 사망 이후의 일이었다.[98)]

98) R. 麥克法誇爾 費正淸, 전게서, 623-29.

제4절 문화혁명이 남긴 것

"문화혁명"을 과연 어떻게 볼 것이냐 하는 문제는 대단히 흥미로운 이슈가 될 것이다. 역사란 역사를 평가하는 사람들의 해석에 의해 결정되기 때문이다. 그러므로 중국에서 근대사 이후의 역사는 사실 객관성과 실증성을 확보하고 있지 못한 역사 해석의 내용이 많이 존재한다. 현대에 들어서서 중국은 근본적인 삶의 형식의 변화와 내용의 패러다임(paradigm, 학문이나 사상이 개념과 체계 등과 완전히 다른 차원의 학문이나 사상을 일컫는 말로 가치관과 인식이 다른 관념 세계를 나타내는 현상을 개념화 함)적 변화에 직면하고 그 급변하는 과정 속에 휘말리게 된다. 2천년 이상을 이어 온 삶의 주요 형식인 봉건제 정치제도의 철폐와 "공화제"는 중국인들로 하여금 경험해 보지 못한 내용을 처음 수업을 듣는 학생들 같이 시행착오와 갖은 어려움 속에서 역사의 우여곡절을 해쳐가고 있었다. 너무나 새롭고 위협적이며 사고방식부터 완전히 다른 삶을 갑자기 살도록 강요당했다는 점이다. 그것은 전통적인 중국인의 삶과는 아주 딴 판이었다. 군주와 관료 체제 하에서 그들의 소유물 같은 존재에서 갑자기 세상의 주인이 되었다는 것이다. 즉, "공화제"의 국가 형태가 된 것이다. 그러나 그럼에도 불구하고 중국의 일반인의 생활과 경제는 더 나아지지 않았다. 마찬가지거나 옛날 봉건 군주체제 하에서의 정치 체제가 느슨해진 말기적 혼란기에 처해 있던 시기보다 더욱 어려운 시기를 만나게 되었다.

군벌의 혼란기를 거쳐 장제스(장개석, 蔣介石)의 독재 시대가 되었다. 독재시대의 암울함과 부자유의 인신과 정신 상태는 과거 군주정치 시대와 별반 달라진 것이 없었다. 그리고 공산당의 천하가 되었다. 마오저둥은 천안문 광장 성루에서 엄숙하게 선언했다. "중국인은 이제 일어났다." 세상에서 한 자리 차지하게 되었다는 것이다. 지금까지 세계적 범위에서 겪었던 "2천년 만(래, 來)의 처음 당하는 변국(變局)" 에서 유래한 "트라우마" (trauma, 정신적 외상, 外傷)에서 벗어날 수 있게 된 계기가 만들어졌다. 공산당 정권의 중국에서의 등장은 보통 사람의 세상이 된 의미를 지닌 것이었다. 그러나 이 보통 사람, 즉, 중국식 용어로 인민의 세상이 아주 거친 형태로 원시적인 몸짓과 발상으로 난무하게 된 것이 바로 이 "문화혁명" 의 기간 동안 이었다. 그러나 그것은 민주주의의 개화(開花)가 아닌 재난(災難)을 의미하는 것이기도 했다.

마오저둥의 순진하고 낭만적인 발상에 의해 저질러진 것으로 평가되는 "문화혁명" 은 혁명의 순결성의 추구와 이로 인한 중국이 1960년대에 부딪힌 문제들에 대한 과대망상과 착오로 인한 판단은 그의 개인 권위로 발동한 수많은 사회운동이 국가를 위기로부터 구하고 마르크스주의의 "복음" 에 영원히 안식하는 낙원으로 만들려고 하는 희망이 이 "문화혁명" 으로 최고의 수준으로 새로이 만들려고 하는 마지막 바람으로 희망을 걸었으나 결국 최대의 국가적 재앙과 착오로 판명되고 말았다.

"문화혁명" 의 사회상과 이와 관련된 인민 생활의 한 예를 들어보자. 1966년 가을 들어 홍위병들의 난동이 극단으로 치닫고 있었다. 그들은 "사구" (四舊, 즉, 네 가지 타파의 대상인 낡은 것들)인 "구 사상, 구 문화, 구 풍속 및 구 습관" 의 타파에 혈안이 되어 있었다. 홍위병 들은 길거리로 나섰다. "자산계급" 문화의 증거를 색출하기 위해서였다. 장발의 남녀를 만나면 여지없이 당장 머리를 박박 밀어 버렸다. 몸에 달라붙는 치마를 입은 여성에게는 잉크병을 치마허리에 넣어 쉽게 아래로 떨어지지 않으면 치마를 갈기갈기 찢이 신신 조각을 냈다. 가게 싱호가 진통적인 깃이면 혁명적인 이름으로 갈도록 강요했다. 도로명도 마찬가지였고 홍위병 들 사이에 이러한 문제를 놓고 논쟁이 붙는 것도 다반사였다. 심지어 교통 신호에서 적색을 혁명을 표시하는 색깔로 상징하여 "멈춤" 이 아닌 "가기" 로 삼았다. 금주, 금연, 금붕어 키우기, 고양이 기르기, 개 기르기, 등을 자산계급의 습관으로 간주해 타인에게 이를 금하도록 요구하였다. 세탁소는 자산계급 가정을 위해 세탁해 주지 말도록 요구했으며 목욕탕은 자산계급 자녀를 위해 복무하지 말도록 강요하였다. 이 홍위병들은 자신의 학교명인 "제26중학"을 "마오저둥주의 학교"로 개명하였다. 교사와 학교행정 직원을 "자산계급"의 대표로 보아 이들을 구타, 고문, 괴롭히기 등을 통해 죽음에 이르게까지 하였다. 이전의 자본가와 지주의 집은 자주 수색과 침범, 강탈과 훼손을 일삼았다. 성분 불량한 계급 성원들을 모아 농촌으로 내쫓기도 했다. 북경대학의 경우 교직원의 집을 수색하여 100여 명은 서적과 기타 개인 재산을 몰수했으며 260명은 목에 "죄행"을 열거한 패를 걸고 그의 노동을 "감독"했다. 이러한 야만 행위는 "자산계급"과 "지식인"에 대해 저절러졌으며 자산계급 배경을 가진 학생들에게는 신분 상승을 할 수 있는 절호의 기회이므로 더욱 격렬하게 혁명 운동이 진행되었던 것이다. 광주(廣州)의 2200명 학생을 대상으로 하는 조사에서도 이러한 점이 "문화혁명" 중의 사회 실상으로 드러난다. 73%의 간부자제가 공산당 보위 기구나 조직에 참여했고 61%의 지식인 자녀와 40%의 "자산계급" 가정 학생이 조반(造反)파 조직에 참가했고 당 보위 조직이 흡수한 학생의 82%가 간부와 공인 자녀였고 "조반파" 조직은 지식인 가정에서 45%의 성원을 충원했다.[99)]

페어뱅크(J. K. Fairbank) 등 서양의 중국역사학자들은 마오저둥의 2차 혁명("문화혁명")이 1차 혁명("공산화혁명")보다 훨씬 못한 성공을 거두었다고 진단한다. "문화혁명"의 위기가 정권의 영도자가 스스로 발동한 점이 흥밋거리로 보았다.[100)] 마오저둥의 근본 시각은 "파괴"가 필연적이다. "파괴"가 따라야 "건설"이 있

99) R. 麥克法誇爾 費正淸, 전게서, 149-51.

100) R. 麥克法誇爾 費正淸, 전게서, 117.

다. 이것이 성공하는 혁명이다. 건설이 와야 또 파괴가 의미가 있다. 신질서를 건설하는 동시에 구질서를 파괴한다. 마오저둥의 2차 혁명이 1차 혁명보다 실패한 이유는 명백하다. 1차 혁명은 새로운 질서와 새로운 창조된 세계에 대한 명확한 비전이 제시되었다. 우선 기존 질서와 체제에 대한 비판과 새로운 정치경제질서의 청사진, 그리고 광대한 현실에 불만인 사람들의 지지를 이끌어 낼 수 있었다. 더구나 이러한 질서를 관리하고 정치를 해 나갈 정권을 탈취하고 이 탈취한 정권을 장악할 혁명조직인 공산당이 존재했다. 그러나 2차 혁명에는 이러한 것 들 중 아무 것도 없었다. 비판도 대안도 그리고 체계적인 질서 유지의 청사진도 그리고 강력한 혁명 추진의 조직, 모든 것이 결여되어 있었다. 혁명을 일으킨 다음 돌아 온 것은 일단의 혼란 뿐 이었다.[101]

다음 두 가지를 필자는 "문화혁명"에 대해 논의하려고 한다. 첫째, 마오저둥이 결코 일반 부패한 개인 독재자와 같이 자신의 개인주의와 이기주의적 관점에서 정권과 국가 재산에 대한 사유화를 획책한 것은 아니다. 즉, 일편단심의 애국주의 사상을 견지하고 있었다. 그러므로 그의 권위와 위신은 중국 공산당 내와 국가 인민들에게 거의 절대적이었다. 오로지 그의 잘못된 사상과 상황에 대한 판단에 문제가 있었던 것이다. 물론 개인적인 권력에 대한 야심과 죽기 전까지 은퇴하지 않고 권력을 놓지 않으려는 권력자들의 관성을 가지고 있었는지 모른다. 마오가 얼마나 부패했는지 아니면 청렴결백했는지는 정확히 모른다. 그러나 지금까지의 갖가지 자료로 보아 개인적인 차원의 비리와 문제점은 정확히 발견되지 않는 상황이다.

둘째, 현재 우리가 보고 듣는 "문화혁명"에 대한 역사에 대한 내용과 해석, 그리고 그 맥락은 거의 부정적 일색이다. 그러나 이

---

101) R. 麥克法誇爾 費正淸, 전게서, 117.

러한 해석의 근원은 "문화혁명"의 피해자인 덩사오핑 등에 의해 재해석된 유산(遺産)이다. 지금 중국의 경제발전의 논리는 모두 덩사오핑 등의 개혁파와 "문화혁명" 당시 타격을 받았던 공산당 당료들의 논리가 주류를 이루고 있다. 그러나 그들에게 해결해야 할 문제는 크게 두 가지로 보인다.

첫째로 공산당의 집권당 지위는 분명 중국을 사회주의 국가로 규정하고 있다. 그러나 경제발전으로 인한 여러 가지 문제점들은 경제발전의 모델이 자본주의적인 것이냐 하는 것과 경제발전 과정 중에 발생하는 여러 가지 문제점들은 사회주의 체제의 우월성이라는 "평균주의"나 "완전복지"와는 상당히 상충되는 내용들로 되어 있다. 본질적으로는 자본주의적인 경제발전 모델을 사용하고 형식으로는 사회주의라고 외치는 형상을 중국인 당사자들을 포함해 누구도 쉽게 이해하지 못한다. 중국인들의 민족성과 특성이 바로 적응력과 상황에의 대응성, 그리고 유연한 이데올로기성인가. 그러므로 덩사오핑 등의 경제개발 당사자들은 "중국식 사회주의", 내지 "중국특색을 지닌 사회주의"의 수식어를 갖다 붙인다. 입으로는 여하튼 사회주의를 부르짖어야만 하는 것이다. 중국 속담의 "양두구육"(羊頭狗肉), 즉, 양고기를 판다고 하고 실은 개고기를 파는 상인이 속임수를 부리는 속담의 진리가 들어맞는 일인가? 그러므로 아예 덩사오핑은 함구, 즉, 아무 말도 않기, 혹은 자본주의인가 사회주의인가 따지지 않기 식의 논리를 편다. 둘째로 마오저둥 및 공산주의 국가의 정체성에 관해서 덩사오핑이 그들이 어쨌거나 공유한 역사인 "문화혁명"을 완전 부정하기는 어렵다. 특히 "문화혁명"의 발동자인 마오저둥에 대한 역사적 평가를 어떻게 하느냐는 기술적인 문제와 중화인민공화국의 정체성에 관계된 문제가 걸려 있었다. 마오저둥과 "문화혁명"을 완전히 부정할 수 는 없는 고충이 "문화혁명"의 피해자들 사이에서는 걸려 있는 현안이었다. 덩사오핑은 1981년 만들어진 《건국 이래 공산당 역사 문제에 대한 결의》의 문서에서 묘안을 나름대로 짜내었다. 즉, 마오저둥의 공과를 37개(開), 공(功)을 7분, 70%로, 과(過)를 3분, 30%로 한 것이었다. 그리고 “문화혁명”은 일단의 재앙으로 전반 부정되었다.

그러나 중국의 공산당 1당 집권 체제와 독재가 계속되고 중국의 국력의 신장과 함께 과거의 “패권”주의와 “민족주의”가 부활하고 있는 것이 분명한 추세이다. 이러한 정치 세력의 구조화와 제도가 1949년 중국 공산당 정부 건국 때와 전혀 달라진 바가 없다면 “문화혁명”은 미완의 혁명이고 앞으로 재연될 가능성이 존재하는 것은 아닐까.

제4장

개혁, 개방기

제 4 장

개혁, 개방기(1976-1989)

제1절 개혁, 개방의 정치 논리

마오저둥 이후의 중국은 어떻게 전개될 것인가? 사실 중화인민공화국은 마오저둥을 제외하고 그 존립을 상상하기가 힘들었다. 1935년 준의(遵義)회의에서 마오저둥의 1인 지배를 공산당에서 확립한 후로 1976년 사망 시 까지 마오저둥은 무소불욕의 최고권력을 휘둘렀다. 한 국가를 건국하기도 하고 그 국가를 거의 훼멸에 가까운 파괴로 이끌기도 했다. 모든 국가의 중대사는 마오저둥 1인의 생각과 상상력에 의해 실천되고(마오저둥 1인 지배체제 모델, Mao in command model) 그 결과는 마오를 포함하여 아무도 책임지지 않았다. 극심한 정치권력의 변동기에 수많은 희생자가 속출했다. 폭력과 기아가 범람했다. 개인이 신(神) 같이 떠받들어졌다. 그런 마오가 사망했다. 포스트 마오(post-, 후, 後 마오) 시대는 어떻게 될 것인가?

우선 마오의 실책 중에 중요한 것은 낭만적인 정서에만 의존하고 실상을 모른데 기인한 혁명과 반란 정신과 그것의 조악한 실천 뿐 아니라 후계자 배양과 지명에 대한 것이었다. 사실 후계자는 개인적인 일이 아니었다. 그러나 마오저둥의 생전의 중국의 경우에는 국가의 일 자체가 마오 개인의 일이 되는 일이 상례였다. 마오 자신이 후계자를 지명하려 했고 아무도 이에 이의를 달지 못했다. 마오, 그는 일찌감치 리우사오치(유소기, 劉少奇)가 국가주석을 계승하여 리우가 마치 마오저둥을 승계하는 듯이 보였다. 그러나 리우는 전 장(章)에서 보듯 "문화혁명"의 와중에 중요한 타도의 대상이 되어 인민 군중의 손에 무참히 죽임을 당하는 신세가 되었다. 그리고 그 유명한 린뱌오가 있었다. 1950년 대 후반기에 마오저둥의 "대약진" 정책에 이의를 제기하고 공개편지를 마오에게 올린 펑더화이(팽덕회, 彭德懷) 국방부장이 실각하고 그 뒤를 이은 원수이자 국공 전쟁에서 용맹을 떨친 장군이었다. 그는 "문화혁명"의 와중에 급부상하여 급기야 마오저둥의 "유일한 후계자요 친밀한 전우"라는 명문화된 규정이 될 정도로 공식적인 후계자가 되었다. 그러나 그도 비극적인 결말을 맞았다. 과도한 정치색과 마오에 대한 개인숭배 및 아첨이 오히려 화를 불러 일으켜서 마오의 의심을 사게 되고 급기야는 마오를 살해하려는 정변을 계획했다가 탄로가 나 망명길에 비행기 추락으로 까만 숫 덩이로 변하고 말았던 것이다.

그 이후 마오에게 후계자 감이 될 만한 재목으로 왕홍원(왕홍문, 王洪文)이 있었다. 그는 나이가 젊은 노동자였지만 마오의 눈에 들어 하루아침에 상해의 방직공장의 노동자에서 2인자의 자리에 오른 인물이었다. 마오저둥이 혁명 중에 강조한 노동자와 농민, 군인의 직책을 다 경험하고(소위 3결합) 조반(造反, 반란)의 성격이 다분한 경력을 가진 사람이었기 때문이었다. 그러나 왕홍원은 중국을 이끌고 나갈 마오의 후계자가 되기에는 너무나 역량부족이었다. 왕은 "우연히" 이러한 "3결합"의 경력을 지닌 일반노동자에 불과한 사람이었다. 그러나 아무도 마오가 지목한 후계자 감 문제에 이의를 제기하지 못했다. 그러나 그는 "4인방"의 일원으로서 과도한 극좌파 경향과 장칭 등과의 결합으로 마오의 신임을 얻지 못하고 결국 화궈펑에 의해 체포되어 감옥에 갇히는 신세로 전락하게 되었다. 그리고 마오저둥의 사망 이전 마지막으로 꼽은 인물이 바로 화궈펑이었다. 거의 정치적으로 알려져 있지 않고 정치색을 띠지 않아 오히려 마오저둥의 신임을 얻게 되었다.

마오와 같은 고향인 호남성 출신에 마오의 고향 집을 잘 정리하고 하는 등 마오의 신임을 얻었다. 마오가 임종 시 병상에서 친필로 적어 주었다는 한 마디, “네가 일(국가 대사)을 맡는다면 나는 안심이다.”라는 몇 마디 글자에 의거하여 화궈펑은 마침내 마오의 공식 승계자의 위치에 오를 수 있었다. 화궈펑은 자신의 입지를 과시하게 위하여 관방 여론을 장악하고 이 사실인지 아닌지 확실치 않은 내용을 반복하여 선전하고 있었다. 심지어는 화궈펑의 머리 모양을 마오와 같게 하여 마오와 비슷한 이미지를 풍기게 하였으며 마오의 초상화와 나란히 커다란 사진을 나란히 걸었다. 거액을 투입하여 천안문 광장에 마오저둥의 거대한 능묘를 건축하고 수정관에 그를 안치했다. 화궈펑은 자신이 마오저둥의 유일한 후계자로 합법성을 가지고 있다는 점을 내세웠다. 《마오저둥선집》 제 5권을 오랫동안 미뤄두었던 1949년에서 1957년까지의 마오의 글을 모아서 1977년에 출간했다. 화궈펑은 모든 정책을 마오저둥을 계승하는 방편으로 사용했다. 그러나 그것은 불가능한 일이었다.[102)]

1950년대의 마오저둥의 정책을 그대로 1970년대 후반에 적용한다는 것은 시대착오적인 발상이었다. 문화교육정책에서부터 화의 정책은 바뀌기 시작했다. “백화제방”(百花齊放)의 자유 표현 정책을 표방한 1950년대 마오저둥의 정책을 답습했다. 그리고 “문화혁명” 기간 중 장기간 금지되었던 가극과 영화 등 예술이 다시 공연되기 시작했다. 새로운 문학 작품이 탄생했다. “상흔(傷痕)문학”이라는 장르로 “문화혁명” 등 역사 과정 중의 고난과 상처를 묘사하는 것을 위주로 하는 단편 작품 들이 주로 신보였다. 서양 문학의 명저가 대거 소개되었다. 새로운 교육 정책이 선보여

102) 莫里斯 邁斯納(Maurice Meisner), 『毛澤東的中國及後毛澤東的中國』(Mao`s China and After)(成都: 四川人民出版社, 1989. 2), 551-555.

교육기관과 연구기관 등이 회복되었다. 이로써 화궈펑의 정책은 도시민들에게 환영을 받았다. 또한 공인과 지식인의 불만 정서를 완화시키는 정책을 시행하기도 했다. 1977년 중화인민공화국 건국 28주년에 맞추어 국영기업 노동자의 월급을 10% 올려 주었다. 20년 만에 도시에서 급여 인상이 있는 셈이었다. 그러나 "대약진" 전의 마오저둥의 언어 표현 그대로 자신의 정책에 적용시키려는 화궈펑의 노력은 기실은 덩사오핑이 1975년 가을에 제정한 문건에서 나온 아이디어였다. 특히 경제정책에 있어서 그러했다. 외국에서 현대 기술을 도입하고 석탄과 석유를 수출하여 이 비용을 지불하며 이로써 신속하게 현대 과학기술을 발전시키고 과학기술인재를 배양하는 것을 위주로 하는 내용이었다. 공인, 즉, 노동자에게 물질적 장려를 제공하여 노동생산율을 증가시키는 방법은 마오저둥의 1950년대 정책이기도 했고 천윈이 계획한 제1차 경제개발계획(1953-1957)을 부활시키는 것이었다. 화궈펑은 1976년부터 1985년까지의 10년 규획(規劃)을 제시하여 4대 현대화 구상을 발표했다. 그 구상의 요점은 1985년까지 120개 대형 프로젝트를 수행하는 것이었다. 강철연합기업, 유기전(油氣田), 석탄광산, 발전소, 철로와 항구 등을 포함하는 것이었다. 그러나 문제는 여기에 필요한 자금이었다. 이 자금의 수요는 1949년 건국 이래 28년 동안 투자한 액수의 총합보다도 많은 액수였다. 그러나 화는 이것을 조달할 방법이 없었고 이것이 그가 급격히 실각한 주요 이유 중의 하나가 되었다. 또 다른 주요 이유는 덩사오핑의 권력의 급격한 신장이었다. 덩사오핑은 이후의 시대를 후(後, post) 마오저둥 시대를 후 마오저둥 주의(主義) 시대의 도래로 삼기로 했다. 이는 마오저둥 표현의 표면적인 답습이 아닌 그 정신의 현대적 계승이라는 의미를 띤 것이다.[103)]

103) 莫里斯 邁斯納(Maurice Meisner), 전게서, 551-555.

덩사오핑이 중국의 "최고 영도인"이 되기까지와 화궈펑의 권력 상실과는 2년여라는 시간이 일치한다. 덩은 노련한 정치적 감각과 무정(無情)한 개인적 리더십으로 마침내 마오저둥의 공식 후계자를 물리치고 권력의 정상에 도달한다. 그는 그 후 결코 공산당 주석이나 국가주석 자리를 차지하지 않았다. 또한 군사위원회 주석 자리만을 가지고 있다가 이마저 연로함을 이유로 은퇴한다. 그가 이렇게 권력을 장악하게 된 이유는 광범위한 당 관료와 군부의 지지를 얻었기 때문이었다. 당의 원로들 다수는 그와 생사고락을 같이 한 전우들이었다. 그의 간부 발탁의 요건은 "한 단계 한 단계 씩 승진시키는" 방법으로 이는 많은 관료들의 지지를 받았다. 이는 확실히 "4인방"과 화궈펑의 "낙하산 식"의 승진 방식과 차별적인 것이었다. 덩의 또 하나의 중요한 지지 기반은 지식인이었다. 덩은 1956년 공산당 8차 대회 이후 지식인 이익의 수호자로 인식되어 있었다. 1975년 4대 현대화 문건 작성 시 그는 특별히 지식인의 역할을 강조했다. 덩은 "문화혁명" 시기 박해를 2차례나 받은 경력처럼 같이 박해를 받은 당 간부, 지식인, 1700만의 농촌 하방 청년, 마오저둥에 이용당한 홍위병, 정치적 비판 등에서 벗어나지 못한 보통 군중 등에 의해 동정적인 일체감을 느끼게 되었으며 이는 덩의 거대한 정치자본이 되었다.[104)]

한편으로 정치적 라이벌 화궈펑은 정치적인 기반을 점차로 상실하고 있었다. "문화혁명" 기간 중 급격히 상승한 화는 군부와 당 내에 거의 지지 기반이 없었다. 또한 그의 상황 판단 미스와 정치적 경험 부족과 능력의 결여로 인한 정치 실책은 급속히 그를 궁지로 몰아 넣었다. 1976년 12월 "4인방"을 답습하여 계속 덩사오핑을 공격하는 운동을 벌인 점, "백화제방"의 표현 자유의 정책이 오히려 "반(反) 마오저둥주의(덩사오핑 옹호)의 여론"을 조성

104) 莫里斯 邁斯納(Maurice Meisner), 전게서, 555-557.

시켜 덩사오핑에 대한 지지 역량을 결집시켜 준 기회가 되어 준 점, 10년 경제 규획의 제정으로 인한 화의 무능의 표출은 화의 평범한 개성과 정치적인 우유부단함을 그대로 노출시켜 최고 직무를 계승한 사람으로는 감당하기 어려운 점을 가지고 있었다. 더욱이 당 내의 고급 영도인 계층의 덩사오핑의 업무 회복에 대한 요구를 더 이상 거부하지 못하게 되었다. 1977년 여름 드디어 덩사오핑은 1976년 2차 타도될 당시의 직위를 회복했고 곧 그는 화궈펑과 국방부장 에젠잉과 삼두마차 체제를 구축했다. 덩은 화와 정치적 투쟁을 벌일 것을 결심하고 그의 "실천파"가 화의 "범시파"와 철학적 문제 같이 보이는 논쟁을 벌인다. 덩은 계속적으로 당 내의 극좌파를 제거하고 지식인들을 중용하며 당 내의 1950년 대 이후 우파로 몰려 숙청되었던 수많은 "정치범" 들을 차례로 복권시킨다. 이러한 복권 조치의 절정은 1976년의 "천안문 사건"에 대해서이다. 덩은 1978년 초 1976년 4월의 저우언라이 추모 시민병 등을 동원해 강제 진압한 사건을 "혁명사건"으로 규정하고 당시 민병을 지휘했던 북경시장 우더를 직위 해제한다. 1978년 12월 열린 공산당 11차 3중 전회는 공산당 역사 상 기록될 회의였다. 이 회의에서 당과 국가는 그 주요 임무를 "사회주의 현대화 건설 상", 즉, 경제발전에 두고 "계급투쟁"을 그만 두기로 결정하여 화궈펑에 결정적인 타격을 입혀 화는 그 이후 명목상의 최고 지도자일 뿐이었다. 실질적인 최고 지도자가 된 덩사오핑은 상징적인 의미로 1979년 1월 미국을 방문하여 양국 간의 정식 외교 관계 건립을 시작했다.[105)]

미국과의 관계 개선은 "문화혁명" 초기부터 태동되기 시작했다는 논리가 적절한지도 모른다. 중국과 소련이 1960년대 후반부터 격렬해진 국경 분쟁 등 양국 관계가 악화 일로를 치닫자 중국은

105) 莫里斯 邁斯納(Maurice Meisner), 전게서, 557-561.

이에 대항할 방법을 모색하게 된다. 때 마침 국제 관계의 명수인 미국의 닉슨 대통령이 소련에 대항하기 위하여 중국의 존재에 주의를 기울이게 된다. "문화혁명"이라는 국내 정치의 정치사상의 극좌(極左)적 상황과는 달리 중국과 미국은 마침내 1970년대 초 관계 개선을 이루게 된다. 이는 마오저둥이 직접 외교 업무를 관장하여 성사된 일이었다. 1969년 미국이 미중 간의 인원 왕래와 무역 교류에 있어서의 통제 완화 조치를 선포하여 양국 관계 개선의 물꼬를 튼 이래로 1970년 1월 미국의 제의로 미중 대사급 회담이 바르사바에서 거행되었다. 중국도 이러한 미국의 움직임에 적극적인 반응을 보여 1970년 10월 미국 기자 스노우를 접견하고 닉슨 방문을 위한 언질을 준다. 1971년 4월 일본에 참가 중인 미국 탁구 대표팀이 중국을 방문한다. 이에 7월 닉슨 대통령의 안보보좌관인 키신저가 비밀리에 중국을 방문하여 양국 간의 합의 사항을《공보》에 넣어 발표한다. 드디어 1972년 2월 닉슨 대통령이 중국을 방문한다. 상해에서《연합공보》를 발표하여 양국 국교 정상화를 공표한다. 여기에 문제가 된 대만은 중국의 일부분임을 천명한다. 이 뒤를 이어 1972년 9월 일본이 다나까 총리가 중국을 방문하여 29일부로 국교를 건립한다.[106] 이 이전에 1971년 10월 중국이 유엔에서 상임이사회의 대표직을 차지하고 대만을 유엔에서 축출한다.[107] 이러한 사태는 중국의 국제적 입지 조건을 제고시켜 향후 미국과의 국교 건립 등으로 이어진다.

덩으로 보아서는 마오저둥과 저우언라이가 모두 못 이룬 일을 그가 이룬 셈이었다. 그러나 그에게는 새로운 적이 나타났다. 바로 청년 민주적극분자들의 과도한 민주의 요구였다. "사회주의

106) 北京師範大學歷史系, 『中華人民共和國史』, (北京: 北京師範大學出版社, 1993. 11), 138-139.

107) 北京師範大學歷史系, 전게서, 137.

민주”와 “사회주의 법제”는 덩사오핑이 권력의 정상에 오르게 된 중요한 계기를 마련해 준 정책의 배려로 세력을 확장한 청년들과 관료, 군중들이었지만 이제 이들이 자신들의 요구와 불만을 정권을 향해 쏟아 붓기 시작했다. 1978년 농촌으로 하방 갔던 도시 청년 수백만 명이 귀향하자 그들은 관료 계층과 달리 반항정신을 가지고 있었다. 그들은 “극좌”적인 주장도 새로이 제기하곤 했다. 1979년부터 이러한 사태에 대해 정부는 “민주운동”의 지도자들을 체포하기 시작했다. 1981년 경 공개 장소에서 이러한 민주운동은 사라졌으며 일반 군중은 이러한 민주운동에 관심 없었다. 새로운 정부의 비정치화에 힘입은 바가 컸기 때문이었다. 1980년 2월의 당 11차 5중 전회 상에서 “범시파”는 거의 숙청되고 9월 화궈펑은 국무원 총리직을 사임한다. 그 자리는 덩사오핑에 의해 발탁된 자오즈양(조자양, 趙紫陽)에 의해 승계된다. 그해 초에는 당의 서기처를 회복시켜 덩의 추종자인 호야오방(호요방, 胡耀邦)을 선임한다. 1981년 6월 당의 11차 6중 전회에서 화는 당 주석직을 사임한다. 그로부터 하루 후 덩에 의해 주도된《건국 이해 당의 약간 역사 문제에 대한 결의》를 공포하여 주로 마오저둥에 대한 평가를 담는다. 이러한 평가는 모두가 바라는 일이라는 점을 강조했다. “노(老) 노동자도 필요하다고 생각하고 토지개혁 시기의 빈농도 필요한 조치라고 생각하며 그들과 연계되어 있는 간부들도 또한 필요한 일이라고 생각하기 때문이다.”[108] 이 역사 평가를 담은 문건은 이러한 필요성에서 마오저둥의 중요한 부분과 “문화혁명”에 대해 청산할 필요성에서 작성된 것이었다. 15개월의 시간과 4000명의 당의 영도인과 이론공작자의 참여, 그리고 덩사오핑의 세심한 의견 등이 이 역사적 문건을 만드는데 소요된 기록이었다. 덩은 주로 마오저둥에 대해 그의 혁명 사업에 대해

108) 鄧小平, 『鄧小平選集』(第三卷) (北京: 人民出版社, 1993. 11), 262.

긍정하고 정치사상에 대해 착오라고 비판했다. 덩과 혁명 원로들은 마오저둥을 혁명의 합법성의 상징으로 정치적인 필요성에 의해 긍정해야 한다는 점을 의식했던 것이다. 결의의 문건은 그 주요 내용이 마오저둥에 대한 고도의 찬양을 담고 있다. 마오저둥이 인민공화국 탄생을 위한 기나긴 혁명 투쟁 중에서 영도적인 작용을 수행했다는 것이다. 또한 건국 후 첫 7년 동안의 경제발전과 "사회주의 개조"에서 보인 휘황한 승리에 대해 고도의 평가를 내린다. 그러나 마오저둥이 위대한 혁명가이자 현대화를 이룬 위인인 동시에 마오저둥의 통치 기간의 최후 20년 간 범한 "착오"에 대해 신랄하게 비판한다. 그 주요 내용은 1957년의 반우파투쟁의 범위 확대화, 이로 인한 다수 무고한 지식인과 간부의 박해에 이른 점, 이러한 조치는 초기 단계에서는 필요하고 "정확한" 것이었지만 점차로 "좌경"의 착오로 흘러 대약진 기간 중의 경제적 재난의 주요한 책임은 이러한 "좌"경 착오에서 기인한 것이다. 물론 이러한 잘못에는 마오저둥 외에 당의 기타 영도인-리우사오치와 덩사오핑과 같은-사람들도 일정한 부분 책임을 져야 하는 것이었다. 이 외에도 결의문은 마오저둥의 만년에 저지른 "개인 전단(專斷, 독단)"적 통치와 자신에 대한 "개인숭배"의 조장, 레닌주의적 "당내 민주집중제" 원칙의 파괴 등을 비난했다. 또한 "문화혁명"에 대해서도 착오적 "좌"경 관점의 극단이자 "당과 국가와 인민에 건국 이래 가장 심각한 좌절과 손실"을 끼친 10년 동란으로 규정한다. 비록 이 기간 동안의 주요한 죄책은 린뱌오와 "4인방"에 귀착되지만 마오저둥도 이로써 면책되지는 않는다. 역사결의문은 결론에서 "문화혁명의 전국(全局)성적 장기간의 좌경착오에 대해 마오저둥 동지가 주요 책임을 진다."고 기술하고 있다.[109]

이 문건이 발표된 지 1년 후 화궈펑은 정치국원 자리마저 상실

---

110) 莫里斯 邁斯納(Maurice Meisner), 전게서, 571-572.

한다. 남은 직위는 중앙위원회 위원직 하나가 된다. 1982년의 당 12차 대회는 덩사오핑에 의해 역사상 가장 중요한 대회로 지칭된다. 이 대회에서 덩사오핑의 새로운 정책과 개혁이 제시되고 당 인사 변동이 있어서 후야오방이 당의 영수 자리에 오르며 총서기가 되고 주석직은 철폐된다. 1981년 이후 덩은 명실상부한 중국의 최고 영도자로 군림하게 된다.[110)]

덩사오핑 시대의 정치적 업적으로 "일국양제"(一國兩制)의 주장을 들 수 있다. 1981년 전국인대 위원장 예젠잉이 대만에 대해 9조로 된 통일의 방침 정책을 제시한다. 1983년 6월 덩사오핑은 이 제도를 구체화하여 설명한다. "대만 특별행정구는 독자적 독립성을 지니고 대륙과 다른 제도를 실시할 수 있다. 사법부와 군대를 스스로 유지할 수 있다. 대만은 자본주의를 대륙은 사회주의를 실시할 수 있다. 즉, 1개 국가, 즉, 중국의 기치 하에 두 가지 제도를 실시할 수 있다. 홍콩도 마찬가지이다."[111)] 이 정책의 주안점은 다음 네 가지로 집약할 수 있다. 첫째, 하나의 중국, 둘째, 두 가지 제도 병존, 셋째, 고도의 자치, 넷째, 평화 담판. 실제로 대만 당국에 의해 받아들여지지 않았지만 실제로는 대만과 대륙은 이데올로기로 대치하고 있는 분단국가 같지 않게 경제와 민간 등 각종 교류를 진행하고 있으며 최근에는 국민당과 공산당 간의 제3차 국공합작을 거론할 정도로 당(黨) 대 당의 정치적인 교류도 이루어지고 있는 실정이다. 홍콩은 1997년 99년의 조차 기간을 종료하고 마침내 영국에서 중국으로 그 소유권이 이전되어 중국 당국이 약속한 대로 50년간 특별행정구로서의 지위를 보장받게 되었다. 중국은 그러나 실질적으로는 홍콩의 내정에 친중파를 부식하여 중국의 정책에 부합하는 방향으로 영향력을 행사하고 있

110) 莫里斯 邁斯納(Maurice Meisner), 전게서, 557-564.

111) 鄧小平, 전게서, 49.

는 것이 현실이다. 홍콩의 문제는 다음과 같은 세 가지 점을 우리가 주의할 필요가 있다. 첫째, 홍콩의 지위에 대해서. 홍콩이 과거 중국의 특수한 근대 역사의 산물로서 영국에 점령된 지역으로서 동서양이 만나는 독특한 입지 조건과 자본주의와 공산주의가 조우(遭遇)하는 상징적이고 실제적인 의미를 지닌 세계의 창구 즉, 허브(hub)의 역할을 수행해왔다. 이러한 홍콩의 지위는 중국의 경제발전과 국가 지위 향상에 절대적인 의미가 부여되는 것이다. 그러므로 그대로 홍콩의 지위를 유지하는 것이 중국의 국익과 경제와 개방에 절대적으로 유익한 것이다. 둘째, "일국양제"의 모델로서 소위 공산당의 애국통일전선의 실습지로서 세계에 선전할 산 학습장의 역할을 수행할 것이다. 차후 마카오와 무엇보다도 중국의 가장 큰 아킬레스건(약점)인 대만 문제가 걸려있는 상황에서 홍콩의 회수 이후 즉각적인 중국화의 조치를 취하는 것보다 현존 제도를 전시(展示)성적인 의미에서 그대로 표면적으로 내버려두고 실제적으로 내정(內政)에 간섭하여 영향력을 행사하겠다는 실리주의 전략을 펴는 것이다. 셋째, 홍콩의 지위는 그러나 계속 지속되지 못한다. 상해가 홍콩의 지위를 이을 가장 유력한 후보지이다. 이미 1990년대 상해의 포동 지구 발전 계획은 포동을 중국 경제발전의 핵심 지역으로 삼는다는 전략이다. 이는 장기적으로 홍콩을 대체할 경제적인 영향력을 지닌 도시와 지역으로 삼는다는 계산에서 나온 것이다. 상해는 중국의 지리적인 의미에서 향후 중국 경제를 짊어질 가장 중요한 역할을 수행할 지역이다. 용의 머리, 그 중에서도 여의주 부분에 해당하고 용의 몸통은 양자강 유역의 도시들과 지역들을 포함한다. 이것이 중국 경제 발전의 장기적 포석의 핵심 전략이다. 개혁, 개방의 선포와 함께 주장되어온 평화 화평적인 국제 환경의 필요성과 독립자주의 대외정책은 중국의 전통적인 대외 인식과 전략일 뿐 아니라 경제 발전에 따른 국세(國勢)의 신장에 의거하여 패권주의의 전통으로 회귀하는 움직임을 보이고 있는 것이 작금의 현실이다.

1983년에 접어들자 공산당 12차 대회의 결의에 의하여 덩사오핑은 "문화혁명"의 종결에 따른 정치적 청산 작업을 본격적으로 실시한다. 즉, "세 부류의 인간"을 분류에 내어 숙청하는 작업이다. 즉, 린뱌오 추종자, 장칭 등의 "4인방" 추종자 및 기타 과격분자와 파벌분자 들이 그 대상이었다. 이미 4천만 당원과 9백만 간부 및 250만 기층 당 조직으로 성장한 공산당 전체가 그 대상이 되었다. 덩사오핑의 개혁의 사상 기반인 사상의 통일, 즉, 개혁 사상으로 무장되어 있으며 4개항의 기본 원칙(마르크스-마오저둥사상, 사회주의, 인민독재와 공산당 영도)의 견지, 공산당 역량의 강화 등이 기본 원칙이 되었다.[112]

그러나 공산당과 덩사오핑의 우려가 사실로 드러나고 있었다. 즉, 1986년 말부터 각 도시별로 학생들의 데모가 시작된 것이었다. 공산당은 이러한 현상의 원인을 공산당에 대한 불신임에서라기보다 "자산계급 자유화 사상"의 탓으로 돌렸다. 서양의 자유화와 민주 사상 등의 진입으로 중국 국정(國情)에 맞지 않는 정서가 형성되었다고 하는 것이다. 덩사오핑은 문제의 규모보다 성격에 있어서 심각한 것으로 진단했다. 1987년이 되자 이러한 학생 운동의 양상이 더욱 심각해져 갔다. 공산당은 이의 지도자로 지목되는 공산당원 들을 직위 해제와 당적 제적의 조치를 취해 나갔다. 급기야 후야오방 총서기가 총 책임을 지고 사임했다. 이 뒤를 이어 자오즈양이 대리 총서기로 선임되었다. 그 역시 덩사오핑의 개혁 마인드를 잘 살려 지방에서부터 개혁을 추진한 인물이었다. 덩사오핑은 이러한 소요 사태를 개혁으로 인한 자유주의 사상의 영향으로 보고 궁극적으로는 공산당의 영도적 지위를 훼손시킬 우려가 큰 것으로 인식했다. 그는 다음과 같이 실토한다. "자산계급

---

112) 北京師範大學歷史系, 전게서, 198-199.

자유화에 반대하는 문제는 10년, 20년 뿐 아니라 50년이 더 걸릴 수 있는 문제다."[113]

1987년 10월 이러한 와중에 공산당 13차 전국대표대회가 개최되었다. 이 대회의 의제는 "중국 특색의 사회주의 도로를 향한 전진"으로 압축되었다. 사회주의가 중국에서 현재 초급단계에 처해 있다는 것이었다. 이는 물질문명이 발전하지 않은 단계에 처해 있으므로 물질문명을 발전시켜서 사회주의를 중국에서 완전하게 해야 한다는 논리의 출발점이었다. 중국 사회는 사회주의 사회가 분명하지만 이 사회주의는 아직 유치한 단계에 머물러 있는 것이다. 생산력의 증대를 최대한 경주하여 물질이 발전된 사회주의로 만들어야 한다는 것이다. 이번 대회에서도 전과 같이 세 단계의 발전 목표를 제시했다. 첫째, 국민 총생산액을 1980년보다 배로 증가시킨다. 이로써 인민의 '온포(溫飽)' 문제, 즉, 의식주 같은 기본 생활 소비 문제를 해결한다. 둘째, 이 세기 말까지 국민생산총액을 다시 한 배 증가시킨다. 그럼으로써 인민 생활을 소강(小康), 즉, 최소한도의 소비생활을 벗어나 조금의 여유를 갖는 생활 수준을 유지하게 된다. 세 번째가 다음 세기 말까지 국민생산총액의 일인당 수치가 중등 발달 국가의 수준에 도달하도록 한다. 인민 생활은 이때에 비교적 부유해지고 기본적으로 현대화가 실현되는 시기이다.[114] 13대 전국대회의 중심 논제는 개혁의 심화 문제였다. 경제체제개혁에 대하여 기업의 경영 시스템을 변화시키는 것을 중심 주제로 하여 계획, 투지. 물자. 재정, 금융, 무역 등 체제를 동시에 개혁하는 것을 골자로 하고 있다. 상품경제의 신(新) 체제의 기본 구조를 점진적으로 건립하는 것을 목표로 한다. 이를 위하여 소유권과 경영권을 분리하는 것을 원칙으로 하여 전

---

113) 鄧小平, 전게서, 201.

114) 北京師範大學歷史系, 전게서, 204.

민(全民)소유제기업을 활성화시키고 경제 연합을 횡적으로 진일보 발전시키도록 촉진시킨다. 사회주의 시장체제를 더 한층 빨리 건립하고 배양한다. 간접 관리를 위주로 하여 거시경제조절 체계를 점차 제도화하여 활성화시킨다. 공유제를 주체로 하는 전제 하에서 다종(多種) 소유제 경제를 계속 발전시킨다. 노동량에 따른 분배를 주체로 하는 다종 분배 방식과 정확한 분배 정책을 실행한다. 경제체제 개혁의 심도 있는 전개는 정치체제개혁에 대해 유익하고 시급한 요구를 표출하는 것이다. 정치체제개혁의 장기 목표는 "고도의 민주, 법제 완비, 효율, 활력 충만한 사회주의 정치체제의 건립"에 있는 것이다.[115]

마오저둥 사후의 집단지도체제를 가동시킨 이래로 덩사오핑을 중심으로 개혁과 개방을 진척시켜 나갔다. 문제는 크게 두 가지 방향에서 두드러졌다. 경제의 과도한 투입과 열기로 인한 거품과 인플레이션 등의 부작용 출현, 둘째, 경제 자유화 조치에 따른 정치와 인민 생활 자유화로의 변화에 따른 생활과 의식의 변화. 이 두 가지 상황의 표출은 1990년대 이후 중국의 향후 발전과 개혁 정책이 중요한 변화를 야기 시킨 중요한 근거가 되었다. 우선 첫째의 문제를 보자. 중국은 매년 국가 경제 규모의 10% 이상씩의 고도성장으로 인하여 심각한 인플레이션의 위협에 시달리고 있었다. 인플레이션의 직접적 원인은 통화팽창과 물가상승의 두 가지 요소가 주된 것이었다. 1988년 전국 소매물가 지수는 1987년에 비해 18.5% 상승했다. 이러한 과도한 상승률은 군중과 기업, 국가가 받아들일 수 있는 능력을 넘어선 수치였다. 특히 도시 거주민의 실제 생활수준은 상당 부분 하락한 형편이었다. 통화팽창의 가속화와 이로 인한 경기과열, 투자 수요와 수비 수요의 이중팽창, 사회 수요의 사회 총 공급에 대한 커다란 차이의 초과 등의

115) 北京師範大學歷史系, 전게서, 204-205.

현상이 벌어졌다. 공급과 수요의 불평등 현상의 동시에 경제 구조는 균형을 잃고 농업 발전은 지체되었으며 유한한 자원이 가공공업과 비생산성 건설에 과도하게 투입되었다. 공업생산이 빠르게 증가하는 상황 하에서 에너지, 원재료와 운수 능력의 부족 현상이 심화되어 갔다. 이러한 와중에 일부분 단위와 개인이 불법 전매와 독점, 매점매석, 가짜 상품 생산과 판매 등의 수단으로 개인 이익을 챙기는 일이 많아졌다. 물가 상승을 더욱 부추겨 경제 질서의 혼란을 가중시켰다.[116]

이러한 현상이 벌어지게 된 근본 원인은 몇 가지 중요한 요소가 제기될 수 있다. 가장 중요한 것은 이데올로기와 실제 경제개발을 위한 유연성을 발휘하는 것이 중국과 중국인의 역사 문화적인 특성이었지만 실제 이러한 유연성을 운용하는 것은 그리 쉽지 않은 일이었다. 시행착오가 곳곳에서 또 중요한 국가 정책에서 빈번이 발생했으며 특히 인민들과 국가 공무원들의 의식행태가 가장 중요한 문제였다. 자본주의의 실질을 시행하려면 서양에서의 장기간 시행해 왔던 과정 중에서의 자본주의 정신의 문제가 간과된 것이었다. 가장 중요한 자본주의 정신의 요소는 신뢰와 상인정신이었다. 그것의 배경에는 청교도주의로 대표되는 캘빈주의 중의 청빈사상과 종교적 절제와 천부적 천직으로서의 직업정신, 그리고 과학적인 사고와 과학과 기술을 숭상하는 사회 가치관 등의 배양을 산업혁명 시작 이후 200년 이상을 꾸준한 시행착오의 과정을 거쳐 확립한 것이었다. 무엇보다도 사회 전 영역에 적용되는 평민민주주의 제도와 물질과 정신적 요소의 적절한 배분과 조화, 사회정의의 실현, 민주 정치제도의 구현과 이의 실현, 그리고 가장 중요한 것은 사회 전 영역에 성역 없이 적용되고 누구에게나 특권의식 없이 적용되는 규칙(rule)의 마련과 이의 예외 없는 정확한

---

116) 北京師範大學歷史系, 전게서, 206.

적용 등의 전 사회 시스템과 이의 배경이 되는 의식구조에 대한 이해가 필요했다. 필요한 것만 선별적으로 받아들이는 것은 속성으로 목적을 이룬다는 사고방식으로 수단을 가리지 않고 행동화되기 때문에 수많은 사회적, 그리고 정서적 문제와 문화적 충돌과 가치관의 혼란을 가져왔던 것이었다.

자본주의의 정신을 본받는 것보다 속성(速成)으로 물질적인 발전에만 주로 관심을 갖고 매달리는 결과가 점차로 나타나기 시작했다. 1984년 하반기 경부터 경기과열 현상이 나타나기 시작해서 화폐 발행이 과다해진 것이 더해져 재정 적자 등의 문제가 불거지기 시작했다. 여기에 공산당과 행정부 격인 국무원이 적절하고 과감한 조치를 취하지 못하였다. 1987년 재정과 신용대출 긴축의 2중 긴축 정책을 시행했지만 이것이 과단성 있게 시행되지 못하였다. 이러한 문제가 누적되고 농촌의 경제 형세에 대한 과도한 낙관적 시각이 계속되고 가공무역에 대한 맹목적 발전에 대한 맹점이 고쳐지지 못했다. 이러한 형세는 과도한 긴축과 통제의 과도화로 인하여 미시적인 경제 항목 만 활성화 할 것에 주의하고 거시적인 종합 평형과 거시 조절에는 소홀하였다는 정책상의 오류로 드러났다. 급기야는 1988년 여름 가격개혁을 단행 했다. 이는 후일 잘못된 조치였음이 드러났다. 《가격, 급여 개혁에 관한 초보적 방안》을 통과시켜 통화팽창 등의 잘못을 시정하려는 시도를 보였다. 그러나 통화팽창이 나날이 심각해지는 상황에서 국가, 기업과 군중의 부담 가능한 능력을 고려하지 않고 일방적으로 가격개혁을 진행한 결과 1988년 하반기의 전국적인 범위의 사재기 풍조를 유발하는 중요한 계기가 되었다. 당시 공산당 회의에서의 경제 형세에 대한 시각은 다음 몇 가지로 나누어 검토할 수 있다. 첫째, 사회의 총 수요를 억제하여 통화팽창을 자제하는 것이었다. 다음해에 사회 고정자산의 투자 규모를 500억 원 줄여 금년(1988년) 실제 투자 규모의 20%를 맞추는 것이었다. 둘째, 또 하나 당시의 시각은 소비

기금의 과도한 증가를 억제하는 것이었다. 사회집단의 구매력을 억제하는 것에 특별한 정책이 실시되었다. 셋째, 금융을 안정시키고 화폐 유통을 엄격하게 통제하며 여러 정책을 실시하여 구매력 분산을 유도한다. 넷째, 경제 과열 현상을 극복한다. 다음해 공업 증가 속도를 10% 혹은 더 아래 수치로 낮추어 경제 질서를 정돈하여 당시 경제생활 중의 유통 영역 중에서 출현한 각종 혼란 현상을 정돈한다. 여기에는 몇 가지 조치가 따르는데 물가의 과도한 인상을 확실하게 억제하고 회사를 정돈하는 것이다. 이에는 공산당과 정부 부처와 간부들의 과도한 기업에의 간섭을 배제하는 것이다. 민생과 전략적으로 중요한 상품의 유통질서를 확립하는 것도 중요한 조치 중의 하나로 채택되었다. 식량, 면화와 생사 등 상품의 전매와 매점매석에 대한 단속을 한다. 거시적인 범위에서의 감독 체계를 강화하는 것도 필요한 조치였다. 사회 각 분야의 기업에 대한 각종 영향력과 이익을 취하는 현상을 억제한다.[117)]

사회주의의 구체제의 기업과 경제 구조를 새로운 체제에 적응하기 위한 각종 문제들에 대한 조치와 정책 및 장기적인 방향성 노선이 필요했다. 가장 시급하고 중요한 문제는 농촌보다는 도시에서의 민생과 국가경제에 중요한 영향을 미치는 중, 대형 국유기업과 물가의 문제로 압축되었다. 1년 동안의 노력 끝에 1989년 말에 경제 과열과 인플레이션에 대한 치리(治理) 정돈(整頓) 조치가 초보적인 실효를 보기 시작했다.

그러나 1989년 봄에서 여름으로 넘어가는 환절기에 대규모 정치 사건이 폭발하였다. 우리가 이를 1989년 천안문 사태라고 하며 2010년의 현 시점에서도 아직 이에 대한 정확한 역사적인 평가가 이루어지지 않고 있다. 이는 중국 공산당 국가의 건국 이래 최대의 위기 사건으로 기록된다. 먼저 정치 사태의 발단은 1989

117) 北京師範大學歷史系, 전게서, 206-207.

년 4월 15일 후야오방 전 총서기의 심장병으로 인한 돌연한 사망으로부터 시작된다. 청년 학생을 중심으로 하는 후야오방 애도 활동이 대규모 정치적인 데모와 거리 유행(遊行, 데모)으로 확대, 변화한 것이었다. 이러한 북경에서의 학생 들 중심의 활동이 서안, 장사, 성도 및 기타 대도시로 번져가기 시작했다. 학생들의 요구조건은 두 가지로 압축되었다. 첫째, 후야방의 공과(功過)에 대한 새로운 평가를 요구하는 것으로 1987년 초 공산당의 후야오방 사직에 대한 처리의 철저한 부정을 의미하는 것이었다. 둘째, 반(反)자산계급자유화 조치의 철저한 부정이었다. 이는 자유화 반대의 조치 과정 중에서 처벌받은 사람들에 대한 복권 조치와 네 항목의 기본원칙에 대한 대립과 부정을 의미하는 것이기도 했다. 여기에 공산당 총서기 자오즈양은 반대나 조치를 취하는 대신 학생들의 요구와 시위 유행 등 행위에 대해 관용과 지지의 태도를 나타냈다.118)

4월 27일 공산당 중앙정치국은 리펑 총리 주재 하에 회의를 열어 (자오즈양은 회의 1일 전에 북한 방문을 진행함) 학생들의 요구와 행동에 대해 과감한 조치를 취하기로 하고 덩사오핑도 이에 동의했다. 자오즈양과 보수파인 리펑 등의 근본 차이는 자오즈양이 학생들의 요구 사항을 "대규모 동란"으로 보지 않고 "우리(공산당)의 근본 제도를 반대하는 것이 절대 아니고 우리의 업무 중에서의 폐단을 고치기를 요구하는 것이다"라는 점에서 다른 강경파들이 학생들의 소요 사태를 "동란으로 규정하고 이를 철저히 신속하게 진압해야 한다."는 주장과 정면으로 배치되는 것이었다. 자오즈양은 선전과 사상 담당의 당 관계자를 불러 "학생 소요 사태에 대한 뉴스를 더욱 많이 보도하고 뉴스 공개 정도를 더 확충할 것"을 지시했다. 이에 학생들의 소요는 더욱 확대되어 몇 십 만의 학

118) 北京師範大學歷史系, 전게서, 207.

생들이 천안문 광장에서 단식 농성 등을 벌여 대규모 동정 여론을 확보하는 상태에 이르게 되었다. 이에 당 정치국 상임위는 5월 17일 북경 지역에 계엄을 실시하고 더욱 제지할 조치를 취하려 하는 동안 자오즈양은 단식 학생 들을 방문하고 리펑 등과 대립했다. 드디어 6월 4일 새벽 계엄 부대는 천안문 광장에 농성 중인 학생들을 공격하여 수자 미상의 대규모 희생 사태를 빚고 말았다.[119)]

비극적인 사태가 발생하고 많은 공산당의 정치적 개혁을 요구하던 많은 학생들과 군중이 희생되었다. 자오즈양은 이 사태 후 퇴임하게 되며 이 사태는 현 정권에 의해 반혁명 폭란(暴亂)으로 규정되었다. 새로운 지도자층이 등장하게 되었는데 상해 시장과 제1서기를 역임하고 학생 소요가 상해에서 발생했을 때 적절하게 처리했던 장저민(강택민, 江澤民)이 권력의 최고 핵심인 공산당 총서기로 부임하게 되었다. 이는 순전하게 덩사오핑의 결정에 의한 것으로 마오저둥이 영도자 1세대라고 한다면 덩사오핑이 2세대를 대표하고 장저민 시대에 이르러 3세대를 형성하게 되는 것이었다. 덩사오핑은 국가 위기 상태에 즈음하여 다음과 같은 네 가지 당면 임무를 지적한다. 첫째, 동란(動亂)의 철저한 분쇄. 안정된 전국 국세(局勢)의 확보. 둘째, 치리(治理) 정돈(整頓)의 계속 유지 및 개혁, 개방의 지속적 견지. 경제의 지속, 안정 및 협조적 발전의 촉진. 셋째, 사상 정치 공작의 착실한 강화. 애국주의, 사회주의, 독립자주, 노력분투의 교육 전개. 자산계급자유화의 선명한 반대. 넷째, 공산당의 건설에 힘씀. 민주와 법제 건설. 부패 척결, 인민에 필요하고 인민이 관심 갖는 사정의 실질적 처리.[120)] 등으로 귀납된다. 이는 향후 개혁, 개방의 1990년 대 이후 새로운 국면 시대에 중국의 기본 정책 기조로 중요한 노선의 방향을 이루고 있는 것이다.

119) 北京師範大學歷史系, 전게서, 208-209.

120) 北京師範大學歷史系, 전게서, 209-210.

제2절 개혁, 개방의 경과

폭력과 무질서, 야만이 난무했던 중국 현대의 비극 "문화혁명"이 종결된 계기는 저우언라이(주은래, 周恩來) 총리의 사망으로 야기된 천안문 사태였다. 저우언라이는 마오저둥보다 높은 지위에 있던 인물로 마오의 리더십과 통찰력을 따라 기꺼이 2인자 자리에 앉은 사람이었다. 겸손과 냉철함, 개혁 마인드와 실리적인 공작 태도로 인하여 인민의 사랑을 받던 지도자였다. 세계 상 유래가 없는 1949년부터 사망 시인 1976년 까지 무려 27년을 총리 자리에 있던 인물이었다. 1976년은 이렇게 중국 공산당과 혁명을 주도한 세 인물이 모두 서거한다. 그들은 저우언라이, 주더(주덕, 朱德)와 마오저둥 이었다. 1976년 1월 8일 저우언라이가 사망하자 마오저둥은 고민에 빠지게 된다. 총리의 후계자를 누구를 내세울 것인가에 대해서였다. 그 당시 정치적으로 우세한 입장에 있었던 4인방은 장춘차오가 총리가 되고 싶어 안달이었다. 그러나 마오저둥은 어쩌면 그의 일생 중 가장 중요한 결정을 내린다. 평범한 관료인 화궈펑(화국봉, 華國鋒)을 그 자리에 임명한 것이다. 물론 이 선택이 역사 상 또 하나의 과오로 나중에 판명되고 만다. 중국 명절인 청명절인 4월 4일에 이날 모인 군중은 천안문 광장에서 저우언라이를 추도하고 있었다. 약 200만 명의 군중이었다. 4월 5일 군중이 바친 헌화가 모두 철거되었으며 그날 밤 군중은 폭력에 의해 해산되었다. 4인방이 저우언라이의 장례식 등에 대해 일체 비밀로 하고 군중에게 알리지 않고 비밀리에 일을 처리하려 했던 것이 유혈 사건으로 확대된 것이다. 이어 4월 7일 마오저둥은 화궈펑을 국무총리와 공산당 제1부주석의 자리에 임명했다. 이어 7월에 인민해방군 총사령관인 주더가 사망하고 드디어 곧이어 마오가 사망했다. 주더가 사망한 후 3주 후에 당산 대지진이 발생하여 24만 여명이 사망하는 재해가 발생했다. 전체 국가가 흉흉했고 불안해했다. 4인방은 이 기회에 권력을 찬탈할 계획을 세우고 이를 추진한다. 그러나 화궈펑, 에젠잉(섭검영, 葉檢英) 및 리센넨(이선념, 李先念) 등 군 원로들을 중심으로 회의를 거쳐 4인방을 체포하게 된다. 그러나 화궈펑이 추진하는 "대약진"은 마오저둥을 그대로 답습한 것으로 이미 시대가 지난 것이었다. "양개범시"(兩個凡是)는 마오저둥이 내린 결정은 무조건 옹호한다. 마오저둥의 지시는 무조건 따른다는 것으로 덩사오핑의 "실천이 진리를 검증하는 유일한 진리다."라는 명제를 내건 논쟁에서 수세에 몰린다. 1978년은 중국 공산주의 국가의 역사상 하나의 표지를 세운 기념비적인 해이다. 1949년의 "정치혁명"에 이어 "경제혁명"을 시작한 해이기 때문이다. 공산당은 덩사오핑의 영도 하에 11차 3중 전회를 열어 더 이상 화궈펑의 농업 집체화 정책을 집행하지 않기로 한다. 계급투쟁이 더 이상 중요한 근본, 즉, "강"(綱)이 아니다. "무산계급 독재 하의 계속 혁명""의 이론도 포기된다. 덩사오핑은 마오저둥이 공식적으로 임명한 화궈펑을 정치적으로 패배시키며 화려하게 중국 정치의 전면에 재등장하게 된다. 결국 화궈펑은 당에 사직을 요청하고 당은 그를 강등시켜 당의 부주석으로 임명한다.[121]

1978년 12월 인민해방군의 지지를 받으며 덩사오핑은 화려한 오뚜기의 정치 인생을 재기한다. 11기 3중 전회에서 공식적으로 권력을 장악한다. 이어 1979년 덩은 미국을 방문하여 자신이 중국의 최고 권력자임을 과시한다. 미국의 발전된 자본주의 사회의 경제 논리 구조와 실제를 배우려는 것도 주요한 이유이며 1972년 미국 대통령 닉슨의 방중으로 물꼬를 튼 미국과의 관계 개선의 적극적인 움직임도 그 중 포함된 전략적 계산이었다. 1980년 덩사오핑의 후계자로 공산주의청년단의 제1서기였고 장정(長征)의

---

121) R. 麥克法誇爾 費正淸, 전게서, 371-407.

생존자였던 후야오방(호요방, 胡耀邦)이 화궈펑을 대신하여 공산당 총서기로 임명되었다. 자오즈양은 국무원 총리로 임명되었다.

덩사오핑은 마오저둥의 군중노선에 대비하여 실사구시(實事求是)의 주장을 내세운다. 이는 노선으로 보면 소련식의 계획경제와 이데올로기와의 결별을 선언한 셈이고 전략적으로는 자본주의적인 경제 발전의 전략을 채택한다는 것을 의미한다. 이를 위해 자신과 생활과 문화, 경제 구조가 비슷한 동남아의 선례에 주의를 기울이게 되었다. 가장 필요한 시급한 조치 중의 하나가 당의 과도한 사회와 경제 모든 영역에의 계획과 관여로 당정 분리는 경제 개혁을 위해 중대한 조치가 되었다. "중국적 특색의 사회주의"라는 덩사오핑의 개혁 이데올로기는 사실 사상이나 이론적 차원의 산물이 아니라 오로지 실용적인 실천에 중점을 두었다. 실리적인 경제를 최우선으로 하는 경제 정책을 필요로 하지만 정책 추진의 주체인 당의 권위가 필요했다. 레닌주의적 권력이 집중화된 당의 건설이 덩의 또 다른 목표가 되었다. 그러나 덩사오핑의 개혁, 개방의 정책은 필연적으로 당의 권력 기반의 약화를 가져온다. 지방의 권력 이양과 권력 하방이 진행되어 지방 할거(割據)주의가 새로운 현상으로 나타난다. 이는 개혁파에게 숙제를 남겨 주었다.[122] 자신들의 생각을 관철할 것인가, 그 대가로 권력 기반과 정치 입지가 위축될 위험부담도 감수할 것인가. 경제 분야를 위시해서 사회의 여러 과정들과 문화 영역, 정치 구조는 개혁의 톱니바퀴 속에서 자가 운전을 시작했다. 정치 개혁이 동시에 수반되지 않은 한쪽만의 개혁, 개방이었다. 근본적인 정치 개혁이 이루어질 수 없는 문제점이 노출되었다. 빈번한 통화팽창과 이로 인한 인플레이션, 부패의 만연, 불평등의 확산, 지역 격차 및 계층 간의 위

122) 존 킹 페어뱅크 멀 골드만, 김형종 신성곤 옮김, 『신중국사』, (서울: 까치, 2005. 1), 480-84.

화감이 불길 같이 번져 나갔다. 관료적 이데올로기와 가치에 도전하는 서구 영향력이 정치와 문화 분화에 유입되었다.[123] 외국 문물과 사상의 유입은 전국적인 범위에서 신속하고 광범위하며 심도 있게 가공할 정도의 영향력으로 퍼져 나갔다. 특히 인터넷과 대중문화의 위력은 중국 사회 전반을 뒤흔들어 개혁, 개방의 적극적 추진으로 자신들의 새로운 시대에 걸 맞는 권위의 수립과 공산당의 정통성을 확보하려는 덩샤오핑의 개혁파에게 헛수고가 될 수 있을 정도의 기존 공산당 질서에 파괴력을 가져왔다.

덩샤오핑의 철저한 실용주의 노선은 현대판 "중체서용"(中體西用)으로 중국 고유의 가치와 문화가 공산주의 이데올로기와 계급투쟁을 대신하고 서양의 기술과 경제 방법을 적극 도입한다는 취지로 근대 중국의 자강(自强)운동을 역사적인 맥락에서 계승한 것으로 보인다. 시장화와 공업 발전을 위한 정책은 필연적으로 공산당 권력의 쇠퇴를 야기한다. 최소한 50% 이상의 공산당원이 덩샤오핑의 개혁, 개방 정책으로 인하여 잠재적인 권력의 손실을 가져온다. 그러나 전(專, 전업기술)을 위해 홍(紅, 사상, 이데올로기)을 희생시키는 실리적인 정책의 대 전환은 오늘날 대단한 성공으로 기록된다. 1980년대 들어 본격화된 실용화 노선은 사회 전반에 깊은 영향을 미쳐 오늘날까지 이어 내려오고 있는데 주요하게는 교육 개혁, 군대, 능력급, 국영 기업 개혁, 경제특구 획정 등 서양 선진국 사회의 추형(雛形, 원시적 초기 형태)의 형식으로 자리 잡기 시작했다. 덩샤오핑은 1982년 공산당 당장(黨章)에서 다음과 같이 규정하여 이러한 정책을 뒷받침하고 있다. "당은 반드시 헌법과 법률의 범위 내에서 활동해야 한다. 이것은 진일보 당의 권력을 제한하는 것이다." 덩의 후계자 후야오방(호요방, 胡耀邦)은 "극히 중요한 원칙"을 해석하는 자리에서 중앙과 기층

123) 존 킹 페어뱅크 멀 골드만, 김형종 신성곤 옮김, 전게서, 484-45.

(基層)은 현재 모든 당 조직과 당원의 활동이 국가의 헌법과 법률에 저촉되면 안 된다고 설명하고 있다.[124]

1982년 9월 북경에서 열린 공산당 12차 전국대표대회는 마오저둥 주의(主義)를 청산하고 마오저둥 사상(思想)의 영혼을 현 시점에서 적용하는 국가사업의 중대한 방향성 전환을 대, 내외에 선포한 회의였다. 덩사오핑은 개막사에서 다음과 같이 엄숙하게 선언했다. "우리의 현대화 건설은 중국 실제로부터 출발해야 한다. 혁명이건 건설이건 간에 외국의 경험을 배우거나 교훈으로 삼아야 한다. 타국의 경험과 모델을 그대로 수입해가지고는 성공한 사례가 없다. 우리는 적지 않은 교훈을 얻었다. 마르크스주의의 보편진리와 우리의 구체 실제를 결합하여 자기의 길을 가야 한다. 중국 특색을 지닌 사회주의를 건설해야 한다. 이것이 우리가 장기적으로 역사 경험을 통해 얻은 기본 결론이다."[125] 후야오방은 "전면적으로 사회주의 현대화 건설의 새로운 국면을 열어가자"라는 보고를 이어서 낭독했다. 그 내용은 6 가지로 요약되는데 "역사적인 변화와 새로운 위대한 임무, 사회주의 경제의 전면적인 제고의 촉진, 고도의 사회주의 정신문명 건설을 위한 노력, 고도의 사회주의 민주의 건설, 독립자주적인 대외정책의 견지와 공산당의 건설을 사회주의 현대화 사업을 영도하는 강력한 핵심으로 삼는다."는 아젠다(실천 항목)로 요약되며 이는 개혁, 개방 시대의 중국의 주요 사업의 기본 방향을 제시하고 있는 것이다.

12대 공산당 대표대회에서 새로운 당의 규약인 당장을 제정한 후 이로부터 2개월 후 1982년 11월 새로운 헌법을 제정하게 된다. 이 헌법은 1954년 중화인민공화국 헌법을 대폭 수정한 것으로 새

---

124) R. 麥克法誇爾 費正淸, 전게서, 407-20.

125) 鄧小平, 「中國共產黨第十二次全國代表大會開幕詞」(1982.9.1) 『鄧小平文選(1975-1982年)』(北京: 人民出版社, 1983. 7), 370-373.

로운 시대의 국가의 기본 성격과 제도, 방향을 담고 있다. 여섯 부분으로 크게 나눠지며 그것들은 인민민주전정(專政, 즉, 독재)제도, 사회주의 경제제도, 사회주의 정신문명, 국가기구, 국가의 통일과 민족의 단결, 독립자주적인 대외정책이다. 총강(總綱)에 해당하는 서언(序言)에 그것을 요약적으로 표현하고 있다. "본 헌법은 법률의 형식으로 중국 각 민족 인민의 분투 성과를 확인하는 의의를 지니며 국가의 근본 제도와 근본 임무를 규정한다. 헌법은 국가의 근본법으로 최고의 법률 효력을 지닌다. 국가의 각 민족 인민과 모든 국가 기관과 무장 역량, 각 정당과 각 사회단체, 각 기업사업 조직은 반드시 헌법을 기본 활동 준칙(準則)으로 삼는다. 헌법 존엄을 보호하며 헌법 실시에 따른 직책(職責)을 보증해야 한다."[126]

126) 北京師範大學歷史系, 전게서, 183.

제3절 개혁, 개방의 의미

덩사오핑에 의해 추진되기 시작한 중국의 개혁, 개방의 역사는 마오저둥의 "정치개혁"에 비견할 수 있는 제 2의 혁명인 "경제혁명"으로 불리운다. 그리고 덩사오핑은 공식적인 명칭이 "개혁, 개방의 총설계사"로 존칭되기 시작했다. 덩사오핑은 "마오저둥주의"(Maoism)을 공식적으로 포기하고 "마오저둥사상"(Maoist Thought)을 공식적으로 표방함으로써 마오저동 사후의 중국은 포스트 마오 시대의 새로운 국면을 열어가는 국가 운영의 유연성을 보여주었다. 이는 필연적으로 사회주의의 포기를 의미하는 것이었다. 그리고 그것은 공산당의 지위와 역할, 그리고 무엇보다도 공식적인 명칭에 심각한 혼란을 불러일으킬 수 있는 문제였다. 공산당이 집권하는 국가는 필연적으로 사회주의 국가이다. 그러나 중국은 공산당을 포기할 수 없었다. 우선 개혁, 개방을 추진하는 주체로서 공산당이 영구 집권을 위한 포석으로 경제발전과 개혁, 개방을 선택한 정치적인 전략을 수립하고 이를 추진할 즈음 추진 주체의 이름까지 바꾼다는 것은 자칫 잘못하면 중화인민공화국의 정체성에 막대한 손실과 훼손을 가져올 수 있는 것이었다. 이런 상황에서 덩사오핑은 극단적인 판단과 논단, 이론상의 왈가왈부보다 실질적이고 합리적인 방법으로 이 국면을 타개해 나가기로 마음먹었다. 이것이 "덩사오핑이론"으로 후일 장저민(강택민, 江澤民) 시기에 공식적으로 규정되며 이것은 소위 성(姓) 자(資), 즉, 자본주의와 성 사(社), 즉, 사회주의를 언급하지 않고 실제적인 실사구시(實事求是)의 정책을 펴 나가면 된다는 입장을 취하게 된다. 그러므로 통치 이데올로기의 애매 모호성이 "덩사오핑이론"의 마오저둥주의와 극단적인 대비를 보이는 부분이기도 했다. 이데올로기는 덩사오핑에게는 이제 거추장스러운 장식 같은 존재가 되었다. 이론과 명분, 계급과 신분이 마오저둥에게는 중요한 통치 전략의 요소들이었지만 덩사오핑에게는 이들은 이미 시대착오적인 것이었다. 실리와 실천, 능력이 이들을 대신하는 삶의 표준으로 자리 잡아야 한다고 덩은 생각했다.

마오는 이미 신(神)이 아니었다. 잘못도 범할 수 있는 범인(凡人)에 불과했다. 개혁의 의미는 실리적이고 실질적인 조치를 취하는 것을 의미했다. 바로 인민의 배고픔을 채워 주고 따뜻한 옷을 입혀 주는 것을 의미했다. 온포(溫飽)정책은 바로 이것을 말하는 것이고 물질적인 만족이 인민에게 가장 중요한 점이라는 것을 덩사오핑은 상기시켰다. 이것이 역사의 흐름이다. 덩사오핑은 역사의 맥락과 시대에 대한 통찰력을 가지고 있었다. 이러한 그의 개혁이론은 1978년 시작한 때로부터 11년 후 소련이라는 초강대국이 하루아침에 해체된 현상을 통하여 어떤 의미에서 옮았음이 증명된 셈이 되었다.

경제개발은 그러므로 덩사오핑에게 있어서 가장 중요한 아젠다(agenda, 실천 항목)가 되었고 이는 현존의 공업 구조를 개혁하는 것에서 시작했다. 천윈 등의 원로 경제 전문가 집단이 덩사오핑의 고문이 되어 경제 구조와 정책을 조정하기 시작했다. "조정파"로 불리는 그들은 중공업에 대한 과도한 투자를 기본으로 하는 전통적인 경제정책과 이로 인한 불균형에 개혁을 가하려는 조치를 취하기 시작했다. 균형적인 경제 구조는 고투자로 인한 누적률을 축소하는 조치를 취하는 것에서 시작했다. 이로써 소비품 공업 발전을 자극하여 소비 수준을 제고시켜 인민생활을 높여 보자는 전략이었다. 기본적으로 중앙의 계획과 국영 경제를 유지하면서 시장 역량을 경제발전의 보조 작용으로 삼는 모델을 채택했다. 또 한편의 덩사오핑의 고문단은 개혁을 중시하는 "개혁파"로서 현행 정책과 발전의 순서를 조정하여 경제 구조를 더욱 균형있게 조정할 뿐 아니라 현존의 경제 체제를 개혁하는 것을 목표로 삼았다. "개혁파"가 결국 중국 향후의 경제 정책에 있어서 우위를 점하게 되었다.

그러나 우리가 역사에 대한 문제를 생각할 때 덩사오핑의 정책이 과연 마오저둥을 청산하거나 부정한 결과였느냐 하는 점을 사고해 볼 필요가 있다. 최소한 경제 분야에 대해서이다. 덩사오핑 중심의 개혁파는 마오저둥 시대의 경제정책에 대해 전반적으로 부정하는 논조의 역사적 결의를 내린바 있다. 중국 건국 이후 최초 7년 정도의 경제발전을 인정했을 뿐이었다. 마오저둥 시대의 유산(遺産)은 과연 덩사오핑 시대에 아무 도움이 되지 않고 방황하고 허비한 시간이었나? 역사학자들과 경제학자들은 이 점에 대해 의문을 제기한다. 즉, 기본 경제 노선의 맥락으로 보아 덩사오핑은 마오저둥을 계승한 것으로 볼 수 있다. 즉, 마오저둥 시대의 경제정책이 없었다면 덩사오핑의 개혁 정책이 결코 성공하지 못했을 것이다. 그 이유는 이렇다. 1978년 이후 중국은 자발적인 경제 발전의 기운이 인민의 기층(基層) 수준으로부터 자생하여 표출되기 시작한다. 농촌에서의 "농가 책임생산제"가 그것이다. 사천, 광동과 강소성 등의 농촌 공업화 과정은 중국 경제 개혁의 기폭제가 되었으며 사유제, 자유화와 재정 권한의 하방 등의 정책과 맞물려 농촌 산업화는 폭발적인 기세로 시작되었다. 이러한 현상은 정확히 말해 마오저둥 시대의 실천하면서 배워가는 과정의 모델에서 비롯된 것이었다. 이로써 농촌은 점진적으로 기술과 경쟁력을 갖추게 되었던 것이다. 그 결과 농촌 산업화는 1978년의 개혁 기운이 돌기 이전에 이미 가속화되기 시작했다. 1978년 이후 1980년대와 1990년대는 이러한 과정의 계승이었다. 한마디로 마오저둥 주의(主義)의 발전 모델이 선행되어 실천되지 않았더라면 1978년 이후 시대의 발전은 훨씬 더뎠을 것이다. 혹은 전혀 개혁의 기운이 발생하지 않았을 런지도 모를 일이었다. 인도나 월남의 경우를 보면 짐작할 수 있다. 물론 마오저둥 주의에 결함이 없다는 것은 아니다. 마오저둥 치하에서의 수많은 농촌 산업은 국방

방위 산업과 연계되어 그것을 발전시키는 목적에서 개발된 것이지만 이는 효율성이 낮은 실패로 마감했던 것도 사실이다. 1978년 이후 정책의 변화가 경제 발전 과정을 일으키게 적합했다는 것도 역사적인 사실이다. 그러나 마오저둥 주의의 유산(遺産)없이 농촌 산업화는 전 중국에 걸쳐서 결코 성공하지 못했을 것이라는 것[127]이 현재의 관방의 덩사오핑의 개혁, 개방의 경제정책의 독창성을 주장하는 선전과 상관없이 역사적 사실인 것이다.

포스트 마오저둥 시대의 중국 지도자들은 "과학사회주의"와 "마르크스주의-레닌주의-마오저둥사상"의 명의 하에 마르크스의 경제결정론 사상을 선전하기 시작했다. 마르크스주의의 경제결정론이 현 시점 중국의 경제발전을 추진할 수단과 사회주의 목적 사이에 존재하는 모순으로 야기되는 곤경을 헤쳐 나갈 이론으로서 기여했다. 이러한 지도자들의 선전은 경제 성장을 위해서는 여하한의 수단이라도 사용할 수 있도록 허가된다는 것을 의미했고 이는 자본주의 방식도 적극 도입하는 것이 가능하다는 것을 암시하는 것이기도 했다. 자본주의 방식을 채택하여 그것이 성공했느냐의 결과를 가늠하는 판단의 표준은 사회적인 이데올로기 이슈에 대한 논란에 있는 것이 아니라 어디까지나 실용적인 차원에서 경제적 이익이 되었느냐에 전적으로 달려 있는 것이었다.[128]

여하튼 "개혁파" 경제발전론자들은 마르크스주의 경제이론의 테두리에서 벗어 나려고는 하지 않았다. "객관경제규율"의 존재와 운행은 인간의 의지와 의식에 달려 있는 것이 아니었다고 주장했다. 이러한 경제 규율이 "가치규율"로 하여금 작용을 발휘하도

127) Chris Branall, *The Industrialization of Rural China,* Oxford: Oxford University Press, 2007, 참조. 이러한 이론은 본 저서의 주된 논조이다. 이는 대부분의 중국 경제와 역사 사이의 관계를 연구하는 서양 학자 사이에 광범위하게 인식되고 있는 관점이기도 하다.

128) 莫里斯 邁斯納(Maurice Meisner), 전게서, 593.

록 하여 가격과 이윤 체계(시장)에 의거하여 조절되는 것이며 이는 과거 경제 체제인 행정 명령에 의거하여 경제 조절을 해 나가는 것과 차별적인 것이었다. 이는 경제 이론을 적절히 적용하여 경제적 이윤을 추구하여 이러한 것을 경제 발전의 표준으로 삼아 기업을 운영하고 관리하는 "과학적" 방법으로 새로운 경제 체제를 확립하고 권위적인 운영을 해 나간다는 것을 의미했다. 급여와 보수 지급 방식에 있어서 차이를 두어 개인의 물질 이익과 집체(集體)의 물질 이익을 서로 연계하고 공업과 농업의 각 경제 단위별로 효력 있는 계약 제도를 건립하여 중앙의 계획과 통제 체제를 실행한다. 이러한 조치들은 생산률과 경제 효율을 제고 시켜 생산력 발전을 촉진시킨다는 것이 그들의 논리이다.[129)]

거시 경제에 대한 문제는 이렇게 경제의 기본 적용 이론과 명분을 맞추는 작업이 진행되었으며 이와 아울러 동시에 취해져야 할 문제가 실질적인 도시를 중심으로 하는 경제 발전의 정책적 차원의 내용이었다. 이는 도시에서의 시장이라는 체제의 범위에서 도시 공업 경제를 개조하고 생산력을 증대시키는 문제였다. 정부의 지령성 경제 모델이 아닌 자유로운 경제 역량과 상호 관계에 의거하여 국가 경제 발전과 생산력 증가에 기여하는 방식으로 거시경제를 운용한다는 계획을 세웠다. 공장장 책임제를 도입하여 각 기업이 스스로 자율적인 경제의 기본 주체로서의 운영한다는 것이 기본 골격이다. 기업의 정상적인 경영활동에 의거하여 생산 계획, 관리, 그리고 공인(노동자)의 임금과 생산품 가격 결정, 기업 이윤 유보와 사용의 결정, 공인 해고와 고용의 공장장 권리 부여 등으로 "철밥통 타파" 제도를 도입하여 노동 생산률을 제고한다는 전략을 수립했다.[130)]

그러나 과거의 지령성 계획 경제 체제 하에서 모든 경제 활동을

---

129) 莫里斯 邁斯納(Maurice Meisner), 전게서, 575.

130) 莫里斯 邁斯納(Maurice Meisner), 전게서, 576-578.

수동적으로 수행해온 인민과 국유기업은 이러한 혁명적 변화에 적응하지 못했다. 1980년 말에 들어서 도시에서는 예상 못한 재정문제와 사회문제가 야기되었으며 도시 뿐 만 아니라 농촌에서 통화팽창의 현상이 나타났다.

급격한 국가 재정의 약화와 이로 인한 경험 부족의 상태의 정부의 공황 상태는 정책 선택의 입지를 좁혀 수많은 야심찬 경제 계획안에 있었던 기본 건설에 투입될 투자를 대폭 삭감하고 국유기업의 도산과 청산으로 이어졌으며 실업문제가 장기적으로 악화되어 갔다. 실업률이 도시에서 평균 노동력의 20%를 상회하는 살인적인 수치로 치솟았다. 또한 중공에 대한 투자의 감소는 경공업과의 비례 균형을 역전시켜서 1980년 중공업은 전년 대비 2% 증가, 경공업은 17% 증가를 나타냈다. 이러한 경제 위기 상황에서 정부는 "정돈" 정책을 취하여 가격, 임금, 투자, 원자재 분배, 에너지 공급 등에 있어서 엄격한 통제를 실시했다. 이는 과거의 지령(指令)성 경제의 방식으로 회귀하는 결과를 빚어 1983년에 중공업 생산이 전년 대비 12.4%, 경공업이 8.7% 증가하는 마오저둥 시대 후기의 상황으로 돌아간 듯했다.[131] 경제발전은 이렇게 정책의 전환만으로는 성취될 수 없는 것이었다. 경제발전을 위한 정책을 펴기 위한 방향성 돌파구는 오로지 사영(私營) 경제를 활성화하는 기본 경제의 방향에 달려 있었다. 사영기업의 육성만이 실업 문제와 국가 재정 문제를 해결할 수 있었다. 국영기업에서 직위 해제된 소위 하강(下崗)된 고용인들의 재취업 문제와 국영기업 고용인의 급여 지급을 위한 국가 재정에서의 지급 문제에 있어서 숨통이 트일 것이었다. 그러나 경제발전의 기반인 구조적인 문제에 있어서 농촌과 도시의 유기적인 동반 발전이 체계적으로 이루어져야 하는 것이 중요한 문제로 대두되었다.

---

131) 莫里斯 邁斯納(Maurice Meisner), 전게서, 578-579.

북경 지도자들은 농촌의 생산력 향상과 도시를 중심으로 하는 경제발전 모델의 가동을 위하여 정부에서 수매하는 식량의 가격을 50% 상향 조정하고 정부 수매량 이상의 식량분에 대해서도 50%의 가격 인상을 단행했다. 또한 농민이 스스로 경작할 수 있는 자류지(自留地) 면적을 기존의 5%에서 15%로 상향 조정해 주었다. 이로써 마오저둥 식의 자급자족 방식의 농촌 경제 모델은 더 이상 중국에서 적용되지 못하게 되었다. 그 이후 1980년 9월 본격적인 농촌 생산력 향상을 위한 정책인 "생산책임제"를 국가정책으로 수립하여 시행했다. 이렇게 하여 1983년 말에는 98%의 농가가 "가정책임제" 방식의 생산의 기본 단위가 되었다.[132)]

농촌경제는 도시경제에 앞서서 자생적으로 개혁을 시작한 전통을 가지고 있었다. 이러한 전통은 당국에 의해 계속 추진되었으나 1984년 이후 도시를 중심으로 하는 경제 개혁의 단계로 넘어 간 후로는 농촌은 계속 도시 경제를 뒷받침하기 위한 희생양이 되어야 했다. 이러한 개혁의 소용돌이 속에서 1983년 1월 《〈당전(當前, 현재) 농촌경제정책의 약간 문제〉의 통지》를 발표하여 농촌 생산책임제의 제도화와 인민공사 체제의 개혁, 농촌 경제 발전을 위한 농(農)임(林)목(牧)어(漁)업 등의 부업의 전면적인 발전과 농공업 종합 경영 방식 모델의 개발 등과 농촌 생산물 판매 시장의 활성화를 꾀하는 정책을 제시하였다. 농촌 경제의 생산력 발전을 통한 상품 생산을 발전시키는 방법을 모색하여 1984년 이후에 적용하게 되었다. 토지 승포(承包, 하청제)를 실시하여 15년 이상으로 농민에게 하청을 제공하는 토지의 사용 기간을 보장해 주었다. 이를 위한 정치적 제도 마련을 위해 1982년부터 농촌에 인민공사와 행정조직을 분리한 정권(政權)조직이 부활되었고 기층의 민주주의를 시작하기 위해 촌민위원회 조직을 군중성 자치조직

132) 莫里斯 邁斯納(Maurice Meisner), 전게서, 582-584.

으로 건립하였다. 1985년 이후에는 농촌 경제에 대한 일련의 규제를 풀어 정부 일괄 수매를 양식과 면화 등 극소수의 중요한 산물을 제외하고는 모두 농민 스스로가 자유로이 시장에서 판매하도록 허용했다. 농촌개혁의 중요한 또 하나의 "발명품"은 바로 향진(鄕鎭)기업의 탄생이었다. 농촌 생산력 증가로 인한 막대한 유휴노동력을 대상으로 개체 및 사영기업이 신속히 발전하였다. 중국 토착의 특유의 기업 형태인 "향진기업"은 농촌과 도시 사이의 간격을 메우기 위한 방편으로 사용되어 국가 경제에 기여도가 괄목할 정도를 차지할 정도로 높았다. 1987년의 예를 들면 전국 향진기업 종사자 수가 8805만 인이고 생산액이 4764억 원에 달해 농촌 사회 총 생산액의 50.4%를 차지하여 처음으로 농촌 총 생산액을 초과했다.133)

도시 경제개혁은 1984년도에 본격적으로 궤도에 오르기 시작했다. 1984년 10월 중국공산당 12차 3중 전회가 《중공(中共) 중앙 경제체제 개혁에 관한 결정》을 발표했다. 본 "결정"은 우선 경제개혁을 수행하기 위한 이론적 모색과 실천에 대한 내용을 선언하고 있다. 즉, 계획 경제와 상품 경제를 대립의 의미로 본 전통 경제의 시각에 대한 수정을 요구하고 있다. "결정문"은 "우리나라(중국) 사회주의 경제는 공유제를 기초로 한 계획 있는 상품 경제이다."라고 규정한다. 가장 중요한 문제는 "생산력"의 발전이다. 그러나 중국의 소유제는 모두 국유제(공유제)이므로 사유기업 같은 활력과 경제 활동이 합리적으로 이루어지지 않는다. 그러므로 중국 경제의 기본 제도에서 유래하는 이러한 모순을 극복하기 위해 요구되는 문제들로 "결정"은 다음과 같은 항목들을 지적한다. 첫째. 기업 활력이 경제 개혁의 중심 내용이다. 소유권과 경영권의 적당한 분리, 육체노동자와 정신노동자의 적극성과 창조력의

133) 北京師範大學歷史系, 전게서, 183-187.

인센티브, 국가와 기업, 기업과 직공 상호의 관계 등에 대한 적절한 조치 등을 포함한다. 둘째, 가치 규율을 자각적으로 운용하는 계획 체제를 건립한다. 가치 규율이란 경제적인 가치를 그 자체로 인정한다는 것이다. 인위적인 경제 외의 제3의 요인에 의해 상품의 가치가 결정되는 사회주의 경제 체제의 전통적인 계획 경제나 지령 경제의 방식으로는 중국의 도시 경제 발전을 기약할 수 없다. 즉, 한 마디로 계획경제와 상품경제를 대립적인 개념으로 보는 이론을 수정한다. 사회주의 경제가 자본주의와 다른 점은 상품경제가 존재하느냐의 여부나 가치 규율이 작용을 발휘하느냐에 있는 것이 아니라 소유제가 다른 점, 착취 계급이 존재하느냐 여부, 노동자가 주인인가의 여부, 생산 목적의 차이, 가치 규율의 자각적 운용, 그리고 상품 경제의 범위 등의 차이에 달려 있다. 중국 현 단계의 사회주의 조건에서는 노동력이 상품이 아니고 토지, 광산, 은행, 철로 등 모든 국유 기업과 자원 모두 상품이 아니다. 그러므로 현 단계 중국 경제는 "계획의 상품 경제"인 것이다. 셋째, 합리적인 가격 체계의 건립이다. 가격 형성은 어디까지나 경제 논리의 범위 내에서 이루어져야 한다. 그러나 전통 중국 사회주의 경제 체제는 공급과 수요가 인위적으로 결정되어 왔다. 상품의 가격이 일반적으로 가치를 반영하지 않는다. 또한 수급 관계를 반영하지 않는다. 가격이 이후로는 가장 유효한 조절 수단이 되어야 한다. 합리적인 가격은 국민 경제 활력과 질서 유지의 중요한 수단이 된다. 가격 개혁의 성공을 위해 세수제도와 재정 체제 및 금융 체제 개혁이 동시에 이루어져야 한다. 넷째, 정부와 기업의 직책의 분리이다. 정부의 기업에 관한 직접적인 간섭을 배제하기 위해 기업에 많은 권한을 이양해야 한다. 다섯째, 여러 형식의 경제책임제의 도입이다. 노동량에 의한 보수 지급의 원칙을 실현한다. 정부 재산인 국유제 기업을 승포(承包, 즉, 청부, 하청)하는 형식 위주로 기업 운영이 진행된다. 그러므로 경제책임제를 적극 운용하는 것이 필요하다. 공장장(또는 경리, 經理)책임제도 중요한 제도이다. 여섯째, 여러 방식의 경제 형식을 적극 발전시킨다. 또한 국, 내외의 경제 기술 교류를 증진시킨다.[134)]

대내적인 개혁과 더불어 대외적인 개방이 동시에 진행되어야 경제 발전의 성공을 기약할 수 있다. 기술과 자본의 도입이 필요한 것이다. 개방은 우선 외국 투자 유치를 위해 외국과 유사한 제도를 운용하는 특별구역을 설치하는 것에서부터 시작한다. 1980년 광동의 심천, 주해, 산두와 복건성의 하문 지역에 경제특구를 지정했다. 1984년 3월에는 덩사오핑의 확대 방침에 의거하여 대련, 진황도, 천진, 연대, 청도, 연운강, 남통, 상해, 영파. 온주, 복주, 광주, 심강, 북해 등 14곳을 연해 항구 도시의 개방과 해남도의 행정구를 설치했다. 이렇게 확대하여 1984년 말까지 전국에 99곳 도시와 130 여 곳의 국경 무역구를 설치했다. 1985년에는 장강삼각주, 주강삼각주와 민남(閩南, 복건성 남부) 하문, 천주, 장주삼각주 지역을 연해경제개방구로 설치했다. 1985년 이전에는 심천, 주해, 산두와 하문 4곳 경제특구에 투자 환경 창조를 위한 기초 건설 위주로 건설한데 반해 1986년 이후에는 공업 발전 위주로 무역과 농목어업과 관광업을 동시에 육성하는 외향형 경제로 발전한다는 전략을 세웠다. 1988년 4월 제7차 전국인민대표대회 제1차 회의에서는 해남성 건설을 통과시키고 해남경제특구 결정을 통과시켰다. 1990년 1월에는 리펑 총리가 상해에서 포동 개발을 선포한다. 이는 1990년대 이후 개혁, 개방의 심화에 따른 1990년대의 대외개방정책의 확대 조치의 중요한 창구와 기지로 사용될 청사진에 따른 조치였다.[135)]

1985년 9월 중국 공산당 대표대회에서 제7차 5개년 계획을 선포한다. 주요 내용은 다음과 같은 청사진을 담고 있다. 중국 특색

134) 北京師範大學歷史系, 전게서, 183-188.

135) 北京師範大學歷史系, 전게서, 188-191.

의 사회주의 경제 체제의 모형을 정착시키는 것을 기본 목표로 설정하고 과학기술과 지력(智力)의 개발 촉진 및 경제 효과 창출에 최대한의 노력을 경주한다. 그리하여 1990년에 공업과 농업 총 생산 가치를 1980년의 한 배 이상 증가와 도시 거주민의 1인당 실제 소비 수준을 4-5% 증가와 국민 생산 총액이 매년 평균 7% 이상 증가, 공업과 농업 총 생산 가치가 매년 7% 증가, 그 중 농업 생산 가치는 6% 이상, 공업 생산 가치는 7% 이상을 목표로 설정하고 있다.[136] 그러나 경제발전 추진과 동시에 개혁, 개방에 따르는 부작용을 최소화하기 위해 필요한 조치가 있었다. 가장 중요한 조치는 체제 단속이었다. 그러므로 덩사오핑은 사회주의 공화국을 위호하기(衛護, 지키기) 위해 다음 네 가지 점을 강조한다. 형세와 개혁에 대하여. 7차 오개년 계획에 대하여. 정신문명의 건설에 대하여. 그리고 간부의 세대교체와 이론 학습에 대한 것으로 형세는 경제개발을 위한 정치 경제적인 국제, 국내 환경과 상황에 대한 분석이고 정신문명의 건설은 사회주의 체제와 문화를 지키기 위한 사상, 가치관 및 학문 등의 "일원화" 통제를 의미한다. 당 간부의 세대교체는 연소화와 정년제도 마련으로 새로운 시대에 걸맞는 인재와 간부의 양성과 업무 투입을 의미하는 것이다. 1985년 9월에 열린 공산당 12차 5중 전회는 덩사오핑 체제가 원숙기에 접어 든 시기에 맞춘 코드 인사가 단행되었다. 주의할 점은 권력의 핵심인사인 공산당 총서기에 후야오방이 선임되었고 후야오방은 덩사오핑의 가장 신임하는 개혁파로서 그로부터 1년 후 사망하게 되며 그의 사망으로 인한 학생들의 소요 사태와 1989년의 천안문 사태를 일으키는 기폭제로 작용하게 되어 덩사오핑에 의한 무력 진압에 이르게 된 개혁파의 위기 사태가 야기된 시발점이 되었다.

136) 北京師範大學歷史系, 전게서, 196-197.

제4절 사회와 문화, 인민 의식의 형성

도시를 중심으로 하는 사회의 "문화혁명" 종결 후 개혁, 개방에 이르는 동안의 과도기의 모습은 어떠한가. 마오저둥이 1976년 9월 사망하고 연이어 "문화혁명"의 주체 세력인 "4인방"이 체포되었다. 갑작스런 권력의 공백으로 인한 불안감이 사회 저변을 휩쓸고 지나갔다. 기존 영도인 들은 불안감에 휩싸이고 사람들은 일이 손에 잡히지 않았다. 공산당의 권위는 땅에 떨어졌다. 특권층은 인민의 원성을 듣는 대상이 되었으며 물건은 근본적으로 부족하여 인민들의 불편함과 이에 따른 원성이 대단했다. 청소년 범죄가 횡행했다. 이러한 와중에 개혁이 추진되었다. 개혁은 우선 "문화혁명"이 가져다 준 재난을 파헤치거나 비난하는 것부터 시작했다. 도시 청년을 농촌으로 수송하는 일을 줄이고 각종 법규 마련을 점진적으로 추진했다. 서양과 무역과 교류를 통해 새로운 개방 정책을 실행했다. 통신, 문화와 개인 기업에 대한 활동에 대한 탄압을 늦추었다. 문화혁명 전의 교육제도와 사회구조를 부활하는 것에 노력을 기울였다. 지식인을 존중하는 것을 강조하고 계급투쟁의 중요성을 강조하지 않는 정책을 취하였다. 모든 중국의 기존의 결점과 고통에 대한 반성이 "문화혁명" 기간 동안의 혁명에 대한 열정과 자만을 대체한 시기였다.[137)]

경제 부분에서는 마오저둥의 사망 이후 식품과 공업제품 공급이 개선되어 인민의 불만이 감소되었다. 1977년 이후 임금 동결이 해소되어 몇 차례 인금 인상이 추진되었다. 육체노동자는 보너스와 업무 건당 임금 계산의 방법으로 수입이 증가했으며 도시 주택 건설이 추진되었다. 사회적 지위가 강등되었던 수많은 사람들

---

136) R. 麥克法誇爾 費正淸, 『中國革命內部的的革命』(1966-1982), (北京: 中國社會科學出版社, 1992. 8), 762.

은 명예가 회복되고 기술자는 자신의 능력에 적합한 업무에 종사할 수 있게 되었다. 해외 화교와 지식인도 그들의 과거의 특권을 회복하고 심지어는 임금의 보상 지급과 집세 지급 등으로 의외의 횡재를 하기도 했다. 농촌에 하방 갔던 청년들에 대한 도시로 귀환 후의 일자리 등 마련을 위한 일도 추진되었다. 도시의 고등학교 졸업자의 농촌 하방 압력이 적절하게 취소되었다. 고시 경쟁, 중점 중학, 고교에서 무시험 대학 진학 등의 제도가 과거와 같이 가문을 빛내는 일로 여겨져 다시 중시되었다. 성적에 영향을 미치는 모든 장애물이 모두 제거되었다. 출국 유학이 시작되었으며 개인의 능력 과시와 사업의 청사진 발표가 더 이상 비난의 대상이 되지 않았다. 이전에는 절대 금지되었던 사유기업과 집체(集體) 기업의 제한이 풀렸으며 인민들은 대량으로 사영 음식점 등 서비스업 경영에 뛰어들었다. 집체회사도 우후죽순 같이 생겨나 도시 청년들을 흡수하고 도시에 농민의 "자유 시장"이 문을 열어 도시에 새로운 생기를 불어넣었다. 그러나 역작용도 많이 생겨나고 있었다. 물가 상승은 도시민으로 하여금 소비를 위축 들게 했고 대부분의 "상산(上山) 하향(下鄕)" 갔던 젊은이들은 농촌에서 묶여 돌아오지 못하는 경우가 대부분이었다. 일부분 젊은이가 도시로 돌아 와 "민주운동"이라는 데모를 벌이기도 했다.[138]

교육제도에서도 변화가 표출되었다. 대부분의 도시 학생들은 진학을 원한다. "4대 현대화" 작업이 전문가 배출을 요구하는 상황이었다. 그러나 인구 비례에 의해 1953-1956년도에 100% 대학에 진학했던 비율이 1965년에 40%에 머물고 1970년대 말에는 4%에 미달하게 되었다.[139]

농촌의 상황을 보자. 1970년대가 마무리 되어가고 있을 무렵 농

139) R. 麥克法誇爾 費正淸, 전게서, 763-64.

139) R. 麥克法誇爾 費正淸, 전게서, 764-65.

촌에서는 희극성의 변화가 일어났다. 마오저둥 사후 끝이 난 "문화혁명"의 뒤를 이어 집권한 덩사오핑이 농촌 "비 집체화"를 주장했기 때문이다. 새로운 농업 체제는 1979년 12월에 시작되어 2년 동안 시행되었다. 완전히 정식적인 "비(非) 집체화"는 아니지만 농민이 토지를 매매하거나 세를 놓을 수 있었다. 토지는 농민이 완전히 소유하지는 못하지만 농가 단위로 생산책임을 지우는 "책임제" 방식이 채택됐다. 국가에 일정 수량의 양식과 기타 생산물을 전매 한 후 농가가 나머지 잉여 생산물을 처분할 수 있게 되었다. 농가는 소작농, 즉, 전호(佃戶)인 셈이고 국가가 지주가 된 셈이었다. 농민이 또한 자류지(自留地)를 가질 수 있게 되었다. 곧 몇 년 안에 25%의 토지가 자류지가 되었다. 이것은 자유시장과 부업 생산을 활성화시켜 개인이 이윤을 챙길 수 있게 되었다. 이것은 결국 사회의 또 다른 문제를 야기 시켰는데 그것은 바로 빈부 차이의 현저함이었다. 1980년대 초 "신(新) 부농(富農)"이 출현했다. 그러나 이것은 공산화 이전과는 달리 운수업 독점 등으로 부를 축적한 것이었다. 이러한 공공 설비의 성격은 현지 간부들이 자신이 사업하기에 아주 적합한 풍토를 제공해 주었다. 이로써 부패가 만연할 수 있는 계기를 만들어 주었다.[140]

1979년 집체농업 체제로 강제로 재편되었던 농촌은 근본적인 변화가 일어났다. 가장 가난한 안휘성에서의 일이었다. 농민들이 자발적으로 계약을 맺고 계약서를 작성해 개인별로의 "생산 책임제"를 실시한 것이다. 덩사오핑의 동지였던 완리(만리, 萬里)가 공산당 제1서기로 있었던 곳이었다. 또한 사천성에서 공산당 제1서기였던 자요즈양(조자양, 趙紫陽)이 역시 농업생산책임제로의 복귀를 시도했다.[141] "문화혁명"까지의 농업 분야의 소유제의 개

---

140) R. 麥克法誇爾 費正淸, 전게서, 698-700.

141) 존 킹 페어뱅크 멀 골드만, 김형종 신성곤 옮김, (서울: 까치, 2005), 487.

혁은 1962년부터 기본 단위가 "생산대"(生産隊)였던 것이다. "생산대"는 25호(戶) 정도의 농가로 구성되어 있었으며 "대대"(大隊)로 되어 있는 곳도 있었는데 평균 250호로 구성되어 있었고 인민공사의 일급 단위로 농촌 인구의 10%를 차지하지 못했다. "대대"와 "공사" 1급은 시장과 농촌 소형 기업을 관할하고 작물 재배에 대해서는 관여하지 않았다. 1981년에서 1982년에 이르면 가장 빈곤한 성(省)들에서 90% 이상의 가정이 농가 단위로 이전의 집체 토지를 경작하고 있었고 이러한 상황은 다른 성으로도 확산되어 가고 있었다. 심지어는 수입은 가정 자신의 생산 상황에 따라 결정되는 방식이 널리 채택되었다.[142] 1983년 연말이 되면 "인민공사"와 "대대"의 명칭이 전통적인 행정 구역 명칭인 "향"(鄕)과 "촌"(村)으로 대체되었다. 농업 생산 체제는 가정 단위로 완전히 재편되었던 것이다. 공산화 정부에서 집체화를 농업 부분에서 실시한 후 4반세기 만의 일이었다.[143]

1980년대 농업생산량은 매년 9%를 상회했으며 1985년에서 1987년 동안 조금 내려 가 5% 대를 유지했다. 중국의 역대 농업 분야에서의 최대 문제는 식량 자급의 문제인데 1980년대 이후 매년 5% 대 이상의 증가율을 기록했다. 이는 1985년 이후 식량의 잉여로 인한 순수출국이 되는 것을 가능하게 했다. 1987년에는 1인당 경지 면적이 0.1 헥타르에 이르러 더욱 합리적인 구조로 개편되었으며 이는 장기간의 농촌 불평등을 해소하는데 일정 부분 기여하기도 했다. 그러나 정부의 경제발전 전략은 어디까지나 도시를 중심으로 하는 공업 발전 전략이 기본이었다. 비록 "향진기업"이 있기는 하지만 농촌은 도시화와 산업화에 상대적으로 소외되어 갔다. 모든 자원이 주로 도시로 집중되었기 때문이었다. 여

142) R. 麥克法誇爾 費正淸, 전게서, 552-53.

143) R. 麥克法誇爾 費正淸, 전게서, 553.

기에다 중요한 것은 중국 전통의 제도가 "호적제도"로 농민의 도시 이주를 금지하는 것이다. 이는 도시와 농촌의 지역 차이와 소득 불균형을 가져왔다. 집중화의 관리와 지령성 경제 체제는 유연한 사장화와 거시적 계획의 방법으로 바뀌어 농업과 공업 생산량은 비약적인 발전을 보여 경제발전의 기틀을 다지기 시작했다. 국민 총생산도 늘어 1977년부터 1987년까지 순 물질생산량이 연 평균 8% 이상 증가했다. 이는 10여 년 동안 1배 이상 소득이 늘었다는 것을 의미한다. 이미 1960년대 중반의 한국과 대만의 수준에 도달했다. 이는 농업 노동력의 대부분을 공업 노동력 및 도시 인구로 변화시키는 것을 의미하기도 했다.[144)]

"향진기업"은 중국의 개혁, 개방 시대의 최고의 발명품인지 모른다. 국영기업의 경직성을 보완한다는 취지와 농촌을 도시화하는 전략적 배려가 만들어낸 걸작품 이었다. "향진기업"은 이후 중국 수출품의 절반 정도를 떠받치는 효자로 자리 잡았다. 농민을 노동력으로 사용하므로 도시 공업 기업보다 저렴한 노동 임금 부담, 주택, 의료, 연금 및 교육 등의 경상비용 부담으로부터의 해방 등으로 개혁 초기 시장에서 경쟁력을 지닐 수 있었다.[145)]

능력 있는 사람이 먼저 부자가 되도 좋다. 혹은 되어야 한다는 "선부론"(先富論)의 주창으로 개혁의 논리를 찾았던 덩사오핑은 사영기업의 발전에 기대를 하고 싶어 했을 것이다. 개체호(個體戶)는 가족 기업으로 소매나 서비스업에 종사했으나 약간의 기술적 진보를 이루면 사영기업을 설립했다. 그리고 "집단기업"으로 발전하는 일이 왕왕 있었다. 지방 관료와 기업 운영자는 인적 관계를 형성하곤 했다. 1980년대 이러한 형태의 기업들이 연간 20-30%의 성장률을 보인 것이다. 이는 덩사오핑도 예견 못한 일이었

144) R. 麥克法誇爾 費正淸, 전게서, 557-568.

145) 존 킹 페어뱅크 멀 골드만, 김형종 신성곤 옮김, 전게서, 488.

다. 1990년대 들어 이러한 성장률이 둔화된 대신 개인, 사영기업 경제가 매년 20-30% 비율로 성장했다. 개혁파는 이런 전략을 "돌다리도 두드리며 건너는" 방식이라고 선전했다.[146)]

도시의 상황은 어떠한가. 1984년 10월 공산당 12기 3중 전회가 열리고 이 회의에서 시장 경제 체제로의 이행을 선언한다. 그 결과 1980년 후반에는 도시 경제가 농촌 경제를 앞서게 된다. 농업 경제는 정체시기를 맞이하고 상대적으로 개혁 조치의 부재를 가져왔다. 개혁과 더불어 개방은 공산당의 오랫동안의 폐쇄정책으로 외국과의 교류와 투자, 경제 관계의 수립이 어려웠다. 이때 구세주의 역할이 되어 준 것이 바로 화교의 역할이었다. 마오저둥 이후 중국에의 투자의 80%는 화교의 손에서 나왔다. 또한 1990년 이후 대만의 기업가들이 중국에 대거 투자와 교류를 시작했다.[147)] 화교와 분단국인 대만의 중국에의 경제적 진출과 투자는 중국인 세계를 하나로 묶어 내는데 기여했으며 이후 전 세계에서 가장 역동적인 "대중화경제권"을 형성하는데 결정적인 기여를 했다. 이러한 경제발전의 원동력이 된 근본 원인 중에는 홍콩의 존재를 빼 놓을 수 없다. 1997년 중국에의 회수라는 역사적인 이벤트를 숙명으로 가지고 있는 홍콩은 과거 100년 동안 동과 서, 중국과 세계를 잇는 창구로서 세계적인 중요성을 가지고 있었다. 이러한 요인들이 중국을 세계 경제의 기적을 이루는 견인차의 노릇을 담당했다.

그러나 개혁파가 결정적인 위기를 맞이하게 된다. 바로 1989년의 천안문 사태이다. 공산당의 권위성이 결정적으로 타격을 받고 부정되는 건국 이래 최대의 위기 상황을 맞이하게 된다. 아무리 타협과 조화를 투쟁보다 중시하지만 덩사오핑은 유일한 선택으

---

146) 존 킹 페어뱅크 멀 골드만, 김형종 신성곤 옮김, 전게서, 488-89.

147) 존 킹 페어뱅크 멀 골드만, 김형종 신성곤 옮김, 전게서, 489-490.

로 강경 진압을 선택했고 개혁의 물결은 일단 전국적으로 정지가 되었다. 서양의 제재와 아울러 갑자기 보수파의 권력 장악 시도와 보수적인 정치 분위기로 반전되었으며 중국은 위기 상황에 잠재하게 되었다. 덩샤오핑은 이러한 상황에서 개혁을 포기할 수는 없었다. 마침내 정치적인 쇼인 1992년의 "남순강화"를 시도하여 남부 광동 지역의 가장 발전된 경제발전 모델인 심천과 상해 등지를 돌아보는 상징적인 표현을 통해 개혁과 개방이 지속되어야 한다는 의지를 천명했다.

비국유기업들은 경쟁력을 통해 국유기업들과의 생산력 격차를 더욱 벌렸다. 1996년에는 국영기업의 손실이 국영기업의 절반 정도에서 나타났다. 1995년의 3분의 1에서 늘어난 수치였다. 소도시 집단기업이 국영기업의 하도급 업체로 시작하여 가장 효율적인 경제 주체가 되었다. 국영기업이 공업에서 차지한 비율은 1978년 78%에서 1996년 42%, 1997년 3분의 1로 이하로 급속도로 하락하고 이에 따라 이들에 대한 부실 대출을 떠안았던 은행들은 파산의 위험에 직면하게 된다. 1997년 9월의 15차 전국대회에서 정부는 결국 국영기업의 단계적 폐쇄를 선언하기에 이른다. 국가는 핵심 산업-자연자원, 군사, 화학, 에너지, 곡물 등과 같은 전략분야는 계속 국유기업으로 남겨놓고 다른 국유기업은 공장관리자나 피 관리자, 그리고 개인투자자도 구매할 수 있게 된 주식보유제도를 통해 전매되었다. 그러나 중국에서 소유제 형태가 국유제 위주인 상황은 쉽게 변하지 않았다. 국영기업의 종사자가 산업노동자의 3분의 2를 차지했다. 1억이 넘는 수치이다. 1997년 정부의 국영기업 정리 방침이 발표되기 이전부터 노동자 수백 만 명은 임금체불, 휴직, 임시 해고 등에 항의하곤 했다. 1990년대 동북 지방의 경우 국영기업의 70%가 폐쇄되거나 부분적으로 조업을 중단했다. 국유기업의 부진은 중앙정부에 타격을 주었다. 정부의 세수 중 60%가 국영기업으로부터 거둬들인 세수이기 때문이었다. 지방은 상대적으로 조세수입의 상당 부분을 지방 사업에 투자하기 위해 부류시켰다. 자연스레 중앙정부에 대항하여 지방정부와 기업가들은 관계를 맺었다. 이는 정치와 경제의 지방분권화를 가속화시켰다. 중앙 정부가 부패, 중복 생산, 과다 징수, 약식 차용증(IOU)에 의한 곡물 징발비의 지불, 그리고 노동 착취를 금지시켜도 자기 이익을 위하여 그것들을 무시하게 된다. 경제력뿐만 아니라 정치적 권위에서도 중앙정부의 권위는 약화되었다.[148]

정부 및 공산당의 인민에 대한 통제력의 약화는 사회 구조의 본질적 변화를 가져왔다. 1980년대에 2000년대에 이르러 13억 인구를 초과하지 않기 위해 세계 역사상 유례없는 가혹한 "한자녀 정책"이라는 방침을 시행한 정부는 특히 농촌의 남아선호사상에 근거한 반발을 불러왔다. 1080년대 줄곧 노동 연령인구의 증가비율이 연 2.5%였으나 21세기 초 12억의 인구 제한 목표를 달성하기 위해서는 1990년대 이후 매년 1%의 증가율 밖에는 허용이 되지 않았다. 농촌에서의 인구의 사회적 이동과 이민, 인구정책으로 개혁, 개방 정책 시행 20년 만에 농업의 노동력은 71%에서 50%로 하락했다.[149]

개혁은 필수적으로 다양화를 불러오고 일순간 위기를 맞이하게도 되는 것을 깨달은 덩사오핑은 스스로 정치개혁을 추진함으로써 "문화혁명"같은 위기의 절정을 만나지 않으려 했다. 덩 그 스스로가 개인숭배를 지양(止揚)하여 군사위원회 주석 직만 맡고 그것도 1989년 장저민(강택민, 江澤民)에 물려주었다. 공산당도 레닌 식의 무한정한 권력을 부여받음으로써 스스로 부패할 수 있다는 진리를 깨달았다. "사회주의적 민주주의"와 "사회주의 법제"를 확립하기 위해 시도했다. 웨이징성(위경생, 魏京生) 같은

148) 존 킹 페어뱅크 멀 골드만, 김형종 신성곤 옮김, 전게서, 491-93.
149) 존 킹 페어뱅크 멀 골드만, 김형종 신성곤 옮김, 전게서, 494-95.

민주인사들에 대한 처분은 가혹하게 실시했다. 사실 이러한 정치개혁의 한계와 내용은 모호한 것이었다. 입법기구이면서 고무도장 같은 형식만을 담당했던 전국인민대표대회 같은 기구도 개혁을 시작했다. 공산당의 독재적인 권력을 제한하기 위해서라도 전인대의 개혁과 권력 부여는 필요한 조치였다. 헌법 57조에 "전인대를 최고 국가권력기관"으로 규정하고 있는 점도 정치개혁 논자들에 의해 자주 환기되었다. 그 결과 삼협댐에 대한 법 통과 여부에서 3분의 1이 이 법에 반대하거나 기권하는 등 자신의 존재를 알렸고 역시 1995년 장저민이 지명한 부총리 후보에 대해 3분의 1이 반대 혹은 기권했다. 1996년에는 늘어나는 불법 사태에 대한 지도부의 무능을 질타하는 목적으로 30%가 부패에 대한 지도부의 보고서에 반대표를 던졌다. 자방 차원에서도 개혁이 일정 부분 진행되어 1980년부터 상급의 지명이 아닌 복수 후보에 의한 직접투표로 지방 인민대표대화 대표들을 선출했다. 그러나 1980년 도시에서는 재야 후보가 당선되는 사태 등으로 중단되었지만 농촌에서는 정치적인 풍토에 영향을 미치지 않는 제한된 범위 내에서 지속되었다. 이것의 제도화가 "촌민위원회조직법"이다. 민주적인 방법에 의해 촌민들의 대표가 선출되는 사례가 늘어나고 있었다. 이것이 도시로 확대된 것이 1990년 대 진(鎭)과 도시의 "거민(居民)위원회"였다. 1985년에서 1986년에 후야오방에 의해 복권된 많은 기술자와 지식인들은 서구적인 민주주의 쪽으로 경도(傾倒)되어 가고 있었다. 천윈 등의 보수파는 이에 경계하고 서로 대립되는 정치적 상황에서 1986년 말 안휘성 합비에서 과학기술대학교에서 학생시위가 발생했다, 이에 당 원로들이 덩사오핑을 설득해 후야오방을 해임한다. 자오즈양이 그 뒤를 이어 총서기에 취임한다. 리펑(이붕, 李鵬)이 총리 자리를 물려받았다. 자오즈양의 정치이론은 주로 경제발전을 위해 자본주의적 방법을 동원할 수 있다는 것이었다. 당과 정부의 분리, 국가 고시제도의 도입 등이 정치 개혁의 중요 내용이 되었다. 1989년 전인대 승인을 받아 1990년 시행한 "행정소송법"도 관료제 기능을 지방 차원에서 좀 더 공정하게 하기 위한 조치였다. 재산법이나 상업법 등을 계속 제정하여 정풍(整風)활동과 시장 경제로 이행하는 부패 만연을 방지하기 위한 제도로 활용했다.[150]

1989년 4월 15일 사망한 후야오방은 학생들로 하여금 소요사태를 일으키게 만든 사건이 되었다. 6주 이상 계속된 시위는 1980년 이후의 가격개혁과 부패 등에 대한 군중의 불만이 가속된 결과였다. 시위 사태는 전국적으로 번졌으며 북경에서는 수 백 만의 노동자와 일반 시민이 가세했다. 학생과 엘리트들은 정치개혁, 언론자유, 표현 자유 등을 주장했다. 5월 들어 덩사오핑은 시위 사태가 자신과 당에 대한 도전으로 간주하고 진압을 마음먹게 된다. 5월 20일 게엄령 선포를 거부한 자오즈양은 당을 분열시켰다는 비난을 받고 총서기직에서 해임되었다. 시위자들이 농성을 계속하고 있는 천안문 광장에 덩사오핑은 리펑에게 군대를 진입시킬 것을 명령했다. 6월 4일의 일이었고 수자 미상의 사상자가 발생했다. 장저민이 자오즈양을 대신하여 총서기에 임명되었다. 장저민이 상해시장으로 재임 시 유혈 사태 없이 잘 소요 사태를 진압한 공로였다. 1997년 2월의 덩사오핑의 사망은 당과 국가의 권력을 더욱 약화시켰다.[151] 절차와 규범이 아직 마련되지 않았으며 인민들에게 이러한 인식이 잘 되어 있지 않았다. 오로지 인치(人治)와 인물 위주의 권위주의적 정치 형태에 익숙한 중국인들에게 권위 인물의 공백에 따른 불가피한 결과였다.

장저민은 점차로 영향력을 발휘하기 시작했다. 리펑은 총리로서 두 번의 임기를 마치고 상해 시장을 지내고 통화팽창을 효율적

150) 존 킹 페어뱅크 멀 골드만, 김형종 신성곤 옮김, 전게서, 496-505.
151) 존 킹 페어뱅크 멀 골드만, 김형종 신성곤 옮김, 전게서, 505-07.

으로 통제한 주룽지(주용기, 朱鎔基)에게 총리 자리를 물려주었다. 장저민 시대에는 군대에 지지 기반이 없던 장저민이 군대에 자기 세력을 부식시키기 위해 취한 조치들, 군대의 감축, 세계적으로 중국을 비난한 소재가 되는 인권 문제, 달라이 라마의 티벳 문제 등이 중국의 세계화 무대에 전면적으로 등장함에 따라 불거진 이슈들이다. 무엇보다도 중국의 아킬레스건(약점)은 대만이었다. 1996년 중국은 대만해협에서 군사훈련을 통해 미사일 실험을 강행했다. 대만은 리덩후이(이등휘, 李登輝)를 대만인으로 최초로 총통으로 선출함으로써 "대독"(臺獨), 즉, 대만 독립에의 길을 열어 놓았다. 중국과 미국은 지도자 상호 간의 방문 등으로 국제화를 촉진하는 결과를 조성해 나갔다. 1997년의15차 대회를 통해 장저민은 자신의 특색을 메꾸어 나갔다. 파산, 합병, 주식판매, 외국과의 합작기업화, 사유화 등이 그것들이었다. 정치개혁은 완만하게 진전되어 갔다. "정신문명" 등 모호한 의미의 개념을 통해 서양 사상의 진입을 경계하고 당의 위신을 지켜 나가려 했다.[152]

1990년대 이후 6.4사태의 영향 등으로 많은 자발적 사회 조직이 폐쇄되었지만 시간이 흐르고 다양한 사회적, 직업적, 환경적, 학술적 비정부적 단체가 발달해 나갔다. 어느 정도의 자유는 보장되는 듯 했으나 당이나 정부의 행위에 대해 결코 공개적으로 비판하지는 못했다. 사회 분열도 가속화되어 빈부격차 등의 이슈로 인한 항의와 파업, 가두시위가 계속 중국 사회를 분열로 몰고 가고 있었다. 농촌의 유휴노동력의 도시 유입도 심각한 사회문제를 야기했다. 호구제도에 의한 당지(當地)에 묶인 농민들이 도시로 유입되는 농민공의 존재였다. 그것은 도시의 긴장과 불안을 야기하는 주요인으로 작용하기도 했다. 빈곤층의 증가로 농촌 지역이 피폐해지고 마침내 삼농(三農)문제, 즉, 농업, 농촌, 농민 문제가 중

152) 존 킹 페어뱅크 멀 골드만, 김형종 신성곤 옮김, 전게서, 507-11.

국 정부의 가장 당면한 시급하고 중요한 문제가 되었다. 미미하나마 종교 인구도 늘고 서방으로부터 선교사나 교회, 신앙 종사자들이 물밀듯이 들어와 중국 정부를 긴장시키곤 했다. 공산당이 보기에는 외국 사상은 항상 역사적으로 보나 문화적으로 보나 중국에 위협적이고 유해한 것이었다. 1980년대 개혁과 개방이 진행되는 와중에 사상 순결운동이 병행되어 갔다. 정신오염을 방지한다는 것이 이유였다. 1983년과 1984년의 정신오염 청산운동, 1987년의 부르조아 자유화반대운동, 1990년 초의 전반(全般, 완전한, totally) 서화(西化, 서양화)와 평화 연변(演變, 변화와 전이, transfer) 반대 운동이 그것이었다. 이데올로기와 연계된 사상운동으로 1980년 대 말에 "신권위주의" 사상 유파가 출현했다. 강력한 지도자와 안정된 중산계급이 그 요소였다. 그러나 6.4 사태 이후 신보수주의 내지 신좌파가 득세하여 "마오저둥 어록"이 재등장하고 현재의 무질서와 부패에 대한 반감을 지닌 사람들의 향수를 자극하는 측면을 지닌 "마오저둥 열풍"이 불었다. 그러나 1992년 이후 덩사오핑의 "남순강화"(南巡講話)" 이후 "좌파"가 "우파"보다 더 위험하다는 비판이 나돌기 시작했다. 그러나 1990년대 이후 주류가 된 중국 사회의 담론은 "신보수주의"였다.[153) 중국의 "민족주의"가 경제발전과 국력 신장의 세를 타고 불길 같이 타 오른 것이었다. 그 와중에서 대중문화와 서방의 상업 및 자유주의 사상의 유입 등은 사회에 복잡하고 다원적인 사상과 사유의 거리를 제공해 주고 있었다. 상대적인 자유와 다양화 속에서 그러나 경제 발전의 속도에는 훨씬 못 미치는 정도로 정치적인 자유도는 정체되어 있고 후진타오(호금도, 胡錦濤)가 집권한 이후에는 흉흉한 "민족주의"의 기세와 맞물려 한층 더 자유를 억제하고 있는 추세에 있는 것이다.

153) 존 킹 페어뱅크 멀 골드만, 김형종 신성곤 옮김, 전게서, 511-31.

그럼 현재 중국 당국의 역사 해석과 같이 "문화혁명"은 악과 같은 존재였고 중국에서 영원히 되풀이 되어서는 안 되는 것인가? 개혁, 개방의 물질의 상대적 풍요와 과거 마오저둥 시대의 가난의 평균주의 중에서 과연 어떤 생활 방식과 이데올로기 패턴이 중국 인민에게 더 지지를 받을 수 있었을 것인가? 다음의 인용은 현재 중국에서 더 이상 계급투쟁 유(類)의 "문화혁명"의 재판이 가능할 것 같지 않은 상황과 인민의 의식 수준 하에서 여전히 유효한 논리이기도 하다.

"노인들은 현재를 과거와 비교하여 과거의 중국이 도처에 질병과 기근, 거지의 무리와 실업자 유민(遊民)이 존재했다고 생각한다. 그러나 공급이 비록 부족했을 지라도 부패와 정치적인 불완전이 있었을 지라도 대부분 노인들은 마오 주석의 사회주의가 그들에게 비교적 양호한 생활을 선사해 주었다고 생각한다. 노인들의 생활이 비록 개선이 덜 되었을 지라도 상관없었다. 노인들은 마오에게 충만한 감정을 가지고 있어서 마오 주석의 서거 소식에 자신의 부모를 잃은 듯 비통하게 대성통곡했던 것이다."[154]

문화와 문학에 있어서 다양한 문학의 형식이 나타나기 시작했다. "문화혁명"의 황당함과 비도덕성을 고발하는 내용이 주류를 이루었다. 젊은이들이 주류를 이루어 단편 소설을 중심으로 중국 혁명 후의 특색 있는 문학 장르와 형식을 실험해 나갔다. 도시에서 자라나서 홍위병이나 농촌으로 보내지는 하향을 경험한 젊은이들의 심정을 묘사하는 내용이 하나의 주류를 이루었는데 소위 그들의 상처를 보듬어주는 문학이라고 해서 "상흔(傷痕)문학"이라는 장르가 탄생했다. 일종의 사회고발과 "폭로문학"적인 성격을 띠고 있는 문학의 형식으로 1950년대 말 이후 "문화혁명"의 추종자들에 대한 분노와 의분의 내용을 담아내고 있다. 그 뒤를

154) R. 麥克法誇爾 費正淸, 전게서, 773.

이어 부패한 관료제도, 위(僞)군자와 불량자 등을 묘사하는데 주력한 "상흔문학"가들은 정도를 넘어선 미증유의 방식으로 질책과 풍자를 주로 하였다. 마오저둥 사후의 문학의 세계는 다음 세 가지 주제를 주로 담고 있는데 그것들은 개인생활의 가치, 애정의 사회생활에서의 적절한 지위 및 애정의 부인(否認)이 가져오는 위해(危害) 등으로 이 모든 것들이 소설, 전기(傳奇)문학(도덕 정절(情節)과 광상곡 사이에 개재(介在)한)과 대량의 잊기 어려운 사상이 침전되어 있는 고사(故事), 시가(詩歌)와 희극 등에서 제시되는 문제였다.[155)]

155) R. 麥克法誇爾 費正淸, 전게서, 844-45.

제5장

국가의 성숙 발전과 세계 질서 편입기

제5장

국가의 성숙 발전과 세계 질서 편입기(1989-2009)

제1절 개혁, 개방의 공과(功過)

1989년의 민간에서 분출한 정치운동은 공산당에 심각한 타격을 주었다. 덩사오핑에게도 역시 막대한 피해를 준 결과를 빚었다. 덩의 개혁의 방향이 이대로 주저앉을 것인가? 아니면 계속 추진될 수 있을 것인가? 평화 시위와 정치운동에 대한 폭력적인 무자비한 진압은 공산당의 포스트 마오저둥 시대의 지도력의 공백을 나타내 준 것이기도 했다. 또는 개혁과 경제발전을 국가의 제일 임무로 내세운 중국 정부의 정책의 방향성과 이데올로기 정체성의 문제점이 드러났다. 대체 누구를 위한 물질 성장인가? 누구를 위한 복지인가? 시민들은 개혁 과정 중의 여러 가지 부작용에 대해 개선과 개혁을 요구했다. 이러한 주장은 모두 정당한 것 같이 보였다. 그러나 왜 공산당과 덩사오핑은 군대를 투입하여 진압해야만 했나? 공산당의 통치력과 통제력이 심각한 위협에 처하게 된 것인가? 1989년의 천안문 사태로 인해 중국은 서양의 경제를 중심으로 한 각종 제재를 받게 된다. 차관과 투자, 물질과 인적 교류 모두 제한되었다. 세계적인 인권 유린의 탄압국이라는 오명을 걸머지게 되었다. 경제발전이 최소한 10년은 더뎌지게 되었다. 그러나 이러한 대가를 감수하고서라도 덩사오핑의 선택은 옳은 것이었나? 오늘날의 입장에서 당시를 역사적인 맥락에 의해 그려보면 더욱 더 독재와 정치 자유의 부재의 방향으로 질주하고 있는 듯이 보인다. 민주주의가 아닌 민족주의(이 두 가지 상징적 용어는 공교롭게도 중국말로 거의 비슷하게 들린다.)의 신장(伸張)도 가공할 위력을 갖고 있다. 세계가 모두 이러한 중국을 두려워하고 있다. '중국위협론', '황화(黃禍)론' 등의 이론으로 중국을 경계하고 현대화된 국가로 인정하기를 주저하고 있는 것 같이 보인다. 무엇이 그렇게 만들었을까? 우리가 중국 역사와 중국과 세계와의 관계사를 고대부터 현대까지 지켜보면서 거기서 얻는 교훈을 생각하면 짐작할 수 있을 것도 같다. 우리는 여기에서 중국의 현 시점에서의 역사적 판단을 내리려 하지 않는다. 누구의 몫도 아니고 또 아무라도 내릴 수 있는 가치 판단이라고 말할 수 있다. 아무튼 1989년 당시의 중국 북경의 상황은 그만큼 의미가 심장한 초여름으로 기억된다. 아마도 소련이 같은 해에 해체되어 버린 전철을 밟지 않은 대가인지도 모른다.

1989년 가을부터 사상에 대한 단속이 심해진 것은 당연한 일인지 모른다. 공산당의 건설에 중점을 둔 공인 계급 선봉대를 위한 투쟁이라는 강화(講話, 연설)를 새로 총서기에 취임한 장저민이 한다. 내용은 당의 건설의 중요성과 긴박성을 충분히 인식한다. 당의 공인 계급 선봉대 성질을 반드시 견지한다. 당의 집정(執政)당 지위와 영도 작용을 견지 강화한다. 사상 건설을 당 건설의 수위(首位)에 놓는다. 민주집중제를 지켜 당의 단결과 통일을 강화한다. 당과 인민 군중과의 혈육 연계를 시종 유지한다. 각급 영도 핵심을 마르크스주의에 충성하는 사람의 대오로 조성하여 확보한다. 마르크스주의 당의 건설이론을 학습하고 연구하며 이를 전파는 사업을 고도로 중시한다.[156] 라는 것들이 포함되었다. 중국 사회주의 공산당 치하에서 사용하는 용어를 그 내용을 번역하기보다 그 의미를 살리기 위해 부분적으로 그대로 살린 대로 생경함

156) 北京師範大學歷史系,『中華人民共和國史』, (北京: 北京師範大學出版社, 1993. 11), 212.

을 보이는 내용들이다. 지구상의 거의 유일한 사회주의 국가로서 세계에 영향력을 끼치고 있는 국가로서 경제의 발전과 정치의 통제라는 기형 체제를 유지해 나가기 위한 고육지책임을 알 수 있는 것이다.

1990년 3월 공산당은 13차 6중 전체회의와 이에 대한 문건 발표를 통해 인민군중과의 관계를 가장 중요시하는 정책의 우선순위가 되었다. 마오저둥 시대부터 공산당의 선전의 대명사 격인 '군중노선' 이 이 때 처럼 절실히 요구되는 시기도 없었다. 또 하나의 문제는 공산당 내의 부패에 대한 척결의 문제였다. 염정(廉政) 건설의 명목으로 부패와의 전쟁을 엄중하게 지속적으로 다스려 나가기로 정책의 강조점을 정했다.

가장 중요하게 해결해야 될 문제가 바로 경제의 긴축과 고정 투자의 축소, 인플레이션의 통제와 물가 상승의 억제 등에 모아졌다. 이를 해결해야만 국, 내외의 공산당에 대한 지지와 정치력의 유지를 행사할 수 있게 된 시점에 와 있었다. 1988년부터 시작한 긴축정책이 1991년까지 3년 예정으로 진행되었고 어느 정도 효력을 보았다고 정부 측은 자평했다. 수치로 보아도 어느 정도 그 효과가 나타난다고 주장했다. 1990년 공급과 수요의 차이가 7.6%로 축소되었고 1991년에는 기본적으로 그 전년 수준을 유지한 것으로 통계가 집계되었다. 전국적인 범위에서 소매물가가 전년 대비 하락하여 1990년에 2.1%, 1991년 3.5%로 적절한 수준으로 안정되었다. 한편 경기과열 부분에서도 경제 추세가 기본적으로 안정되었다고 평가했다. 1985년부터 1988년까지 3년 동안 지속되었던 경기과열 추세는 국민총생산 가치가 10.7% 매년 증가했고 공업 총생산액이 17.8% 증가하여 경제과열 국면을 진정시키는데 일조했다. 1989년 국민총생산액은 전년 대비 4% 증가했고 1990년에는 5.3% 증가하여 1989년부터 1991년까지 공업총생산액이 매년 10% 내외로 증가세를 나타냈다.

기초산업 부분에서도 산업 구조가 개선되어 농업과 에너지, 교통, 원재료 등 산업이 모두 발전을 이루었으며 가공공업이 어느 정도 제한되었으나 기초 산업이 발전하는 계기가 되었다. 시장의 상황도 개선되어 물자 부족 현상이 어느 정도 해소되어 갔다. 식량, 면 등 농산품이 매년 풍년을 이루었고 기초 공업과 기초 설비가 중시되었으며 경공업과 중공업의 생산 비례가 어느 정도 비율을 맞추게 되었다. 생산과 생활자료 소비 시장이 발전하여 도시 거주민의 생활이 개선되었다. 1989년부터 3년 동안의 도시 거주민 저축액이 5000억 원 증가했다. 이로써 인플레이션이 어느 정도 통제가 되는 기반이 마련되었다.[157]

수출입 무역이 역차에서 순차로 전환된 것이 이 무렵이었다. 국가의 외환 비축고가 늘고 1989년부터 1990년까지 수출액이 525억 달러와 621억 달러를 달성했으며 1990년 대외무역 순차가 드디어 실현되었다. 이는 1984년 이래의 역차 추세를 만회한 것이었다. 1991년 6월 말 국가 외화 비축액이 330억 달러로 증가했고 외국의 투자액이 증가했다. 이 기간에 외국 투자 기업이 18083 곳에 이르러 그 이전 10년간의 총합보다 많았다. 외국 투자액수는 85.4억 달러를 기록했고 이는 전 10년간의 76.5%에 달하는 수치가 되었다. 더욱 중요한 사실은 외국 기업의 구조에서 변화가 일어나 투자지향형 기업에게 유리하게 전개되어 기술 선진형과 수출 외화 창출형 항목이 증가했다.[158]

1991년부터 시작된 제8차 5개년 경제발전계획은 1990년대를 마감하며 2000년대를 맞이하는 의의를 지닌 경제의 청사진이었다. 경제발전 5개년 계획은 이와 동시에 제정된 경제와 사회발전 10년 규획(規劃, 장기적인 거시 계획)과 더불어 2000년대의 국가

157) 北京師範大學歷史系, 전게서, 214-215.

158) 北京師範大學歷史系, 전게서, 215.

의 사업의 기본 방향에 대해 방향과 기본 정책을 제시하고 있는 것이다. 8차 오개년 계획은 전반적인 계획을 모두 담고 있는 것으로 경제 발전의 기본 임무와 경제 지표, 경제 발전의 기본 배치와 정책, 과학기술과 교육발전, 대외무역과 경제 기술 교류, 경제 체제 개혁의 기본 임무와 조치, 인민생활과 소비정책, 사회주의 정신문명과 사회주의 민주법제건설 등의 내용을 광범위하게 담고 있다.[159]

1991년은 그러므로 중국으로서는 개혁과 개방에 국운을 모두 건 상황에서 가장 중요한 고비의 시기였다. 정부는 두 가지 기본 계획을 마련했다. 긴축과 정돈, 심화 개혁의 두 가지 기본 노선에 의거하여 다음 몇 가지 정책의 기조를 마련했다. 첫째, 국민생산 총액과 공업과 농업 생산의 증가 속도의 적절함을 기한다. 1991년 이래 국민총생산액이 공업은 10% 이상을 농업은 3% 이상을 달성했다. 사회고정자산 투자는 1991년에 전년에 비해 18.6% 증가했지만 그 이후 1992년에 전년 대비 37.6% 증가했다. 이러한 추세는 이후에도 계속되어 중국 경제 발전의 가장 암적인 존재로 등장하는 요인이 된다. 통화팽창 부분에서도 1991년 소매 물가상승률이 2.9%, 1992년에 5.4%를 기록했고 도시 거주민의 일인당 소비 수입은 1991년에 1570원, 물가 상승 요인을 공제하고 7.7%의 증가율을 보였고 농촌 거주민은 710원으로 전년 대비 2% 증가했다. 1991년 도시 거주민의 저축액이 9110원으로 전년 대비 29.5% 증가했다. 반면 생활수입은 도시 거주민이 1992년에 1826원으로 물가 상승 요소를 제외하고 8.8%의 증가율을 보였고 농촌 거부민은 784원으로 전년 대비 5.9%의 증가율을 보였다. 1992년 도시 거주민의 저축액은 11545억 원으로 전년 대비 26.8% 증가했다.[160]

---

159) 北京師範大學歷史系, 전게서, 216.
160) 北京師範大學歷史系, 전게서, 219.

1996년부터 시작된 제9차 경제개발 5개년 계획은 경제를 '연착륙' 하는데 최대의 정책 중점이 모아졌다. 왜냐하면 8차 5개년 계획 기간 중에 경제가 과열되는 양상이 나타났기 때문이다. 통화팽창과 경기과열은 거시경제적인 요소를 통하여 조절하기로 정부는 정책의 방향을 정했다. 1992년도에 이미 '4요소' 를 정하여 거시경제의 방침을 정했는데 그것은 경제성장 유지, 화폐안정 유지, 취업확대와 회환 평형의 네 가지였다. 그러나 경제의 현실 현상은 화폐가 과도하게 유통되고 있었고 재정곤란의 상태가 가속화되어가고 있었으며 투자 수요와 소비수요가 이중의 팽창을 보이며 공업 증가 속도가 과도하게 빠르고 외화 비축액이 하강하고 있었다. 이에 물가 상승의 과도화 등의 현상이 복합적으로 작용하여 정부는 과열을 방지하기 위한 경제 발전의 속도를 유지하면서 적당한 과열을 식히는 방향으로 국가 중점 사업을 중심으로 투자를 선별하는 등의 조치를 취해 나갔다. 물가의 과도한 상승을 억제하는 조치를 취하는데 거시경제 조치를 통한 물가 통제를 펴나가기로 했다. 수요의 증가를 억제하여 공급을 원활하게 하는 조치가 필요했다. 농업 투입을 증가하고 식량, 면화 등 가격을 올려 주었다. 1994년에는 고정자산투자 증가폭이 30% 하락하고 생산 자료의 가격도 계속 하락했다. 1995년 고정 자산 투자가 계속 12% 하락하여 정상 수준에 도달했다. 1997년 국내 생산 총액이 전년 대비 8.8% 증가했고 상품 소매가 총 수준은 전년 대비 0.8% 증가했다. 도시 거주민의 소비 가격은 전년 대비 2.8% 증가했고 경제의 기본 성격에 있어서 '단기간의 부족 경제' 에서 공급자(판매자) 시장에서 결별하고[161] 글로벌 시장으로서의 요건을 갖추어 가는 과도기에 처해 있었다.

161) 新華網, 『中國道路與中國模式(1949-2009)』, 2009年9月30日, http://www.china.com.cn/news/zhuanti/09dlms/2009-09/30/content_18636411_2.htm.

1997년 10월부터 1999년 7월 까지는 통화의 긴축 현상이 일어났다. 이는 중국 경제의 역사상 처음 있는 일이었다. 경제의 규모와 양적인 성장이 무엇보다도 필요한 중국의 당시 상황으로서는 이것을 타파하는 길은 시장의 경제 조절 체제를 유지하며 제조업에 있어서 재고품을 만들지 않는 것과 내수를 확대하는 것, 그리고 이것을 개혁의 유리한 방향으로 유도하고 긴축 화폐정책을 효율적으로 사용하는 것이었다.[162)]

2003년 1월 이래 도시 거주민의 소비 가격지수는 증가하기 시작했다. 이는 아시아 금융위기의 암영(暗影)에서 벗어나는 신호 같이 보였다. 당시의 SARS(급성호흡기질환)의 영향에도 불구하고 2003년 4분기에 GDP 대비 전년에 비해 11% 초과했다. 이는 1997년 이래 최고기록이었다. 고정자산투자 비율이 상승했고 석탄, 전력, 석유, 교통 등의 부족이 심화되어 거시 경제의 형세(形勢)에 근본적인 변화가 일어나고 있었다.[163)]

2004년 4월 정부는 이에 대비하여 강철, 시멘트 등 부문의 투자 항목을 정리하기 시작했다. 대출도 억제했다. 2004년 5월부터는 적극적인 재정정책이 중성(中性) 재정정책으로 전환되어 온건하게 실시되기 시작했다. 경제 성장의 과도화 억제, 고정 투자 과도화, 신용대출 과다 등 문제를 해결하기 위해 재정지출 규모를 조정하고 재정 구조를 개선하여 세제(稅制) 개혁 등의 조치를 취해 나갔다. 구체적인 조치로 토지 사용과 건설용지의 억제, 위법 용지(用地)의 조사, 화폐 신용대출의 강화, 재정수지 강화로 경제 운행의 조절 작용으로 삼는 등의 조치를 선별적으로 시행했다. 2006년부터 고정 자산 투자 증가폭이 하락하고 은행 신용대출 증가폭도 하락했으며 이러한 과열 방지책이 2008년 여름까지 지속

---

162) 新華網, 『中國道路與中國模式(1949-2009)』, 전게문.
163) 新華網, 『中國道路與中國模式(1949-2009)』, 전게문.

되었다. 2008년 가을에 접어들자 미국 발 신용 문제로 인한 경제 위기의 영향이 몰아쳤다. 2008년 11월 국무원은 적극적인 재정정책을 취하기로 방침을 정하고 화폐 정책을 적당히 풀어주기로 했다. 내수 확대와 경제 증가의 2대 목표를 완성하기 위해 10 가지 경제 증가 방침을 정했는데 이에 재원이 2년 동안 4조 인민폐가 투입될 계획이다. 이와 동시에 외국 무역의 증가 조치를 취해 수출 환급률을 제고했다. 향후 내수 확대를 위해 국무원은 자동차, 강철, 방직, 장비제조, 선박, 전자정보, 경공업, 석유화학, 유색금속, 물류 등을 10대 중점 산업으로 지정하여 조정과 진흥 계획을 수립했다. 또한 정부는 예산을 투입하여 250억 인민폐로 농촌의 내수를 위해 가전, 자동차와 오토바이 등을 전국적으로 소비를 늘리는 품목으로 지정했다. 이해 5월 9일에는 정부에서 보조금 70억 인민폐를 들여 자동차, 가전의 중고품을 신품으로 교환하는데 사용토록 조치했다. 국가의 제1의 중점사업인 '삼농'(三農, 즉, 농촌, 농업과 농민) 문제를 해결하기 위해 7161억 4천만 인민폐를 투입하여 전년 대비 20.2%를 늘렸다. 2009년 취업자금으로 420억 인민폐를 책정하여 전년 대비 66.7% 증가하였으며 대학생과 농민공 취업에 중점적으로 쓰였다. 2009년 정부가 중점적으로 한 사업은 보장성 거주에 관련되는 자금으로 493억 인민폐를 투입하여 1.7배 전년대비 증가했다. 2009년 1월부터 기업 퇴직인원의 기본 양노 정책을 조정하여 파산된 국유기업의 퇴직인원도 성진(城鎭, 도시와 작은 도시 포함)의료보험 체계에 포함하여 보험의 범위를 확대하였으며 농민 산재, 의료 및 양노보험도 점차로 체계를 갖추어 나가기로 했다. 또한 전국의 10%의 현(縣)과 시구(市區, 시 관할 지역)에도 신형 농촌사회양노보험 실험지로 정해 시동하고 있다.[164)]

164) 新華網, 『中國道路與中國模式(1949-2009)』, 전게문.

사회주의 경제에서 자본주의 요소를 적극 도입한 부분인 사영경제 부분에서 1988년《중화인민공화국 사영기업 잠행(暫行) 등례(等例)》에서 사영기업을 개체호(個體戶, 1인 개인기업)에서 분리하여 사영기업의 합법적인 지위를 확립했다. 이후 발전하기 시작한 사영경제 부분은 생산력 발전과 농촌 산업 구조 조정 및 취업 문호 확대와 사회 안정 촉진, 도시와 농촌 시장 번영의 촉진 등의 정치, 경제 및 사회 각 분야의 안정과 성장을 촉진시키는 기폭제가 되었다. 국영기업과 집체단위가 미처 챙기지 못하는 분야인 인민 군중의 일상생활과 관련 깊은 분야인 제3차 산업, 소매업, 음식업, 서비스업, 수리업, 교통운수업 등에 진출하여 경영 서비스 점포수가 사회 전체의 80% 이상을 차지할 정도[165]로 독특한 경제적 및 사회적 위치를 차지하고 있다.

그러나 개혁파의 청사진과 일정이 반드시 순조로운 것만은 아니었다. 정치 경제 사회적인 각종 문제점이 개혁과 개방의 와중에 터져 나왔다. 지역 갈등, 지방 할거주의 및 계층 격차 등이 가장 중요한 사회 문제로 제기되었다. 상대적인 박탈감이 인민 대중 다수의 마음속에 점차로 심화되어 갔다. 마침 1989년의 학생운동의 영향으로 개혁의 추세는 움츠러드는 분위기가 형성되었다. 덩사오핑의 개혁의 전면적인 정책 드라이브 이전의 마오저둥 시절의 사회주의 시대가 좋았다는 인식이 점차로 다수 인민의 정서에 대변되어 갔다. 이에 덩사오핑은 정치적인 방법으로 개혁에 대한 반대 세력을 잠재울 요량으로 1992년 음력설에 소위 남순(南巡) 강화(講話)를 감행한다. 무창, 심천, 주해와 상해 등 개혁의 중심지역을 순회하는 것이었다. 이것은 덩사오핑의 정치적 지위와 개혁의 지속적인 정책적 배려에 대한 상징적인 조치였다. 그는 가는 곳마다 대담한 개혁과 사상의 해방을 주장했다. 심화 개혁과 확대

165) 北京師範大學歷史系, 전게서, 211-212.

개방이 그의 복음이 되었다. '자본주의의 복벽(復辟, 다시 되살아남)' 을 두려워하는 생각에 대해 그는 다음과 같이 말한다. "중요한 것은 성(姓)이 자(資, 즉, 자본주의)냐 아니면 사(社, 즉, 사회주의)냐의 문제이다. 이것의 판단의 기준은 사회주의 사회의 생산력 발전에 유리한가, 사회주의 국가의 종합국력의 증강에 유리한가, 인민의 생활수준 제고에 유리한가를 중요하게 따져 보아야 한다."[166] 장기적으로 중국 경제 발전의 이론의 돌파에 발목을 잡은 문제인 계획과 시장의 관계 문제에 대해서도 "계획이 좀 많으냐 아니면 시장적 요소가 더 많으냐의 문제는 사회주의와 자본주의를 본질적으로 구별하는 문제가 아니다. 계획경제가 사회주의와 완전히 같지 않고 자본주의도 계획적 요소가 있다. 시장 경제는 자본주의와 다르고 사회주의에도 시장이 존재한다. 계획과 시장은 모두 경제 수단이다. 사회주의의 본질은 생산력을 해방하는 것이다. 생산력을 발전시키고 착취 행위를 소멸시키며 양극 분화를 해소하여 마침내 공동 부유의 상태에 도달하는 것이다."[167] 이는 실질적이고 실천적인 차원의 말로 이론이나 사상의 차원과는 다른 경제 발전이라는 목적을 달성하기 위한 하나의 방편적인 언사의 차원에 불과한 것이다. 이로써 중국은 실질적으로 이데올로기 시대를 마감하고 자본주의 일색의 세계 체제 속으로 자발적으로 편입하게 되는 실제적이고 현실주의적인 국가로 새로 거듭나게 되는 의미를 지니게 되는 것이다. 이는 또한 마오저둥의 중국 1인 지배 시대의 의미를 완전히 청산하겠다는 의지가 역사적인 맥락에 의해 우리가 이해할 수 있는 부분인 것이다.

경제 발전의 배경인 개혁의 정치 부분 역사를 짚어 보자. 1992년 10월 공산당 14차 전국대표대회가 북경에서 개최되었다. 당원

166) 北京師範大學歷史系, 전게서, 211-212.

167) 北京師範大學歷史系, 전게서, 228.

은 이미 5100만 명에 이르러 세계에서 가장 규모가 큰 정당이 되어있었다. 장저민은 1989년의 국가 위기인 천안문 학생 시위 사태로 인하여 권력의 정상인 공산당 총서기가 된 이후 영도 세대 3세대를 대표하는 인물이 되었다. 장저민 시대에 중국은 경제 발전을 중심으로 하는 비약적인 국가 발전을 이루게 되었다. 그는《개혁, 개방과 현대화 건설의 속도를 가속화하고 중국 특색의 사회주의 사업의 위대한 승리를 탈취하자》라는 제목의 보고를 했다. 총 4 부분으로 나눠지는 보고의 내용은 향후 공산당의 국가 경영 방향과 정책 의지를 천명한 청사진이었다. 첫째, 14년 동안의 위대한 실천의 기본 결론, 둘째, 1990년대 개혁과 건설의 중요 임무. 셋째, 국제 형세와 우리(중국)의 대외 정책. 넷째, 공산당 건설 강화와 당의 영도 개선의 네 가지로 나누어졌다. 이 보고서의 의미는 다음 몇 가지로 해석할 수 있다. 중국은 자신의 독특한 사회주의의 노선을 걷는다. 중국 특색의 사회주의 노선은 그 특징이 실천을 진리를 점검하는 유일한 특징으로 하고 사상의 해방, 실사구시, 군중의 창조 정신 존중의 항목들을 실천한다. 중국은 사회주의 발전 단계 중에 초급단계에 처해있다. 이 단계는 100년 이상의 장기간의 역사 단계이다. 그러므로 모든 정책은 이 기본 국정(國情)에 의거하여 제정, 집행되어야 한다. 실제를 벗어나서는 안 된다. 즉, 역사 단계를 초월해서는 안 된다. 사회주의의 근본 임무는 사회주의 본질이 생산력 해방과 생산력 발전, 착취계급 소멸, 양극 분화의 철폐이고 최종적으로 공동의 풍요를 구가한다. 현재의 단계는 중국의 사회의 주요모순이 인민의 물질 이익의 증가와 낙후한 사회생산 사이의 모순에 처해있다. 생산력 발전을 가장 중요한 위치에 놓아야 하고 경제건설을 중심으로 사회의 전면적인 진보를 추동한다. 과학기술을 제1의 생산력으로 삼는다. 경제체제 개혁의 목표는 공유제와 노동한 만큼의 분배를 주체로 하고 기타 경제 성분과 분배 방식을 보충으로 하는 것으로 기초로 하여 사회주의 시장경제 체제를 건립하고 완비하는 것으로 목표로 한다. 정체체제 개혁의 목표는 인민대표대회, 공산당이 영도하는 다당(多黨) 합작과 정치협상제도를 주요 내용으로 하여 사회주의 민주정치를 발전시키는 것을 목표로 한다. 경제, 정치의 개혁과 발전은 상호 적응하여 "이상, 도덕, 문화, 기율"이 있는 개혁을 목표로 하여 사회주의 정신문명을 건설한다. 사회주의 건설의 외부조건은 평화와 발전이 당대 세계의 양대 주제이므로 독립 자주의 평화외교정책을 반드시 견지한다. 중국의 현대화 건설을 위해 유리한 국제환경을 건설한다. 대외개방의 실행이 개혁과 건설에 필수불가결한 요소임을 강조한다. 사회주의 건설을 정치적으로 안정되게 보증하려면 4개 항의 기본원칙을 견지해야 함을 강조한다. 4개 항의 기본원칙은 입국(立國)의 근본이고 개혁, 개방과 현대화 건설을 건강하게 발전시키는 보증 역할이 될 것이다. 개혁. 개방과 현대화 건설 중에서 새로운 시대의 의미를 획득한다. 사회주의 건설의 전략의 진행은 현대화를 기본적으로 실현하는 것을 3가지 단계로 나누어 실행한다. 현대화 건설의 과정 중에서 시기(時機)를 잘 포착해야 한다. 약간의 발전 속도가 비교적 빠르고 효과가 비교적 좋은 단계를 잘 포착해야 한다. 몇 년 간격으로 한 단계 씩 격상한다. 빈궁인 사회주의가 아니다. 공동 부유(富裕) 또한 불가능한 것이 아니다. 일부분 지역, 일부분 사람들이 먼저 부유해지도록 허락해야 하고 격려해야 한다. 이로써 더 많은 지역과 사람들이 점차로 공동 부유의 단계에 오른다. 사회주의 영도 역량과 협력을 받아야 하는 역량에 대해서 공인 계급 선봉대인 공산당이 사회주의 사업의 영도 핵심임을 강조한다. 공산당이 개혁개방과 현대화 건설의 필요에 적응하여 부단히 각 분야에 대한 공작 영도를 개선하고 강화하며 자신의 건설을 개선하고 강화한다. 광대한 공인, 농민, 지식인들과 협력하여 각 민족 인민의 단결에 의존하여 전체 사회주의 노동자에 힘입어 사회주의 애국자와 중국통일을 수호하는 애국자들을 광범위하게 통일전선으로 포섭한다. 인민군대가 사회주의 중국의 보호자이고 건설의 중요한 역량이 된다. 중국 통일 문제에 있어서 “1국가 2제도"의 창조적인 구상을 제시한다.[168)]

이 단계에 있어서 이미 경제만의 건설이 불가능한 시점에 와 있었다. 정치와 사회의 모든 분야에 있어서 물질적인 발전과 이에 따른 정신적인 사상, 문화, 대중문화 등이 밀려들고 있었다. 특히 미국을 중심으로 하는 서구 문화와 사고방식이 물밀듯 중국에 유입되어 들어오고 있었고 한국 등 아시아권 문화와 대중문화가 중국인들의 경제 발전 와중에 변화된 물질조건을 만족시켜 줄 정신적인 공백을 메꾸어 주고 있었다. 또한 사회적인 요구와 자유가 정치 개혁에 소극적인 공산당에 몰아닥치고 있었다. 다양하고 각계각층의 행위가 점차 서양과 같은 다원화 사회의 추형(雛形, 기본적인 초기의 형태)을 이루어 가고 있는 형국이었다. 경제적으로 부유해졌지만 극소수의 사람에게만 해당되는 일이었다. 대부분의 서민들에게는 상대적인 박탈감과 빈곤이 가속화되어 가고 있었다. 농촌과 도시의 차이도 심화되어 갔다. 중국 사회는 이제 덩사오핑의 개혁, 개방 정책 아래에서 파천황(破天荒, 전례 없었던)의 변화를 꿈꾸고 있었다.

덩사오핑과 공산당의 원로 그룹은 개혁이 지속되기를 바랐고 이것만이 공산당의 중국 통치를 계속 유효하게 해 줄 유일한 수단이라고 믿었다. 개혁 노선만이 중국을 사회주의 국가 체제의 위기 속에서 구해낼 유일한 무기인 것이다. 이를 위해 가장 필요한 조치는 지도자의 문제였다. 주지하다시피 중국은 역사적으로 현재까지 선거제도가 없는 국가였다. 세계적으로 가장 큰 인구 규모와 세계 3번째의 국토를 가지고 있는 중국으로서 선거로 그들의 대

168) 北京師範大學歷史系, 전게서, 228-231.

표를 선출하지 않는다는 것은 치명적인 결점이 될 수 있고 이것이 공산당의 통치 합법성과 정통성, 그리고 서양 국가들의 인권과 정치 개혁에 대한 요구와 인식에 좋지 않은 결과를 미치고 있었다. 파국적인 결과로 인하여 공산당의 통제력이 무력화 될 가능성은 언제 어디서나 존재하고 있었다. 서양과 교류, 투자 유치, 경제 발전을 위한 개혁, 개방 정책 드라이브를 계속 지속하는 경우에 그렇다. 덩사오핑과 공산당 원로 그룹은 그들의 이러한 시국에 대한 판단에 근거하여 그들의 개혁 마인드를 승계할 차세대 지도자의 선출에 가장 신경을 쓸 수밖에 없게 되었다. 이것이 바로 1989년 국가 통치권 위기 시에 장저민이 급부상한 근본적인 이유였다. 장저민이 선택된 가장 큰 배경적 이유는 그가 무파(無派, colorless)적인 인물로 비쳐졌기 때문이었다. 1997년 2월 덩사오핑이 사망한 이래로 두 차례의 지도자 교체가 이루어졌다. 1997년 15차 공산당 전체대회에서 장저민이 당 총서기와 국가주석으로 선출되어 제 3세대 지도자로 부상한 것과 2002년 16차 공산당 전체대회에서 후진타오(호금도, 胡錦濤)가 역시 무(無) 정파(政派) 관료로서 새로운 제4세대 지도자로 부상하여 권력의 정상을 차지한 것이다.[169] 2003년의 전국인민대표대회 17차대회에서 개혁과 청렴으로 유명한 전 상해시장과 당서기 였던 주룽지(주용기, 朱鎔基)가 74세의 나이로 국무원 총리직에서 물러났으며 보수파의 대표였던 리펑 역시 같은 나이로 은퇴했다. 이 뒤를 이어 전국인민대표대회 상임위원장을 맡은 사람은 우방궈(오방국, 吳邦國)로 61살의 나이로 전임자보다 더욱 개혁 마인드를 지닌 인물이었다. 이제 덩사오핑의 주장으로 연소화를 시행하여 모든 당 간부 들에게 70세 이상이 되면 은퇴하게 제도화를 시행했다. 이로써 권력의

169) W. Scott Morton Charlton M. Lewis, *China Its History and Culture*(New York: McGraw-Hill, Inc., 2005), 242-243.

핵심인 중앙군사위원회에서 70세 이상인 고급 간부들은 모두 은퇴했다. 새로운 권력의 핵심인 후진타오는 1942년생으로 중국의 MIT격인 청화대학 수리공정학과를 졸업했다. 39세의 약관에 공산당 중앙위원회 위원으로 선출되었고 티벳 등지에서 지방직 관료로 봉직했다. 티벳 에서는 1989년 3월 폭동을 진압하기 위해 계엄령을 발령한 것으로 유명하다. 이 계엄령은 중국 건국 이후 처음 있는 일이었다. 이후 2개월 후 북경에서 계엄령이 발동되는 선례를 남겼다. 1992년 49세의 나이로 공산당 정치국 최연소 상무위원으로 선출되었다. 2002년 중앙 당교(黨校) 교장을 지냈으며 재임기간 이데올로기와 이론에 대한 정리 작업을 추진한 바 있다.[170]

후진타오는 제4세대 영도자의 대표격으로 장저민이 개혁과 개방에 매진하여 양적인 성장을 거둔 시대를 마감하고 질적인 성장을 위해 공산당 업무의 중점이 전이(轉移, 변화)된다. 즉, 고도의 양적 성장으로 인한 부작용과 폐해를 조절하고 완화하기 위해 각 계층과 지역별로의 조화사회와 소위 '과학발전관' 즉, 과학적 생산력 발전관 등을 주장한다. 장저민의 '3개 대표론' 에 이어 각 세대 영도자들이 한 가지씩 자신의 이론을 발명하는 듯한 인상을 주는 것이다. 이 이론은 공산당이 20여년의 개혁, 개방과 현대화 건설의 경험을 살려 세계 다른 국가들의 발전 과정의 경험을 교훈 삼아 발전에 대한 인식을 새로이 하는 것이다. 인간을 이론의 기본 출발점으로 하여 인민 군중의 경제, 정치와 문화 권익을 보장하여 전면적인 경제와 사회의 협조 발전과 화해(和諧)로운 진보를 이룬다는 것이다.[171] 자본주의적인 마인드인 발전보다는 사회주의적 요소인 평등을 우선적으로 고려하는 정책을 세워 집행한

170) W. Scott Morton Charlton M. Lewis, *op. cit.,* 243.

171) 新華網, 「胡錦濤: 科學發展觀是我黨提出的新重大戰略思想」, 2004年4月4日. http://news.xinhuanet.com/newscenter/2004-04/04/content_1400182.htm.

다는 뜻이다. 그러므로 장저민 시대의 개혁적인 마인드는 점차로 보수적인 정책과 노선 방향으로 변화하고 있다. 2007년의 17차 공산당 대표대회에서 처음 공산당을 대표하여 보고서를 낭독하게 된 후진타오는 '소강(小康)사회의 전면 건설을 위한 분투' 라는 제목으로 보고를 한다. 16대 전체대회 이래로 중국의 종합국력이 대폭 증대하고 인민의 실익이 증가한 5년이라고 주장한다. 국제지위와 영향력의 증가, 경제실력의 제고 및 국내 생산 가치의 연 평균 10% 이상의 증가세, 물가 안정, 사회주의 신(新) 농촌 건설, 구역 협조 등의 신장세와 더불어 창신(昌新, 창조)형 국가건설의 진전을 위한 에너지, 교통, 통신 등의 기초 시설과 중점 공정 건설, 우주 사업의 성공 등을 공산당의 치적으로 꼽는다.[172)]

중국 공산당 체제는 중난하이(중남해, 中南海)에 총 판공실(사무실)이 포진해 있다. 이는 천안문 광장의 북서쪽의 광대한 복합건물로 구성되어 있다. 이곳이 공산당 최고 사무실과 국무원의 중심 건물이 들어서 있다. 이곳에서 전 인구의 5%에 달하는 당원 6600만 명과 매 5년마다 당 전체대회에서 선출되는 370 명의 중앙위원회에 의해 통치되고 있다. 중앙위원회는 약 20명 내외의 정치국이 그 핵심 조직이며 그 중에서도 핵심 권력 기관인 정치국 상임위원회가 5명에서 9명의 위원으로 현재 구성되어 있어 1주에 정기적인 회의를 갖고 국가를 통치해 나간다. 당의 고문위원회 등 원로들의 정치 관여는 1997년 덩사오핑의 사망 이후 더 이상 시행되고 있지 않다.[173)]

1997년에는 중국에게 또 하나의 역사적인 사건이 일어난 해였다. 바로 홍콩의 중국 반환이 성사된 해였다. 1997년 7월 1일이

---

172) 新華網, 「中國共產黨第十七次全國代表大會」, 2007年7月15日. http://www.xinhuanet.com/zhibo/20071015/.

173) W. Scott Morton Charlton M. Lewis, *op. cit.*, 243-244.

되자마자 홍콩에는 중국 국기가 올랐다. 중국이 실로 1839-42년 제1차 아편전쟁으로 인한 난징조약으로 홍콩을 영국에 할양하고 1898년 구룡반도와 신조계를 포함하여 할양한 후 실로 100년 만의 일이었다. 덩사오핑의 '일국양제' 를 모델로 하여 고도의 행정 자치를 이루는 특별행정구로 중국에 의해 회복된 후 지정되었다. 외교와 국방만을 제외하고 다른 기능은 준(準) 국가의 기능을 행사할 수 있는 형식으로 원래 동서양과 세계의 허브로 통하는 홍콩의 특별한 위치는 중국이 경제발전을 이루고 세계적인 강국으로 부상하는데 결정적인 대외 창구와 경제 투자와 무역의 기본 기지로 역할을 수행해 왔다. 그러므로 50년 간 향후 과거 영국 조차지로서의 기본 정치 체제의 불변이라는 체제는 중국의 전략과도 맞아 떨어지는 점을 가지고 있는 것으로 보인다. 홍콩의 이러한 역할은 점차로 상해로 이전되고 있는 것이 현재 중국의 경제 발전의 종합 전략에서 드러나고 있다.

중국의 경우 정치 구조적으로 최고의 권력은 당 군사위원회 주석직을 차지하는 것이 관례이다. 마오저둥 시절의 혁명 전통은 마오의 유명한 격언 "모든 권력은 모두 총구에서 나온다."는 인식에서 비롯된다. 혁명과 권력 장악 과정에서 유일하게 믿고 의지할 수 있는 것은 오로지 무력, 즉, 군대의 역량인 것이다. 그러므로 공산당 군사위원회와 국가 군사위원회의 주석직은 이러한 무력 통제의 최고 통수권자를 상징하는 것이고 덩사오핑도 당 총서기나 국가주석직을 맡지 않고 오로지 군사위원회 주석직 만 차지했던 것이다.

새로운 시기, 즉, 개혁, 개방과 경제발전의 원숙함과 더불어 이러한 실천에 "개혁의 총설계사"로서 이론을 제시했던 덩사오핑의 사상은 "덩사오핑이론"으로 장저민에 의해 정의되었다. 사실 덩사오핑의 개혁 이론은 이데올로기적 사상의 배경이 불분명한 성질을 띠고 있었다. 이데올로기의 분명한 시각을 보여주는 것보다 중국 역사의 전통을 계승한 집권 계층의 통치 논리의 단순화 작업의 현대판이라고 할 수 있었다. 즉, 통치계층의 이익에 기여하는 국가의 정통성 이론의 계승으로 특별한 내용이 필요한 것이 아니었다. 다만 가장 중요한 전제 조건이 국가의 통일에 기여하는 것이면 되는 것이었다. 공산주의 중국의 건국 이래로 통치 이념인 국가 이데올로기는 공산당 영도자 개인의 사상에 일체감을 부여하는 방식으로 형성되었다. 공산주의의 중국식 버전인 마오저둥 사상은 마르크스-레닌주의 사상을 중국화한 것으로 중국의 공산주의 혁명에 필요한 이데올로기를 중국식의 개념으로 전개한 것이었다. 군중노선을 중심으로 하여 농촌으로 도시를 포위하여 공산주의 혁명을 완수하는 전략과 도시의 노동자 계급 뿐 아니라 농촌의 빈농을 혁명의 주요 동맹군으로 끌어들인 것도 마르크스주의의 원전과는 사뭇 다른 중국식의 개념이었다. 마오저둥사상은 그러나 다른 공산당 지도자들의 사상과는 달리 중국 공산당의 공식 이데올로기로 지정되었다.

모든 중국 공산당에 이로운 사상은 모두 이 마오저둥사상의 범위 내로 계산하여 편입된다. 시대를 달리해도 공산당이 존립하는 한 공식 이데올로기의 주류 사상으로 자리 잡고 있는 특수한 지위의 이데올로기 형식이다. 덩사오핑 시대에는 마오저둥과는 사뭇 다른 내용의 사상을 가지고 있었다. 공산당의 사상임에는 틀림없지만 새 시대에 맞는 역사 흐름에 순응하는 표상을 상징하는 내용을 포함하고 있었다. 개혁, 개방에 맞는 개념과 체제적인 문제들을 언급한 체계로 사상해방과 실사구시 등을 중심으로 실천을 강조하는 경제개발에 중점을 두는 내용으로 이는 마오저둥사상과 구별하여 덩사오핑이론으로 공식적으로 규정되었다. 그 다음 장저민 시대에는 "3개의 대표이론"을 제시하고 있다. 공산당이 현대 생산력(즉, 기업가와 자본가들을 지칭함), 선진 문화 역량(즉, 인텔리 지식인 들을 지칭함)과 인민의 광대한 이익(즉, 노동자와

농민들을 지칭함)을 대표하는 것이라는 이론을 내놓는다.[174]

이러한 이론을 제조해 일반 인민들에게 통하게 하기 위해서는 민족주의와 유가사상 등 전통 문화의 부활의 형식에 더욱 더 신경을 쓴다. 공산당의 인민들에 대한 확고한 리더십을 확보하기 위해서는 무엇보다도 중국인의 전통적인 정서인 반외세에 의존하는 것이 가장 확실한 지지의 기반이 된다.

근대 이후 중국의 굴욕과 서양 제국주의 세력의 침략으로 인한 민족과 국가의 굴종의 역사는 중국인들에게 잊혀 지지 않는 트라우마(trauma, 정신적인 외상)의 각인을 남겨주고 있었다. 이를 해결해준 인물이 중국을 이러한 고난의 역사 속에서 구해 준 아편전쟁의 영웅 린저쉬(임칙서, 林則徐)나 "중국인이 이제 일어섰다"고 외친 마오저둥과 같은 민족의 영웅의 형상을 부단히 소조(塑造, 만들어)해 나갔다. 이것은 현재의 정권에 대한 충성심을 강조하는 방편이 되었다. 예술의 수단으로 오페라나 영화, tv 프로그램, 신문이나 잡지 기사 등을 통해 모델이 되는 농민, 노동자, 당간부 등을 선전한다. 그들은 국가에 자신을 헌신한 인물들이다. 대표적으로 레이펑(뢰봉, 雷峰)을 들 수 있다. 문화혁명기의 모범군인과 노동자로 요절하여 인민에게 추앙을 받은 레이펑은 공산당 차원에서 그의 고향인 호남성에 거대한 조각상을 건설하고 박물관을 건립했으며 1998년에는 레이펑이 기워 신은 양말 등 기념품을 전시하는 것을 관광 코스로 만드는 등 체제 충성 선전을 강화하고 있다.[175]

중국 당국은 경제 발전을 추진하는데 있어서 당면한 목표인 생산력의 증가를 이루기 위해 필요한 것은 시설이나 노동력, 외국투자의 유치 등 하드부분 등 중심으로 성장해온 정책을 대 전환할

174) W. Scott Morton Charlton M. Lewis, op. cit., 244.
175) W. Scott Morton Charlton M. Lewis, op. cit., 245.

필요성이 있음을 느낀다. 소프트웨어적인 제도와 정책이 필요한 것이다. 재정정책, 은행제도, 세금제도 등 기본적으로 필요한 정책들이 건립되기를 기다리고 있었다.

가장 대표적인 세금 제도로 1994년의 분세제(分稅制)를 들 수 있다. 정부의 재정 위기는 1980년대 말에서 본격화하여 1990년대 초 심화되기 시작했다. 재정수입의 GDP(국민총생산)에서 차지하는 비중과 중앙 정부 수입이 전체 재정수입에서 차지하는 비중이 신속하게 하락하기 시작했다. 정부의 권위와 경제 건설을 추진할 권력이 약세가 되었다. 이제 방법은 재세(財稅)개혁 등으로 재정 위기를 만회하는 길 밖에는 없는 듯 보였다. 1992년경부터 거시경제 부문에서 긴축정책을 실시하던 중 통화팽창의 현상이 나타나기 시작했다. 시장 조절가격의 비중이 1978년의 3%에서 75%로 증가했다. 여기에서 정책 결정자는 두 가지 선택의 방법이 있었다. 하나는 계획경제의 시대처럼 가격 통제를 실시하는 방법, 다른 하나는 거시 조절 방법으로 공급과 수요를 통제하는 방법의 두 가지였다. 그러나 이미 추세를 되돌릴 수는 없었다. 시장체제로 매진하는 것이다. 그 과정 중에 나타나는 여러 가지 부작용과 모순점은 그때그때 적시에 고쳐 나가는 것이다. 1994년부터 본격적으로 가격, 세수, 재정과 금융체제를 경제 발전에 상응하는 내용으로 개혁해 나가기 시작했다. 분세제의 핵심은 세제의 통일에 있었다. 과거의 유전세(流轉稅)와 개인소득세를 통 일 하여 부가가치세를 핵심으로 하는 새로운 유전세제를 건립하는 것이었다. 소비세와 자원세를 여기에 보완했다. 이러한 개혁으로 지나치게 낮은 자원 가격을 수정하고 환경보호 등의 목적을 이루기 위한 것이었다. 내자(內資)와 외자(外資)를 통일적으로 기업소득세제로 통합했다. 성격이 애매하여 기업에서 사용 용도기가 불분명한 기금(에너지교통기금과 예산조절기금)을 취소했으며 내, 외로 구별했던 개인소득세제도 통일했다.[176] 이렇게 하여 공평한 기업 세제를 확립하여 국가와 기업의 분배 관계를 명확히 처리하고 국영기업의 과거와 같은 재산 관념의 불명확성과 경영으로 인한 비용과 수익 등 경제활동에서 일어나는 기본 처리 문제 등을 투명하게 하는데 그 목적이 있었다. 세원(稅源)을 정확히 포착하여 정부의 재정 적자를 해소하기 위한 것이 가장 큰 목적이었다.

이로써 국가 재정정책은 초보적인 제도를 갖추게 되었다. 부가가치세를 중심으로 하는 분세제로 인하여 그동안 법제가 아닌 인적(人的) 요소에 의하여 행해져 왔던 세금 누출과 감면의 문제를 유효하게 해결할 수 있었다. 분세제 실시 3년 후 1996년 국민 경제는 '연착륙'에 성공하여 국내 생산 총 가치는 9.6% 증가하고 물가지수는 전년 대비 8.1% 증가하여 '고성장 저 통화팽창'의 추세가 나타났다. 1998년 정부는 '공공재정'의 청사진을 제시했다. 그 핵심 내용은 수입 부분의 개혁과 재정예산관리체제 개혁을 시동하여 재정 지출 구조를 개선하는 것에 있었다. WTO 가입 이후에는 국제관례에 따라 세제 개혁을 계속 진행하여 2002년 1월부터 중앙과 지방의 예속 관계를 타파하여 소득세를 공향(나누게)하게 되었다. 중앙과 지방은 각각 50%씩 소득세 수입을 나누는데 2003년 이후 세금 소득이 증가하여 중앙은 60% 지방은 40%로 조정하였다. 중앙 정부 수입의 증가는 주로 중서부 지역의 일반성 기출 증가와 지역 차이의 축소 등에 기인한 것이었다. 2008년에 다시 소득세 개혁을 단행하여 내외자(內外資) 소득세가 마침내 합병되어 기업 간의 공평 경쟁과 시장 통일 질서를 확립하게 되었다. 부가가치세 개혁의 방향은 "선 전형(轉形, 개혁과 형식의 변화) 후 확위(擴圍, 범위의 확대)"[177]로 개혁을 일부분 지역에서

---

176) 和新網, 「破舊立新分稅制」, 2008年7月12日.
http://news.hexun.com/2008-07-12/107387479_1.html.

177) 和新網, 「破舊立新分稅制」, 전게문.

시범 케이스로 실시한 후 그 효과를 보아 실시 지역을 확대하는 방법을 사용했다. 이 방법은 중국정부가 개혁, 개방 이후 경제에 관련된 모든 개혁에 있어서 사용된 실험과 점진개혁 방법의 방법론에 해당하는 부분이었다.

중국이 개혁과 개방의 새로운 시대를 개막하고 20년이 지난 시점인 1999년 전국적으로 개혁, 개방의 정책이 기본적으로 실현되어 갔다. 그러나 그와 동시에 동부의 발달된 연해 도시의 경제발전의 추세와는 달리 중부와 서부지역은 상대적으로 낙후와 빈곤의 상대적인 박탈감을 느끼는 지역으로 전락하고 있었다. 서부 대개발은 이렇게 나온 국토 종합 균형 발전 정책으로 출현한 것이었다. 1999년 6월 공산당 총서기 장저민은 서부 대개발 전략을 발표한다. 이렇게 서부 대개발은 2000년의 중요한 국가 전략으로 설정된다. 그 범위는 중부지역의 내몽고와 과거 동부지역으로 편입되었던 광서성을 서부 대개발 지역으로 편입한다. 이렇게 모두 12개 성(省)과 시(市)가 서부 대개발의 범위 내에 편입되었는데 그것들은 서북의 5개성인 협서성, 감숙성, 청해성, 영하회족자치구와 신강위구르자치구이며 서남의 5개성으로 사천성, 중경시, 운남성, 귀주성과 서장자치구 및 광서장족자치구, 내몽고자치구[178]를 포함하는 곳으로 향후 이곳들에 투자를 유치하기 위해 여러 가지 정부 차원 및 지방 정부의 우대조치를 부여한다.

2006년 세계 최대의 공정(工程)이라고 불리는 삼협(三峽) 댐이 완성되었다. 5월 20일 오후 2시 댐의 마지막 콘크리트 댐을 완성한 시각이었다. 총 1600 여만 입방미터의 시멘트가 사용되었다. 1미터 체적의 물건으로 계산하면 지구를 세 바퀴 도는 양이었다. 해발고도가 185미터, 총 공정 시간 3080일 및 하루에 2만 입방미터의 콘크리트 제조의 세계기록을 가지고 있는 수력댐 이다. 그러

178) 和訊網, 「1999年中國要實施西部大開發戰略」, 2008年9月22日.

면 왜 이런 중국 역사상 대규모 댐 공사가 필요했을까? 에너지를 많이 사용하는 중국은 생산을 위한 에너지 사용량이 선진국의 2배에서 5배까지 과다하게 쓰인다. 또한 경제발전에 따른 에너지의 사용량이 가하 급수적으로 증가한다. 이러한 추세에 맞추어 에너지가 급속도로 다량이 필요하게 되었고 전력의 부족은 생산과 생활에 많은 부족을 야기한 것이 사실이었다. 32개의 발전기가 2011년 모두 발전에 투입되면 중국은 이 이후 삼협댐을 중심으로 하는 전국 전력망을 구축하게 된다. 이때가 되면 1000억 도(度)의 발전량이 산출된다. 이로 인한 전력량은 중국 전국의 절반 정도인 주강삼각주와 장강삼각주 그리고 중부 지역을 감당하게 되는 어마어마한 양이 될 것이다.[179] 이로 인하여 113만 명의 수몰민이 발생했고 3500만 평방미터의 집이 철거되었으며 환경보호의 문제와 인근 국가인 한국 등지에 악영향을 미치는 엄청난 결과를 가져온 공정이었다.

2008년에는 우주계획이 진일보 발전되어 유인우주선인 선줘(신주, 神舟) 7호가 발사되어 유인 우주선 세계 기록 3위의 국가가 되었다. 이는 중국의 세계 전략의 일부분으로 로켓 발사 등의 국방 뿐 아니라 TV, 방송, 전화 등의 통신 시스템 등을 모두 위성을 통한 전파의 기술이다.[180] 이로 인하여 미국과의 본격적인 우주 개발 경쟁 시대가 성큼 다가왔다. 신 재료와 신에너지 발전의 국민경제 5대 영역의 발전 청사진 등 세계 강국으로서의 면모를 갖추려 하고 있는 것이다.

2008년 7월 10일 자 미국 포춘(Fortune) 잡지의 보도에 따르면

---

179) 新華網, 「我國2011年將形成三峡爲中心的全國電網」, 2008年10月14日. http://news.hexun.com/2008-10-14/109896204.html.

180) 第一財經日報, 「"神七待飛航天技術民用化拉動中國工業發展」, 2008年10月17日. http://news.hexun.com/2008-10-17/110059141.html.

현재 세계 500대 기업에 중국기업에 35개가 포함되었다고 보도했다. 이 중 내지(內地), 즉, 중국대륙기업이 26개, 홍콩 3개, 대만 5개이며 그 중 19개가 중앙기업이다. 중국석유화학이 1592.6억 달러의 매출액으로 16위에 링크되어 있다.[181]는 자랑 같은 보도는 중국의 현실과 개혁에 대한 인민의 일반적인 생각을 말해 주고 있는 듯하다.

181) 新華網, 「19戶中央企業入圍《財富》"世界500强" 榜單」, 2008年7月10日. http://news.hexun.com/2008-07-10/107342161.html.

제2절 정치, 사회 체제의 다원화

개혁, 개방을 시작한 북경 당국의 결심은 1989년 천안문 사태를 경험한 후 주춤하게 된다. 당시 학생들의 자유와 민주를 위한 소박한 청원이 국가의 중대한 사태 발생을 야기하고[182] 결국 비극적인 파국을 맞이하게 되는 사태로 발전하게 된 것은 무엇보다도 공산당의 집권당으로서의 영도적인 지위를 부정했기 때문이었다. 이는 공산당과 덩샤오핑이 절대로 양보할 수 없었던 4대 견지(堅持, 꼭 지켜야 할 사항, 중국 정치가 정책을 수립하고 이를 집행하는 범위를 정하는 가장 기본적인 테두리를 얘기한다.), 즉, 마르크스-레닌-마오저둥주의, 사회주의 노선, 인민민주독재 및 가장 중요한 사항으로 공산당의 영도의 네 가지 중국을 존재하게 하는 기본 전제 조건을 가리키는 말이다. 중국은 특히 개혁, 개방 이후에 이 "4대 견지 사항"에 대해 끊임없이 강조하고 있으며 이는 개혁, 개방의 과정 중에 나타날 수 있는 공산당에 유해한 정신적 물질적 요소를 미연에 방지하기 위해서이다. 그러므로 공산당 영도에 대한 부정은 가장 심각한 공산당에 대한 도전이며 이는 심지어 중국 국가의 존립보다 더 중요한 문제이다. 중국은 당국(黨國, 당과 국가, 당 다음 순위가 국가)이라는 개념을 강조하여 혁명정당의 역할이 무엇보다도 중요함을 주장한다. 심지어 국가보다도 중요한데 그 이유는 두 가지이다. 하나는 정당이 있으면 혁명의 불씨를 지펴 국가를 건립할 수 있는 것이다. 또 다른 하나는 마르

182) 서양에서는 1989년 천안문 사태를 Tiannanmen Square Catastrophe로 명명하고 있다. 주지하다시피 Catastrophe는 "재난"을 의미하는 불길한 용어이기 때문이다. 일반적으로 비참하고 불운한 불의의 변이(變異)를 나타내는 말로 그리스 비극 등에서 역전(逆轉)을 뜻하는 예기치 않은 비극적인 결말을 가리키며 대단원, 파국 등으로 해석된다.(네이버 백과사전, "catastrophe", http://100.naver.com/100.nhn?docid=150516.)

크스의 정치 이론에 의하면 국가는 결국 소멸하게 되는 중간 과정의 산물에 불과하다. 국가의 소멸이 마르크스주의의 궁극적인 목표의 하나이며 사회주의의 과도단계를 거쳐 계급사회를 종식시키는 공산사회로 전이되는 것이다. 그러므로 국가에 대한 관념이 서양 자본주의 사회와 달리 정당보다 강하지 않다. 이러한 정치와 역사의 전통에 의거하여 중국은 극단적으로 없어지더라도 정당만 남아 있으면 새로 국가를 만들 수 있으므로 볼세비키 무산계급자의 정당은 그만큼 중요한 권력 장악의 핵심 도구인 것이다.

1989년 학생의 소요사태는 이러한 공산당의 위기의식을 극단적으로 보여주는 사건으로 한편으로는 마오저둥이 그렇게 경계하고 두려워했던 자본주의가 다시 부활한 것으로 볼 수도 있을 만한 사건이었다. 몇 가지 그 당시의 역사적 의미를 생각해보자. 첫째, 현대적 의미에서의 커뮤니케이션(소통)이라는 수단은 정치운동에 필수 불가피하게 중요한 것이었다. 학생들이 그들의 메시지를 중국을 거쳐서 전 세계에 퍼지게 이를 활성화했다는 의미에서 그렇다. 미국과 영국이 이 시위자들에게 정보를 제공해주고 힘을 북돋아 주었던 것이었다. 중국정부가 통제하고 있었던 정부 바깥의 정치에 관한 정보는 이메일과 인터넷 웹을 통하여 공산당에 지속적으로 위협적인 것으로 보이기에 충분했다. 둘째, 학생운동은 그 시발점에서부터 국부적이거나 지방적인 성격이 아니었다. 전 중국에 반향을 불러 일으켰으며 사회의 다양한 분야에 영향력을 미쳤다. 마치 시민전쟁이나 내전 같은 성격을 띠기도 했고 이에 대응하는 정부는 무력 진압 밖에는 다른 대안이 없을 정도였다. 셋째, 정부 지도자들은 8인의 원로들이 당의 제도 안에서 통일된 의견과 행동을 보여줌으로써 지도자들 간의 의견 통일을 보일 수 있었다. 결국 공산당이 극단적인 진압의 전략을 사용했던 것이 가능했던 것이 바로 이러한 원로들의 의견 통일에 힘입은 바 컸던 것이다. 공산당은 세계적인 비난과 인민의 지지를 약화시키며 무엇보다도 개혁, 개방 정책에 적신호가 될 무리한 무력진압 수단을 씀으로써 중국 사회에 퍼져 있는 민주적인 역량을 무력으로 진압할 수 있다는 의지를 천명 하는 역할을 수행했다. 천안문 사태의 경험은 공산당이 후일 이와 유사한 사태인 민주당 사건(1998-1999) 및 파룬궁(법륜공, 法輪功) 사건(1999-2000)에 이와 같은 방식으로 대처한다는 하나의 모델을 보여준 결과가 되었다. 중국 사회의 독립적인 조직에 대한 하나의 지침이 되었다. 넷째, 학생 운동 초기에 학생 측과 정부 측 모두 상당히 자제하며 행동했지만 극단적인 수단을 취하는 것을 방지할 국가 체제의 제도적 한계가 없었다. 정부는 국제가를 부르며 정부지도자들이 그들 스스로 개혁이 필요한 것으로 인정하는 그러한 개혁을 요구하는 학생들을 즉각적으로 공격할 수 없었다. 신중한 학생들과의 대화가 학생들의 자발적인 조직의 정통성을 인정하는 것이고 이것은 공산당의 체제와 양립할 수 없는 것이었다. [183]

그러나 끊임없는 이데올로기 작업으로 실용주의적 이데올로기를 확립해 나갔던 공산당은 그 후 중국에서 절대적인 권위주의 체제의 수호신으로 군림하게 된다. 왕조시대와 마찬가지로 문관(文官), 즉, 관료계층은 부단히 사회 각층에서 충원되었으며 공산당에 가입하는 것이 사회에서 가장 출세하는 하나의 방편으로 젊은 이들에게 일반적으로 인식되었다. 공산당원, 특히 간부는 사회 전 영역에서 지도자의 지위를 차지할 수 있었다. 마을 지도자, 학교 행정담당자, 공장 관리자, 언론 편집자, 경찰 간부, 정부 모든 부문의 관료 등에 걸쳐 당 간부의 지위는 보장되어 있었다. 경찰과 군대, 그리고 농촌 행정 등에 영향을 미치고 지휘할 수 있는 권한이 부여되었다. 국가의 중요한 기간산업의 기업들은 모두 당의 인준을 거쳐야만 운영이 가능했다. 이렇게 때문에 사회에서의 출세

183) W. Scott Morton Charlton M. Lewis, *op. cit.*, 240-241.

를 꿈꾸는 젊은이들에게 당원은 가장 매력적인 신분 상승의 기회임에 틀림없었다. 특히 사회 엘리트 계층의 젊은이들에게는 더욱 그러했다. 청화대학의 예를 들면 현재 중국 최고 권력자인 후진타오의 모교로서 중국 최고의 학부(學府)의 명예를 지니고 있다. 2002년 현재 3분의 1의 학생들이 공산당에 입당할 것에 관심을 보이고 있었다. 또 학부 학생들 중에서 12%의 학생이 이미 당원이고 30%의 대학원생이 당원의 자격을 이미 확보하고 있었다. 공산당은 이렇게 사회에서 중앙집권형의 모델을 유지하면서 사회 전 영역에 그들의 영향력을 확보하고 조직을 강화하고 있었다. 2002년의 경우 전체 당원의 35%가 여성이며 7%가 소수민족이고 47%가 대학 이상의 학력 소지자였다. 정부 관료 중에 95%가 당원이었으며 81%가 대학 이상의 학력 소지자로 밝혀졌다. 그 중에는 박사 학위자도 다수 포함되어 있었으며 중국 건국의 취지와는 달리 노동자와 농민이 아닌 기술 관료가 중심이 되어 중국의 국가 발전을 이끌어 나가고 있다.[184)]

공산당이 개혁, 개방 시대의 역할은 통제를 위주로 소극적으로 사회와 문화의 다양화 추세에 대응하고 있는 것이 현재까지의 주요 추세이다. 대표적인 통제의 현상이 바로 정보 체계에 대한 통제의 방법이다. 모든 언론과 출판물 및 인터넷 콘텐츠는 심한 검열과 통제를 받고 있다. 대만, 티벳, 위구르 독립 운동, 파룬궁 종교집단, 남북 운하 사업 등 많은 이슈가 통제된 후에 발표되고 있다. 수많은 저서와 책들이 판금(販禁)되었으며 그 중에는 소설, 학술 저작물 등으로 주로 빈부의 소득 차이와 삼협댐 프로젝트와 같은 국가사업을 둘러싼 침수되어 집과 토지를 잃은 농민들의 애환을 다룬 소재들에 대해 엄격한 통제를 실시하고 있는 실정이다. 인터넷 통제가 가장 심각한데 이것은 세계에서 가장 심각한 수준

184) W. Scott Morton Charlton M. Lewis, *op. cit.,* 243-244.

이라고 평가되고 있는 부분이다. 이것은 1999년 천안문 광장에서 만 명의 시위자들이 파룬궁의 인터넷 연결을 통하여 집결토록 된 것을 본 후에 특히 강화된 부분이다. 하버드 법학대학원 조사에 따르면 2002년 중국이 전 세계에서 가장 광범위한 인터넷 검열을 실시하고 있는 국가로 나타났다. 구글, 알타비스타와 야후 등 검색 엔진들이 안전을 위험하게 하고 방해하며 법률을 위반하거나 미신을 퍼뜨릴 수 있다는 등의 각종 명목으로 정치 정보에 대한 웹사이트를 막도록 압력을 받고 있는 것으로 드러났다. 글로벌 시대에 필요하다고 판단되는 상업, 교육, 문화와 오락 등의 사이트만이 비교적 쉽게 접근할 수 있었다. 등록되지 않은 인터넷 카페는 철폐된다. 최근 중국의 인터넷이 "민주화" 시킬 기술의 역할을 담당할 것이라는 시각이 의문시 되어 가고 있는 형편에 처해 있는 것이다.[185]

과학에 대한 공산당의 통제로 중국의 현실이 복잡한 상황에 처하게 되었다. 과거 20세기 마지막 20년 동안 38만 명 이상의 유학생이 과학 공부를 위해 해외로 빠져나갔다. 그리고 그들 중 3분의 1정도가 돌아오지 않았다. 그들은 중국 내의 연구기관과 연계를 맺고 외국에 머물면서 활동하고 있었다. 중국 내에 수많은 과학 연구 기관이 설립되고 있었고 과학자의 수가 급속히 증가했다. 이들은 국제적인 과학 연구와 조사에 왕성한 참여를 보여 후일 중국이 경제 강국으로 부상하는 기틀을 마련하는데 일조했다. 그러나 당의 통제가 항상 문제였다. 많은 젊은 과학자들과의 인터뷰에서 밝혀졌듯이 그들은 전통적인 서열 중심의 체계(seniority)의 부담감을 느끼고 정부 기관이 정치적인 목적과 필요에 의해 과학 조사를 결정하는 것에 한계를 느끼고 있었다. 2001년까지 공산당은 서양 국가들에서 보이는 과학적인 조직의 특성인 완전한 자율적

185) W. Scott Morton Charlton M. Lewis, *op. cit.*, 243-244.

조직을 여전히 금지하고 있었다. 2003년 여름 세계보건기구(WTO)는 SARS(급성호흡기질환)의 발발에 대해 국제 과학 잡지에 발표하지 않았다는 점에 대해 불만을 나타낸바 있다. 250만 명을 유지하고 있는 인민해방군에 대한 통제도 공산당의 중요한 역할이다. 군부(軍部)는 7개 군구(軍區)로 나누어져 있으며 국무원 소속이 아닌 공산당 중앙군사위원회 소속으로 그 통제를 받게 되어 있다. 1991년 걸프전에서 이라크가 중국에서 무기를 지원받아 중국과 유사한 기술 수준으로 무장하고 있었으며 중국 군부는 이렇게 무기를 해외 유출과 판매를 하고 이를 군부사기 앙양의 방법으로 채택하고 있다. 군부는 매년 상당한 수자로 예산을 늘려가고 있는 추세이다. 중국의 해군과 공군력은 기술력을 비록 갖추었다고는 하나 대만 해협을 침범하기는 아직 수준에 오르지 못한 전력수준을 가지고 있는 것으로 평가된다.[186)]

핵무기는 전통 전력(戰力)을 보강하는 가장 중요한 수단 중의 하나이다. 핵무기 현대화는 중국이 가장 심혈을 기울인 숙원사업 중의 하나였다. 이는 다음 몇 가지 요소가 당시 중국에 있었기에 비로소 가능했다. 첫째, 소련의 위협이다. 소련은 미국을 능가하는 세계 최고 수준의 핵무기를 보유한 국가였다. 냉전 시대의 산물이었지만 1960년대 들어서 소련과의 이념 갈등으로 야기된 무력 충돌은 중국과 마오저둥에게 가장 공포스런 위협이 되었다. 중국은 이에 대비하기 위해 혹독한 대가를 치러야만 했다. 미국과 소련의 대결로 인하여 중국은 그 틈바구니에서 철저히 양 초강대국에 의해 낙후된 국가로 또 전력이 보잘것없는 국가로 무시되었고 자력갱생의 기본 경제 전략과 독립자주의 외교노선의 양대 국가 기본 정책 축의 실시로 인하여 폐쇄된 국가로 죽(竹)의 장막을 설치한 꼴이 되어 발전이 매우 더뎠다. 중국 내지의 3선

186) W. Scott Morton Charlton M. Lewis, *op. cit.*, 244-245.

건설로 인한 경제 발전의 지체와 과다한 비용부담, 마오저둥의 산아장려정책으로 후일 1970년대 말에 드디어 1자녀운동이라는 세계 초유의 명문에도 없는 정책을 실시하게 된 빌미를 제공했다. 산아장려정책은 마오저둥이 소련의 원자탄과 수소탄의 공격을 두려워한 나머지 인구를 늘려 거기에 대응하려는 생각을 극단적으로 나타낸 것으로 심리적으로 얼마나 소련에 대해 두려워했는지가 단적으로 드러나는 일이다. 둘째, 해외로부터의 애국적인 중국인들, 특히 과학자들과 세계적으로 성공한 경제인들 등 해외 중국인 및 화교들의 성원과 적극적이고 희생적인 고국을 위한 헌신 덕분이었다. 천쉐선(전학삼, 錢學森) 등 세계 정상급 과학자들이 줄줄이 귀국하여 중국을 위해 과학, 국방과학과 신생 중국 건설에 소용되는 각종 경제적 및 학문적 소양을 다 바친 덕분에 중국이 숙원이었던 원자탄을 드디어 1864년 보유하게 되어 소련의 위협으로부터 한 숨 돌리게 되었던 것이다. 곧 이어 1966년에는 수소탄을 보유하게 되었다. 냉전의 세계적 정치 상황에서 사방에 둘러싸여 있었던 중국이 국방의 자립 기반을 짧은 시간에 이루어낼 수 있었던 원동력은 바로 이 두 번째 이유인 해외 중국인과 회교들의 공헌이 컸다. 중국인 특유의 문화와 세계 각지에서 기반을 이루고 현지에 적응하여 생활하고 있는 해외 중국인은 그들의 사고의 유연성과 각고(刻苦) 분투노력하는 민족성 등이 어우러져 후일 1980년대 중국의 경제 발전을 이루어 나가는데 초석의 역할을 담당하게 된다.

중국은 1966년까지 계속하여 45 차례나 핵폭발 실험을 강행했고 이 중 23번의 대기 중 실험과 22번의 지하 핵실험을 실시하여 세계를 우려의 분위기로 몰아넣었다. 마침내 1996년 포괄적인 핵폭발실험 금지조약에 서명한 후에야 이러한 핵실험이 자제되었다. 그러나 1968년부터 정규적으로 핵무기를 생산하기 시작하고 1874년에는 열핵무기(thermonuclear)를 규격화하여 생산했다.

2003년의 자연자원보존위원회(Natural Resources Defense Council)의 연구에 따르면 중국인 이미 400기 가량의 지상 전략과 전술폭격용 탄두를 보유하고 있으며 전술핵에 대해서는 그 존재를 부인하고 있다. 국제 전문가들은 중국이 국방과 무기 생산에 열중하는 이유는 글로벌 수준으로 중국을 끌어올리기 위한 충분한 무기를 제조해 낸다는 계산과 억지력을 가지기 위해서이고 국가 파산을 방지하기 위한 최소한 한도의 무기를 생산한다는 입장이다. 미국, 일본, 대만이나 대한민국 주변의 대 미사일 방어 시스템을 배치한다는 미국의 결정은 중국으로 하여금 더욱 더 핵무기 발전에 가속화할 수 있는 도발의 기회를 제공할 수 있다고 전문가들은 진단한다. 당분간은 미국이나 러시아 수준으로 발전되지는 않겠지만 중국의 핵무기 역량은 대만을 위협하기에 충분한 정도이며 미국의 전문가들을 우려하게 만들기 충분한 정도인 것이다.[187)]

초강대국으로 면모를 일신하려는 야심에 찬 중국은 급기야 우주계획을 발전시킨다. 1999년부터 2003년까지 유인우주선을 궤도에 진입시킨다는 계획으로 감숙성 지우췐(주천, 酒泉) 우주 기지에서 네 차례의 무인 우주선 발사 계획을 진행했다. 우주선 명칭을 선줘(신주, 神舟) 우주선으로 명명하고 5번째 선줘 5호 발사를 2003년 10월 14일 실시하여 유인우주선을 쏘아 올렸다. 발사 다음 날 무사히 귀환하여 유인우주선 계획의 성공은 중국에 상당한 정도로 위신을 세워 주었고 우주 기술을 해외에 판매하려는 계획을 앞당겨 주었다는 점에서 공산당 지도자들에게는 고무적인 일이었다. 이에 자신을 얻은 지도자들은 더욱 더 야심찬 계획을 계획하고 이를 실현하려 하고 있다.[188)] 국방과 맞물린 우주계획

187) W. Scott Morton Charlton M. Lewis, *op. cit.*, 245-246.
188) W. Scott Morton Charlton M. Lewis, *op. cit.*, 246.

은 결국 전술한대로 2008년 유인우주선 시대를 여는 세계 제 3번째 국가로 발돋움한다.

사회와 문화가 통제하기 어려울 정도로 국제화 되어 가고 있는 과정에 놓인 중국은 인민들이나 중국에 관심 갖는 사람들로 하여금 정치 자유화가 실현될 희망에 부풀게 하는 여러 가지 조짐이 나타나고 있다. 그러나 한편으로 보면 이와 더불어 중국 당국의 정치적 자유 억제와 통제는 더욱 가일층 심해져 가고 있는 것이 실정이다. 정치 자유화 조짐과 그에 대한 중국 정부의 행동을 보자. 예를 들어 전국인민대표대회를 보면 정치 민주와 정치 자유화가 요원한 한갓 꿈이라는 사실이 명백해지는 실상을 알 수 있다. 전국인민대표대회는 헌법에 명시된 국가 최고의 권력기관이다. 국가의 모든 권력은 모두 이 전국인민대표대회에서 나온다. 한국의 국회와 같은 입법과 대의의 기능을 가지고 있다. 그러나 그동안 중국 공산당의 1당 독재로 인한 형식적으로 국가 정책을 추인하는 식의 고무도장 역할을 수행해 왔다. 또한 국가에 대한 인민 주권 행사의 전위대 역할을 담당했다. 3000 여명 이상의 인민대표는 성(省)급 이하에 3단계의 지방 행정 단위의 하급 인민대표대회가 존재한다. 그리고 그들은 모두 공산당원들로 구성되어 있다. 이 하급 인민대표대회가 최근에 그 권력을 확장하고 있다. 광동성 같은 지역은 인민대표대회 법률 심의와 통과 뿐 아니라 스스로 법률을 제정하고 성정부의 권력 행사에 잠재적인 통제의 수단으로 되어 가고 있다. 국가 인민대표대회에서도 과거보다 더욱 군중의 정서를 대변하고 반영하는 방향으로 전개되고 있다. 촌 인대(인민대표대회의 약칭)는 제한적이나마 선거도 치르고 있다. 이러한 선거는 공산당이 철저하게 통제하여 당에서 후보를 출마시키며 투표수는 비밀에 부쳐지고 있다. 리루이환(이서환, 李瑞煥) 전임 전인대 상무위원장 같은 경우는 5만 명 이하의 촌 정부에서는 선거를 실시해도 좋다고 주장하며 현(縣)이나 성(省)급의 경우로 나

중에 확대될 수 있을 것이라는 난관적인 견해를 편다. 그러나 후일 이러한 청사진은 모두 수포로 돌아간다. 가장 기층(基層, 행정의 가장 기본 단위)인 농촌의 촌(村)과 도시의 가도(街道)의 선거조차도 제한적이고 범위가 거의 축소되어 실시되고 현재는 그나마 정지되어 있는 것이다. 여하튼 이러한 발언이 정부가 민주주의를 결코 선호하거나 옹호한다는 것이 아니다. 선거나 자유 언론, 사법의 독립 같은 제도가 현재 통제를 위주로 하는 체제 및 인대대표의 기율 체계를 보완할 수 있는 체제를 수립하는데 좋은 기회라고 여겨지는 상황에 처해 있다.[189)]

정치 자유화의 또 다른 원천으로 "대중 조직"을 들 수 있다. 공산주의 정부가 들어서기 이전에는 지역별로 군중을 동원하기 위한 수단으로 주로 만들어지고 이용되었던 대중 조직이 현재 20만개 이상으로 늘었으며 정부에 반드시 등록해야 하며 공산당의 통제를 받고 있다. 그러나 현재 등록된 조직과 같은 수 정도로 평가되는 비 등록 조직들이 사회에서 다양한 기능들을 제공하고 있다. 이러한 기능들에는 이주 노동자, 핍박받는 주부들, 교육 서비스 등 다양한 현 시대의 사회적 요구에 부응하고 있는 것이다. 이러한 조직들은 서양에서 비정부조직(nongovernmental organizations, NGOs)로 성장할 가능성이 있는 것이다. 이는 정부나 당에 독립적인 제도가 될 것이다. 이러한 다양한 사회 변화가 더욱 더 진화할 가능성이 제기되고 있다. 그러나 현재 정부는 독립적인 노동자, 농민과 학생조직을 금지하는 정책을 다소 완화할 움직임이 전혀 없는 것이다.[190)]

인권(人權, human rights)은 중국 국가의 이미지와 공산당의 정책에 항상 따라붙는 용어이다. 인권 문제에 있어서 서양과의 차이

---

189) W. Scott Morton Charlton M. Lewis, *op. cit.,* 246-247.

190) W. Scott Morton Charlton M. Lewis, *op. cit.,* 247.

가 존재하는 것인가? 아니면 각각 국가별로 적절한 인권 정책이 존재하는 것인가? 중국은 역사적으로 개인의 자유나 재산권, 생활의 권리와 자신보호권 보다는 공동체나 그룹의 권리를 강조했다. 근대에 들어서서 중국은 자유와 민주의 문제에 대한 중국에서의 적용 가능성과 그 사상의 본질 등에 대해 많은 논쟁이 있어왔다. 당시 저명한 사상가이자 계몽가인 량치차오(양계초, 梁啓超)는 민주의 개념을 개인이 단체(그룹)와 조화를 이루는 데에서 개인 이익이 확보되고 전체를 위하여 시민권이 정부에 대해 성취한 자유의 의미에서 정치 참여의 자유를 해석했다. 공산당 집권 이래로 민주에 대한 담론(談論, discourse, 즉, 이론이 아닌 주장들, 주로 어떤 목적으로 위해 사용되는 언어와 논리)은 그 전통을 이어받아 이러한 집단을 우선시하고 개인은 집단을 위해 권리를 주장하지 못하는 틀 안에서 계속 유지되어 왔다. 천안문 사태에서 학생들이 문제 삼았던 것은 통치 과정에 있어서의 공개성의 확대를 모색했던 것이지 다원주의적 민주주의에 기초한 정부를 원한 것은 아니었다. 중국에서는 개인이 반체제 인사인 경우 법적인 보호를 받은 역사적 경험이 전혀 있지 않았던 것이다.[191)]

1949년 이후 중국 공산당 정부의 법률 체계는 프롤레타리아, 즉, 무산계급의 독재를 위해 복무(봉사)하도록 설계되어 있었다. 그 명목이 "인민의 보호를 위하여"라는 제목을 달고 있었다. 중화인민공화국 건국 이후 법률 체계는 다음 세 가지 차원을 거쳐 기능을 하게 제정되었다. 그 세 차원은 범죄를 조사하여 혐의자를 구금하는 것에 중점을 두는 공공 안전 체계와 혐의자에 대한 우선 입건 처리와 기소 규정 및 인민법원의 판결 통과로 구성되어 있다. "문화혁명" 시 공식 법률이 모두 혼란 속에서 무력화 되어 버렸다. 새로운 형법 체계는 1979년에 건립되었는데 애매모호한 반

191) W. Scott Morton Charlton M. Lewis, *op. cit.*, 247.

혁명 행위에 대한 범죄구성이 웨이징성(위경생, 魏京生)에 대한 반체제 인사 사건에 처음 적용되었다. 1980년에는 법률에 대한 훈련을 받은 인원이 3천 명 정도였는데 법률 서적이 거의 없었다. 2000년에 들어서 10만 명의 변호사가 전국에 포진하게 되었는데 오늘날에 조차도 기소된 후에 비로소 법원의 심리가 시작되고 변호사는 무죄를 위해 노력하기보다 형량의 감량을 위한 방법을 찾기를 기대한다. 이러한 법률의 초기 형식은 변화되었으나 반드시 인민의 권리에 대해 형편이 더 좋아진 것은 아니었다. 1997년 반혁명 범죄는 중국적 상황에서 제거되었으나 국가 안전에 대한 범죄로 대체되었고 정치와 사법 범죄 행위에 대한 일괄 기소의 형식으로 전환되었다. 새로운 법조문의 적용에 의하면 민주당 사건은 몇 명의 지도자는 민주주의 벽(壁) 사건이 국가전복 규정으로 기소된 사건이 터진 해에 조직되었다. 2000년 중국 관료는 1300명이 반혁명 범죄로 감옥에 있다는 발언을 했다. 2002년 미국 국무부는 약 2천 명의 1989년 민주주의 운동 참여자들이 아직도 감옥에 있다는 믿을만한 소식통의 말을 인용하여 보도하고 있다. 중국 당국은 1998년 10월 비준된 시민과 정치권리 국제조약을 아직 비준하지 않고 있다. 근로자의 권리도 계획경제가 허약해짐에 따라 약화되어가고 있다. 서북부 지역에 조직된 노동자의 시위 항의 사태로 많은 노동자가 감옥에 갇히게 되었다. 중국 무슬림 인구에 대한 억압이 미국에서 일어난 2000년의 911 테러사건 이후 점차 증가되고 있다.[192)]

150만에서 200만 명 가량을 수용하고 있는 1400개의 감옥은 범죄와 정치범을 동일하게 취급하고 있다. 대부분의 감옥 죄수는 노동을 부과하며 농업, 공장일과 여러 가지 공공사업에 투입된다. 하루에 노동량을 채우지 못하면 여러 가지 처벌과 불이익에 따른

192) W. Scott Morton Charlton M. Lewis, *op. cit.*, 248.

다. 서부 지역인 신강, 청해, 감숙성 지방이 가장 심한 실정이다. 그곳에서는 노동이 주로 농업에 치중되어 있으며 도시화된 동부 지역보다 죄수들에게는 형편이 오히려 더 나은 편이다. 정치적 이유로 형을 받은 사람들은 1950년대 초반부터 1980년대 중반의 기간 동안 증가했으며 수많은 정치범들이 신강이나 청해로 보내진다. 성(省)에 따라 감옥 체계가 상당히 차이가 있지만 중국 감옥은 오늘날 타국의 감옥과 같은 기능을 수행하는 것으로 이해된다. 즉, 기소된 사람들을 투옥하고 사회로부터 격리한다. 공산주의자들이 일찍이 가졌던 정치범은 노동과 교육을 통해 준법적인 시민으로 개조된다는 믿음은 이미 버려졌다.[193]

중국에서의 법치의 실시 중의 특징은 사형제도의 광범위한 사용이다. 자본에 대한 90 가지 가능한 범죄는 장부, 즉, 비폭력적인 경제범죄에 대한 것이다. 세금 포탈, 포주행위, 횡령과 같은 범죄들이다. 1999년 국제사면조직은 1990년대 10년 동안 중국에서 사형 집행되거나 선고된 경우가 세계의 다른 국가들에서 이러한 경우의 사람 수를 합한 것보다 많다고 결론내린 바 있다. 남부지역의 외국인들은 머리에서 등까지 온통 탄환으로 무장한 사람들이 사형 집행되기 위해 뚜껑이 열린 트럭으로 운반되는 것을 목격했다고 한다. 내부 보고서에 따르면 1998년부터 2001년까지 6만 명 이상이 사형집행 되었다고 한다. 이는 매년 15000명 선을 연 평균 넘는 수치이다.

최근의 또 다른 정치범을 통제하는 방법은 정신병원을 건축하는 일이다. 2002년까지 주요 도시들에 산재하여 20개 이상의 병원이 건축 중이다. 이러한 수용소는 통상 안강(安康)병원이라고 명명하고 경찰이 통제하고 있으며 1000명의 수용자를 수용하는 규모로 천진의 이러한 병원은 2000명을 수용하고 있는 것으로 보

193) W. Scott Morton Charlton M. Lewis, *op. cit.,* 248.

인다. 국가에 대한 비판을 한 자는 형기 없는 기간 동안 억류되며 정신을 마비시키는 약물이 종종 투입된다.[194)]

개혁과 개방 정책은 중국을 중심으로 하는 정세의 변화를 야기했다. 미국과의 관계 개선과 일본과의 국교 정상화 등은 중국이 국제무대의 전면에 나서는 계기가 되었으며 경제 교류를 중심으로 활발한 대외 교류가 진행되고 있는 과정이다. 한반도에도 이러한 해빙 무드가 불어 닥쳐 중국의 전통적인 혈맹인 북한과의 관계에 덧붙여 한국과 드디어 1992년 8월 24일 정식으로 외교 관계를 수립했다. 한국을 중심으로 하는 국제 정세는 중국을 국교 정상화의 전략적 동반자로 삼음으로써 남북 대치는 물론이고 한국과 중국의 경제 교류 등 각종 민간 교류로 한층 평화로운 분위기가 표면적으로 조성되는 듯 했다.

미국과 중국은 남북의 갈등과 충돌을 더 이상 바라지 않는다는 묵계가 이루어졌고 북한이 핵무기를 개발하지 않는다는 전제 하에서 이러한 분위기는 확보되는 것이었다. 이는 한국 뿐 아니라 중국과 미국에 도움이 되고 나아가서는 북한에도 도움이 되는 길이라는 것을 각국이 깨달은 까닭이었다. 중국으로서는 북한의 경제가 활성화되어 북한 난민이 중국 북부에 유입되지 않는 것이 바람직한 방법이었다. 1980년대 후반 중국은 북한에게 남한과 대화하도록 종용하기도 했으나 한국과의 관계 개선으로 북한과의 관계가 냉랭해졌다. 2002년 미국 부시 대통령이 북한을 “악의 축”으로 명명하는 바람에 북한은 핵무기 개발을 재개하겠다는 위협을 하였고 중국은 이에 우려를 표명했다. 미국이 북한과 직접 협상하겠다는 바람에 중국은 2003년에 한반도를 둘러싼 주변국들 6개국의 외교 회담을 주선하였다. 이 6자는 한국과 북한, 러시아, 미국, 일본과 중국의 6대 세계 강대국을 포함한 국가들을 말한다.

---

194) W. Scott Morton Charlton M. Lewis, *op. cit.*, 248-249.

이 회담 개최를 둘러싼 와중에 북한은 핵무기를 개발했다고 선언했다. 중국이 북한과의 국경 870 마일에 걸쳐 북한 난민의 유입을 막기 위해 군대를 파견했다.[195)]

한국은 중국의 국력이 아시아 주변국에 영향을 미치는 과정을 보여주는 적절한 예가 될 것이다. 과거 몇 년 동안 한국은 낮은 임금과 높은 생산율을 기록한 국가였다. 그러나 중국의 노동력은 한국 경제를 부식시키고 있었다. 2010년까지 한국정부는 중국이 자동차, 반도체와 조선업 등 주요 산업에 있어서 동반자가 되기를 희망했다. 그 결과 한국 투자는 다른 아시아 국가와 같이 중국에 투자를 증가시키고 있었다. 한국의 기업들은 현대자동차 등과 같은 기업들이 2010년까지 50만 대의 자동차를 생산할 계획이며 삼성 그룹은 이중문 냉장고, 자동 세척기, 액정 TV 디스플레이 등의 생산 공장을 중국에 이전할 계획이다. 한국의 투자를 유치하는 것은 한국 산업계의 보고에 따르면 중국에서의 가격과 임금 평균이 각각 상대적으로 한국의 4분의 1과 8분의 1 수준이라고 했다.[196)]

195) W. Scott Morton Charlton M. Lewis, *op. cit.*, 254-255.
196) W. Scott Morton Charlton M. Lewis, *op. cit.*, 255.

제3절 WTO 체제 가입

중국의 세계무역기구(WTO, World Trade Organization) 가입은 현대 중국에 있어서 가장 중요한 사건 중의 하나였다. 중국 경제가 개혁, 개방의 정책 드라이브를 추진하기 시작한 이래로 가장 중요한 역사적 일이었다. 그 의미는 중국 경제가 현대화 과정에 있어서 세계적 범위의 선진 공업 경제 체제에 정식으로 편입되기 시작한 것이었다. 원래 WTO 체제는 제2차 세계대전 이후 세계경제의 무역 체제를 일컫는 용어이다. 1944년 미국 뉴 헴프셔의 브레튼 우드에서 열린 전후 경제 무역 질서에 대한 회의가 발단이었다, 그러나 전쟁에서 승리한 연합국 측을 주축으로 하는 세계무역기구의 설립에 실패했다. 이에 대신하여 관세와 무역에 관한 일반협정(GATT, General Agreement on Tariffs and Trade)과 국제금융기금(IMF, International Monetary Fund) 및 재건과 발전을 위한 세계은행(International Bank)을 설립했다. GATT가 1995년 1월 WTO로 대체되었다.

중국이 가입의사가 있었음에도 불구하고 가입이 되지 않고 있었던 이유는 세계 금융 시장에의 개방이 과연 가능할 것인가라는 서양과 기타 국가들의 의구심 때문이었다. '사회주의 시장경제' 체제의 중국이 이러한 무역을 위한 시장 개방의 조건을 만족시킬 수 있을 것인가 하는 점과 대만의 지위문제가 중국의 WTO 가입의 걸림돌이었다. 중국의 WTO 가입은 중국 정부로서는 필수불가결한 바람이었다.

경제 현대화 성취를 위해서 뿐만 아니라 국가 자존심의 문제이기도 했다. 그러나 유엔 상임이사국으로서 새로운 세계 경제 클럽의 회원이 된다는 것은 중국의 경제발전의 향후 국제화로의 방향과 원숙함을 위해 반드시 필요한 조치였다. 그러나 가입에의 전제조건은 중국 시장, 특히 상업 및 자본 부문에 해외 경제와 은행에

개방되어야 하고 중국 회사가 국제 조약을 준수해야 한다는 것이었다.[197)]

2001년 12월 11일 중국은 마침내 숙원이던 WTO 가입이 성사되었다. 완전 가입 시까지 15년 이상 걸린 장거리 경주 같은 것이었다. WTO나 GATT 역사상 가장 긴 협상의 역사를 기록했다. 대만도 2002년 1월 가입이 되었다. WTO 가입 시 협약에 의하여 중국은 5년 안에 외국 은행에 금융 시장을 개방해야 한다는 내용 등이 포함되었다. 그러나 2006년까지 외국 은행의 중국에서의 운영에 대한 법률이 공포되지 않았다. 이는 중국 내에서 논란이 많았던 부분이었다. 다분히 애국주의와 민족주의적 정서를 상당 부분 담고 있는 문제였다. 또한 동시에 현실적인 우려도 담고 있었다. 외국 은행에 시장을 개방한다는 것은 외국 은행의 더 우월한 지위와 더 높은 서비스 기준 때문에 상대적으로 중국의 국유은행과 본토에서 성장한 은행들을 제치고 투자를 유치할 것이라는 전망 때문이었다. 외국 은행은 중국에서 국무원 외국환 위원회(SAFE, State Administration of Foreign Exchange)의 감독을 받게 된다. 2007년 6월 HSBC 등 저명한 외국 은행들 다수가 거액의 자본 유입에 관한 규칙을 어겼다는 혐의로 벌칙을 받았다. 현재 중국의 증권시장(stock market)이나 자산시장(property market) 등에는 자본이 유입되어 투자되고 있는 실정이다. 그러나 미국에서 발생한 서브프라임 모기지 사태로 인하여 2007년 8월 중국은행은 1000억불에 달하는 가치를 서브 프라임 모기지에 대한 담보로 확보하고 있다고 말했다. 중국 은행의 자본화는 높지만 국제 신용시장에서 많은 위험에 노출되어 있다는 점을 보여주었다.[198)]

---

197) Michael Dillon, *Contemporary China-An Introduction* (New York: Routledge, 2009), 50.

198) Michael Dillon, *op. cit.,* 50-51.

2001년 WTO 가입을 성사시킨 후 세수(稅收) 부분에 있어서 조정하는 것을 시작으로 대규모 국제 관례에 따른 개혁을 시작했다. 우선 세수는 재정부장 샹하이청(항회성, 項悔誠)에 의하면 3% 인하될 것이라고 했다. WTO 가입한 2001년에만 전체의 73%에 해당하는 5300개 세목(稅目)에 대해서 평균 15.3%의 세율을 12%로 낮춘다는 것이다. 2005년에는 중국의 관세의 수준이 10% 정도가 될 것이라고 설명한다.[199]

당시 WTO 가입의 주무 관리인 외경무부부장(外經貿部部長, 대외경제무역부장관)인 스광성(석광생, 石廣生)은 경제 세계화에 중국이 WTO 가입을 계기로 적극 참여하여 수출 확대와 외자의 대량 유치에 계속 매진할 것이라고 주장한다. 세부 항목으로 시장다원화 실시, 양적 팽창에서 벗어나 질적 성장 추구, 과학 기술로 무역 촉진 전략 수립 등과 특히 대외 진출 전략을 수립하여 APEC(Asia-Pacific Economic Cooperation, 아시아태평양경제협력체) 및 ASEAN(The Association of Southeast Asian NAtions, 동남아시아국가연합)과 중국의 10+1 합작, 상해 합작조직 등의 지역경제 합작에 매진할 것이라고 WTO 가입을 위한 10년 동안의 노력의 이유를 설명한다.[200]

그러나 득실은 있다. 중국 경제의 체질 개선에는 도움이 되지만 재래적이고 낙후된 중국 경제의 전반적인 구조에의 충격은 클 것이다. 대표적인 분야가 금융과 농업이 될 것이다. 금융업 분야에서는 현재 가장 중요한 임무가 은행 주식제 개혁을 차질 없게 실시하는 문제이다. 주식제 개혁이 추진되어야만 새로운 은행의 이사회를 중심으로 하는 새로운 다원화된 투자 주체제도를 건립하

199) 和訊網, 「財政部長項悔誠: 中國關稅將下調三個百分點」, 2008年10月6日, http://news.hexun.com/2008-10-06/109501790.html.

200) 新華網, 「石廣生談中國“入世”首年外經貿的工作重點」, 2001年12月19日. http://news.hexun.com/2008-10-06/109502105.html.

는 문제이다. 농업 분야에 있어서는 제3차 토지제도를 제도화하는 문제에 직면해 있다. 토지사용권의 유전(流轉) 체제 건립 문제인데 전국인민대표대회가 농촌 토지 승포법(承包法, 국가나 집체(集體)와 농가가 생산을 위한 계약을 맺는 하청 같은 개념)을 제정하기 위해 개회하여 심의 중이다. 주요 내용은 농촌 토지 승포제를 장기적으로 불변의 고정적인 제도로 건립하는 문제와 토지사용권을 유전(流轉, 양도, 사용권의 전매 등)할 수 있고 양도, 교환 및 주식 매입 등이 가능하게 하는 문제이다.[201]

이후 2003년 11월 국유상업은행에 대해 주식제 개혁을 단행한다. 국유은행의 개혁은 다음 3 단계를 거쳐 이루어져왔다. 첫째 단계는 1984년부터 1994년까지의 국가전업(專業)은행의 단계로 그 전까지의 인민은행 독점 시기에서 1984년 인민은행에서 분리된 중국공상은행, 중국은행, 중국인민건설은행 및 1979년 회복된 중국농업은행 등의 체제를 갖추어 인민은행이 중앙은행의 직능(職能)을 4개 은행이 국가 전업(專業, 전문화)은행으로 2원화체제로 전환되었다. 둘째 단계는 1994년부터 2003년까지의 국유 독자(獨資)상업은행 단계로 1994년에 3개의 정책성은행을 설립했다. 이로써 정책성 금융과 상업 금융을 분리하려는 의도를 가졌다. 1995년 "중화인민공화국상업은행법 '을 제정하여 국유전업은행의 국유독자상업은행으로서의 지위를 법률적으로 확립하려했다. 이후 1997년 아시아 금융위기를 맞아 국가경제안전과 경제금융 안정화를 위해 몇 가지 조치를 취한다. 재무 상태를 재조정하여 국채 발행으로 자본충족률을 4%로 표준을 만족시키고 내부 관리를 개선하여 은행 관리자에 대한 경제평가를 중심으로 하는 엄격한 수권

201) 千龍新聞網, 「勵以寧: 中國入世不是引狼入室也不是與狼共舞」, 2001年12月21日. http://news.hexun.com/2008-10-06/109505209.html.

(授權) 수신(授信)제도를 실시하는 것을 비롯하여 자산부채 비례 관리제도 실행, 국가가 대출 규모를 정하는 제도의 취소, 경영 이익과 자산 질량을 4곳 은행 관리자 평가에 산입 하며 대규모 인사 구조조정을 실히는 것이 골자이다. 또한 외부 감독 관리의 강화를 들 수 있다. 중국증권감독회와 중국보험감독회를 발족시켜 인민은행의 증권과 보험업에 대한 감독 관리 직능을 분리한다. 이러한 개혁의 수순에 맞추어 2003년 국가 통제의 주식제 상업은행 단계의 개혁에 진입했다. 주된 목적은 현대 금융기업을 확립하고자 하는데 있었다. 2003년 말 건설은행를 개혁의 시험지로 하고 회금(匯金)공사를 자본금 450억 달러로 하여 이 두 곳의 은행을 중심으로 주식제 개혁을 실시했다. 주식제 은행의 임무는 외화 자본의 등록, 배치, 차급(次級) 채권 발행 및 회사 규정 준비, 기구 설립 및 활동 등 은행 조직 기구의 완비 등을 포함하고 있다.[202]

202) 金融時報, 「關於國有商業銀行股分制改革得思考」, 2008年10月6日, http://news.hexun.com/2008-10-06/109506729.html.

제4절 올림픽 개최

2008년 8월 8일 29차 올림픽이 북경에서 열렸다. 중국 대표단은 51개의 금메달을 획득하여 세계 1위의 성적을 올렸다. 중국인으로서는 감회가 남다른 국제 대회였다. 올림픽은 유치도 쉽지 않거니와 무엇보다도 세계에서 가장 크고 유명한 이벤트이기 때문이다. 그리고 중요한 이유는 유치하여 대회를 치르는 국가는 더할 나위없는 최고의 선전을 전 세계에 하는 격이었기 때문이다. 가장 중요한 이유는 올림픽은 국가의 정치와는 별개로 그 국가의 정치 체제나 성격에 관계없이 유치가 가능하기 때문이다. 오히려 올림픽으로 인하여 그 국가의 정권의 정당성이 인정되는 듯한 인상을 줄 수도 있다.

올림픽의 북경 유치는 중국인으로서는 100년 만의 꿈이라고 한다. 1908년 중국인이 최초로 올림픽에 참가하겠다고 주장한 해라는 것이다. 1932년 단 1명의 선수가 로스엔젤리스에서 열린 제10회 올림픽에 참가했다. 그러나 공산화 중국 이후 올림픽위원회와의 관계가 중단되어 부득이 1978년 개혁, 개방 정책 실시 이후 비로소 참가가 가능하게 되어 1984년 로스엔젤리스 올림픽에 참가했다. 1991년 공산당은 올림픽 유치를 계획하고 2000년 27회 올림픽을 북경으로 유치하려 했으나 실패하고 2001년 7월 마침내 29회 올림픽 유치가 성사됐다.[203)]

그러나 이러한 국제적 이벤트에 성화 봉송 등의 과정에서 프랑스 등에서 중국인과 현지인이 충돌하는 등 중국의 민족주의적 정서로 인한 문제점이 제기되기도 했다.

203) 新華網, 「2008年: 百年夢圓」, 2009年10月17日.
http://news.xinhuanet.com/politics/2009-10/17/content_12252937_1.htm.

제5절 사회, 문화와 민간 영역의 문제

현대 사회의 구조와 형성에 대한 기원(起源, 발생의 근원, origin) 문제, 즉, 어떻게 현대 사회가 형성되고 구조는 어떤 것인가에 대한 논의는 기본적으로 공산당의 역할과 사회 관념에 달려 있다. 전통적으로 중국은 자발적인 사회 구조의 형성이 되어 가는 과정에 있는 것이 아니라 공산당이 자신의 권력의 의지에 따라 소조(塑造, making)하는 경향이 강한 것이 그 특징이다.

인터넷 통제도 문화 건설의 일부분이다. 자발적인 요소가 대부분인 인터넷이 철저하게 공산당에 의해 통제되어 가는 것이다. 인터넷 문화건설과 관리가 중국 사회주의 문화 건설에서의 중요한 작용을 하는 것이라고 후진타오는 주장한다. 이렇게 건설(실상은 통제 위주)하는 이유는 전 민족(56개 중국 내 민족)의 사상도덕 자질과 과학 문화 자질을 제고하는데 도움이 될 뿐 아니라 공산당의 사상을 선전하는 진지(陣地)로 사용된다.[204)]

농촌인구의 문제는 중국 국운(國運)과 경제에 중대한 영향을 미치는 국가의 대사(大事)이다. 2007년 이래로 매년 정부의 1호 문건이 삼농(三農, 즉, 농민, 농촌, 농업) 문제인 것만 보아도 농촌 문제는 중국 정부의 제 1호 관심사인 것이다. 농촌의 발전과 관련하여 몇 가지 중요한 정책과 방향이 제기되는데 그 중 제일 중요한 정책은 농가 소득 증대, 즉 생산력 향상 문제이고 그 다음의 농촌 유휴노동력의 해결 문제이다. 이와 관련하여 제기되는 문제가 농촌 지역에 중국 특유의 기업인 향진(鄕鎭)기업을 설립하여 노동력을 흡수하는 동시에 2차 산업의 생산력을 증대시킨다. 또 하나의 방법은 농촌의 도시화 문제이다. 농촌의 낙후된 사회 인프라

---

204) 光明日報, 「建設網路文化 鞏固網上陣地」, 2007年6月19日, http://news.xinhuanet.com/politics/2007-06/19/content_6260051.htm.

시설과 모든 문화 및 도시화 시설을 건립, 확보하는 문제이다. 이렇게 하면 농촌 문제도 해결하고 급속도로 경제발전을 이룰 수 있는 점이 있다. 개혁 초기에는 18%의 인구가 도시(cities) 및 소도시(towns)에 거주했는데 2006년 까지 40%의 인구가 도시에 거주하고 있는 통계가 집계되어 있다. 1200만 명으로 추산되는 민공(民工, 즉, 도시로 유입되는 농촌 잉여 혹은 유휴 노동력)의 수자는 2007년 이후 점차 둔화되고 있는 것으로 보인다. 그럼에도 불구하고 이 민공 들은 도시의 하나의 생산력의 새 근원이 되어 가고 있다. 중국의 대도시는 세계적인 인구를 포함하고 있는데 상해는 980만 명, 북경은 740만 명이며 홍콩은 610만 명의 인구가 집계되고 있다. 중국 도시의 문제점은 한 대도시가 주위의 광범위한 농촌과 교외 지역을 관할하고 있다는 점이다.[205)]

도시 지역은 신흥 중산계층이 형성되고 있으며 이들은 현대 경제를 발전시키기 위한 기술을 습득한 농촌 출신들이 도시에 거주한 경우가 많은 것이다. 이들은 신(新) 북경인과 신 상해인 등으로 과거 단위(單位, 중국의 개혁 ,개방 시대의 유일한 직장 형태로 사회보장 성격의 분배 위주의 직장 명칭과 그 개념)에서 고용인에게 제공하는 주택과 급여의 분배를 대체하는 서양식의 전매와 소비 방식을 지향하는 높은 가격으로 거침없이 구매하는 신흥부자(nouveaux riches)의 계층이 광범위하고 신속하게 등장하고 있다. 외식과 문화 시설 이용 및 해외여행 등 레저 활동을 즐기는 신 엘리트 계층이 있는 반면 더욱 광범위한 기층에는 대다수의 빈민과 노인 계층이 대비를 이루고 있다.[206)]

호구(戶口)제도는 중국 사회의 독특한 제도로서 도시민에만 부여되는 주민등록 형식의 쿼터(quota, 즉, 할당제도)시스템의 일

205) Michael Dillon, *op. cit.*, 62.
206) Michael Dillon, *op. cit.*, 62.

종으로 도시민과 농민을 엄격하게 구별 짓는 일종의 신분제도로 불문법이다. 도시 거주의 증명을 가지고 있어야만 도시에서 직업과 교육, 건강과 복지 등 기타 문화 시설 이용에 기본적인 거주민의 권리를 누릴 수 있다. 농촌에서 유입된 민공은 이러한 호구를 획득해야만 도시에서의 취업 등이 가능하다. 호구제도의 붕괴는 1980년대 시작되었다. 1998년까지 도시화와 노동력 활성화가 가족 등록제에 의해 제한되었다. 국무원이 이 분야에 개혁을 하여 결혼을 통해 도시 호구를 취득하고 부모로부터 자녀들이 신분 지위를 물려받는 것을 허용했다. 중앙 차원에서 도시와 농촌 할당을 부과하는 것이 2000년에 폐지되고 2001년에는 각 지방정부에서 도시 호구를 부여해 주는 책임을 맡게 된다. 이것이 혼란과 일관성 결여를 가져와 3분의 2의 지방 차원의 정부 중 11개 지방이 대부분 가장 부유한 동남 부분에 치우쳐 있는데 호구를 철폐하는 계획을 입안했다. 그러나 중국 최대의 도시인 상해나 북경은 이러한 조치에 동참하지 않았다. 범죄와 안전 등의 이유 때문이었다. 북부 중국의 철도 등 교통 허브 도시인 정주(鄭州)는 2001년 친척이 정주에 거주하면 정주 호구를 발급하는 제도를 시행했다가 2004년 이를 자진 철폐했다. 도시가 교통, 건강, 교육 체계에 대한 거주민의 요구를 전부 수용할 수 없었기 때문이었다. 범죄율도 증가했다. 그러나 가장 중요한 점은 농촌 출신에 대한 편견이 이에 작용한 것이다.[207)]

현재의 호구제도의 운용 상황은 어떠한가. 이미 절대적인 장벽은 아니다. 농촌 출신으로 도시로 이주해 와서 거주하는 민공의 수자가 이미 1억 2천만 명을 넘어섰다. 당국이 제도 운영을 느슨하게 하기 시작했기 때문이다. 북경은 이주민들을 추방하는 조치

207) Michael Dillon, *op. cit.*, 63-64.

를 더 이상 취하지 않고 있다. 일부 민공 들은 도시 호구를 취득하도록 허용되고 있다. 그러나 이런 조치들은 모두 임시적인 것이다. 문제점도 있다. 2008년의 북경 올림픽 등 국제 행사를 앞두고 이러한 민공에 대한 제한 조치들이 다시 살아나고 있었다.[208)]

교육은 개혁, 개방 시대에 중국의 가장 중요한 조치 중의 하나였다. 무엇보다도 중국은 장기적으로 정치와 이데올로기적 이유로 인하여 지식인과 정신노동을 경시한 전통을 가지고 있다. 마오저둥은 육체노동을 가장 좋은 교육의 수단으로 보았으며 이를 통하여 인간이 개조된다고 하는 입장을 취했다. "문화혁명" 당시 중국은 모든 교육기관과 교육 실천을 모두 철폐한 역사를 가지고 있었다. 무식과 사상성분만을 강조하고 교양과 지식, 학문은 철저하게 경멸된 사회였다. "문화혁명"이 종결되고 교육제도는 회복되었다. 덩사오핑은 경제개발을 추진하는데 있어서 가장 중요한 것이 교육과 과학 기술이라고 생각했다. 교육제도를 부활하고 강화하며 선진 지식과 학문 및 기술을 배우고 이를 국가의 부강에 사용해야 된다고 믿었다. 그리고 지식인과 과학자, 교육 종사가 들이 사회에서 더 이상 천대받지 않고 대접을 받는 세상이 와야 한다고 주장했다.

개혁 추진자들에게는 마르크스의 교조적 사상이 더 이상 중국의 현실 개혁에 도움이 되지 않는다고 믿었다. 교육의 부활은 쉽지 않았다. 새로운 전통을 확립하는 일이었다. 덩사오핑은 후일 개혁 이후 10년 간 가장 큰 잘못은 교육을 잘못한 것이라고 술회한 바 있다. 새 시대 지도자인 4세대 영도 그룹의 선두주자인 후진타오는 2000년 차기 권력자로 지명된 후 소선대(少先隊, young pioneer) 그룹에 이렇게 말했다. "소선대 학생들이 자신에게 엄

208) Michael Dillon, *op. cit.*, 65.

격하여 학교에서 좋은 학생이 되고 집에서 좋은 자녀가 되며 사회에서 좋은 어린이가 되어야 한다. 그들은 재주 있는 젊은 어른이 되어야만 한다."[209]고 교육의 중요성을 강조한다.

교육제도부터 새로이 건립해야 했다. 1986년 4월 9년 의무교육 제도를 실시했다. 1990년까지 도시와 발달된 농촌 지역에 실시하고 2000년까지 국가의 나머지 지역에 모두 실시하는 것을 목표로 한다. 초등 및 중등교육이 중점 내용이며 초등 교육 이전의 3년 교육이 이 핵심 9년 이전에 배치되며 의무교육 기간 이후에 고등교육이 가능하다. 이 제도가 사교육을 도입하는 결과가 되어 1993년까지 4,030 곳의 초등 사립학교와 851 곳의 중등 사립학교, 그리고 800곳의 사립 고등교육 기관이 운영되었다.[210]

교육 내용이 중요하다. 공산당 통치의 체제 지지를 획득하려면 교육에서 이데올로기 주입식 교육을 실시한다. 이것이 독재 체제의 속성이다. 공산당이 교육을 중시하는 속셈에는 공산당의 국정운영에 대한 선전과 이데올로기 교육을 지속적으로 각 단계 교육에서 모두 실시하는 것이다. 교육 내용의 특징은 매일 아침 어린 초등학교 학생 들이 국가를 부르며 국기 게양식에 의무적으로 참석하여 녹색 제복과 붉은 머플러를 착용하고 있는 장면을 연출한다.[211]

대중 매체에 대한 통제도 가일층 심화되고 있다. 역사적으로 고대로부터 중국은 현대에 으르기까지 다양한 방법과 내용으로 지배자의 이데올로기나 통치 이념과 상충하는 자유롭고 자발적인 언론을 통제한 전통을 가지고 있다. 현재의 상황은 기본적으로 언론 통제의 법률과 관련 규정을 만들어 당과 정부의 이중 체제로

209) 《人民日報》 2000年 6月 2日.
210) Michael Dillon, *op. cit.,* 70.
211) Michael Dillon, *op. cit.,* 71.

통제를 실시하며 '정치 문제를 비(非) 정치화 처리' 하며 과거와 달리 침묵이 아닌 적극적인 대처 방법 등을 취하고 있다. 급기야 2003년 6월 소위 '신문 매체 개혁 '을 추진한다. 그 내용은 "중공 중앙선전부, 신문출판총서와 국가우정총국은 통지를 공포하여 신문잡지의 출판단위가 2003년 9월에 이전에 2004년분 신문 잡지를 구독 예약하는 것을 금지한다. 과학기술 출판물은 예외이다."라는 뉴스를 짤막하게 전했다. 이로써 정부가 3분의 2 정도의 매체를 정리할 것이라는 소식통의 예측이 나왔다. 외국 매체의 경우 스스로 ' 자율 '을 실시한다. 고도로 자각적으로 중국 정부의 인터넷에 대한 각종 요구 사항에 적극적으로 따른다. 야후(yahoo)는 스스로 중국 정부에 대해 중국에서 발표되는 인터넷에는 절대로 중국 국가 안전과 사회 안전을 해치는 내용을 싣지 않는다고 보증했다.[212)]

문화 부분에 있어서도 주로 공산당의 선전을 내용으로 하는 문예물이 주류적인 내용이다. 그러므로 예술과 문학, 대중문화 등은 모두 공산당의 제조나 검열을 거친 것이어야만 중국 내 공연과 공개화가 가능한 실정이다. 이러한 경향은 최근 들어 중국이 경제력을 바탕으로 하는 국력의 신장으로 인하여 공산당의 자신감이 민족주의와 애국주의 정서와 맞물려 더욱 심화되고 있는 실정이다.

2009년 중국 영화를 예로 들어 보자. 중국산 영화가 외국 영화에 대응하여 중국 내 영화시장 점유율이 매출액을 중심으로 56.6%를 차지했다고 한다. 중국 영화는《건국(建國)대업(大業)》과《10월 위성(圍城)》등의 선전물들이 공산당 선전부 등의 지도에 따라 제작되어 일반 극장 뿐 아니라 공공장소 및 농촌 등지에

212) He Qinglian, trans. by Paul Frank, *The Fog of Censorship-Media Control in China*, (New York: Human Rights in China, 2008), 15-17.

서 광범위하게 상영되어 미국 헐리웃 영화인《해리포터와 혼혈왕자》와《트랜스포머2》등을 제치고 우위를 차지했다는 것이다.[213) 이러한 당국의 문화 건설의 예는 중국 사회의 현재의 상황을 잘 나타내준다. 예를 들어 한국의 대중문화를 주된 내용으로 하는 소위 한류(韓流, 외국에서의 한국 대중문화의 내용과 그 영향)가 동아시아를 중심으로 폭발적인 대중적인 인기를 얻고 중국도 예외가 아니라 가장 열기 띤 중심 지역으로 부상한 것이 이미 10여 년이 흘렀다. 현재는 당국을 중심으로 한국적 문화의 유입과 자발적인 확산 현상을 고의적으로 방해하는 움직임이 늘고 있는 것으로 판단되는 실정이다.

개혁, 개방과 더불어 중국은 괄목한 만한 성장을 거두었다. 중국과 중국인의 저력을 세상에 과시했다. 이제 중국인은 과거의 역사 기억에서 벗어나 새로운 초강대국으로 부상하려 하고 있다. 중국이 진정으로 발전했다고 생각되는 현상이 많다. 2008년 10월 중국 국가통계국은 개혁, 개방 30년의 경제사회 발전 성취에 대해 통계를 발표했다. 국민총생산액이 1978년의 3645억 원(인민폐)에서 2007년 249530억 원으로 증가했고 이는 세계 주요 국가 중에서 1978년의 10위에서 4위로 상승했다. 미국, 일본과 독일 다음으로 랭크되어 있다. 1인당 국민총수입은 1978년의 190 달러에서 2007년의 2360 달러로 세계은행의 표준에 따르면 저수입 국가에서 중등 편하(偏下, 약간 아래) 수입 국가의 지위로 올라섰다. 외환 비축액은 1978년의 1.67억 달러에서 2007년에는 15282억 달러로 증가하여 세계 1위를 기록하고 있다. 수출입 총액은 1978년의 206억 달러에서 2007년에 21737억 달러로 104배 증가했다. 이는 세계 무역 총액에서 차지하는 지위가 개혁, 개방

213) 中國網, 「2009中國電影全面豊收 票房總收入62.06億」, 2010年1月8日. http://www.china.com.cn/txt/2010-01/08/content_19204544.htm.

초기의 32위에서 2004년 이래 3위로 랭크되어 있는 것이다.[214)]

그러나 이런 통계와 수치 반대편에는 부작용과 부자유를 그 대가로 하고 있는 듯한 어두운 면이 존재하는 것이 사실이다. 역사는 그것을 증명할 것이다. 그러나 중국의 오늘날의 발전의 긍정적인 면과 부정적인 면이 동시에 작용하는 중국의 현실을 바로보고 거기에서 우리가 얻을 교훈을 새기는 것이 우리가 중국을 대하고 공존해 나가는 오늘날의 지혜가 아닌가 싶다.

214) 中國政府門戶網, 「中華人民共和國大事記(1949年10月-2009年9月). http://www.gov.cn/jrzg/2009-10/03/content_1432074.htm.

〈참고문헌〉

네이버 백과사전, “catastrophe”,
http://100.naver.com/100.nhn?docid=150516.
스프링데일, 「중국 측이 공개하는 한중수교 회담 비사」,
http://konayuki.tistory.com/166.(2009.11.29 검색).
존 킹 페어뱅크 멀 골드만, 김형종 신성곤 옮김,『신중국사』, 서울: 까치, 2005.

鄧小平, 「中國共産黨第十二次全國代表大會開幕詞」(1982.9.1)
鄧小平, 『鄧小平文選(1975-1982年)』, 北京: 人民出版社, 1983.
鄧小平, 『鄧小平選集』(第三卷) , 北京: 人民出版社, 1993.
莫里斯 邁斯納(Maurice Meisner), 『毛澤東的中國及後毛澤東的中國』(Mao s China and After), 成都: 四川人民出版社, 1989.
R. 麥克法誇爾 費正淸, 『革命的中國的興起』(1949-1965), 北京: 中國社會科學出版社, 1990.
R. 麥克法誇爾 費正淸, 『中國革命內部的的革命』(1966-1982), 北京: 中國社會科學出版社, 1992.
毛澤東, 『毛澤東軍事文選』, 北京: 戰士出版社, 1981.
白壽彛 주편, 『中國現代史』(下), 北京: 北京師範大學出版社, 1991, 2版.
北京師範大學歷史系, 『中華人民共和國史』, 北京: 北京師範大學出版社, 1993.
森下修一, 『國共內戰史』, 東京: 三州書店, 昭和45年.
李永芳 何新麗, 「第二十一章 解放戰爭時期土地改革」, 陸廷湘, 『新時期的中國現代史研究』, 成都: 四川大學出版社, 2008.
《人民日報》 2000年 6月 2日.
張繼衛, 「河北省對資本主義工商業的社會主義改造述要」, 檔案天地, 2001 增刊.
張玉法 主編, 『中國現代史論集』全10輯 , 臺北: 聯經出版事業公司, 1985.
周鯨文, 『10年風暴: 中國共産黨政權嫡嫡眞相』, R. 麥克法誇爾 費正淸, 『革命的中國的興起』(1949-1965), 北京: 中國社會科學出版社, 1990. 재인용.
『中國外交史-中華人民共和國時期(1949-1979)』, 전자판.
『中國人民支援軍戰史簡編』, 전자판, 내부자료.

甘 陽. “鄒 讜教授”中國革命再解釋“序”,
http://www.gongfa.com/ganyangzoutang.htm.
光明日報, 「建設網路文化 鞏固網上陣地」, 2007年6月19日,
http://news.xinhuanet.com/politics/2007-06/19/content_6260051.htm.
金融時報, 「關於國有商業銀行股分制改革得思考」, 2008年10月6日,
http://news.hexun.com/2008-10-06/109506729.html.
新華網, 「石廣生談中國“入世”首年外經貿的工作重點」, 2001年12月19日.
http://news.hexun.com/2008-10-06/109502105.html.
新華網, 「胡錦濤: 科學發展觀是我黨提出的新重大戰略思想」, 2004年4月4日.
http://news.xinhuanet.com/newscenter/2004-04/04/content_1400182.htm.
新華網, 「中國共産黨第十七次全國代表大會」, 2007年7月15日.
http://www.xinhuanet.com/zhibo/20071015/.
新華網, 「19戶中央企業入圍《財富》“世界500强”榜單」, 2008年7月10日.
http://news.hexun.com/2008-07-10/107342161.html.
新華網, 『中國道路與中國模式(1949-2009)』, 2009年9月30日,
http://news.xinhuanet.com/politics/2009-10/17/content_12252937_1.htm.
新華網, 「2008年: 百年夢圓」, 2009年10月17日.
http://www.china.com.cn/news/zhuanti/09dlms/2009-09/30/content_18636411_2.htm.
新華網, 「我國2011年將形成三峡爲中心的全國電網」, 2008年10月14日.
http://news.hexun.com/2008-10-14/109896204.html.
第 一財經日報, 「“神七待飛航天技術民用化拉動中國工業發展」, 2008年10月17日.
http://news.hexun.com/2008-10-17/110059141.html.
千龍新聞網, 「勵以寧: 中國入世不是引狼入室也不是與狼共舞」, 2001年12月21日.
http://news.hexun.com/2008-10-06/109505209.html.
中國網, 「2009中國電影全面豊收 票房總收入62.06億」, 2010年1月8日.
http://www.china.com.cn/txt/2010-01/08/content_19204544.htm.
중국 야후 지식당, 중국사.
http://ks.cn.yahoo.com/question/1308012002941.html.

中國政府門戶網, 「中華人民共和國大事記」(1949年10月-2009年9月).
http://www.gov.cn/jrzg/2009-10/03/content_1432074.htm.
中華民國史事日志, 在線閱讀, 正文. 1949-中華民國三十八年乙丑, 讀書網,
http://www.dushu.com/showbook/100283/1011566.html.
和新網, 「破舊立新分稅制」, 2008年7月12日.
http://news.hexun.com/2008-07-12/107387479_1.html.
和訊網, 「1999年中國要實施西部大開發戰略」, 2008年9月22日.
和訊網, 「財政部長項悔誠: 中國關稅將下調三個百分點」, 2008年10月6日,
http://news.hexun.com/2008-10-06/109501790.html.

Branall Chris, *The Industrialization of Rural China*, Oxford: Oxford University Press, 2007.
Dillon Michael, *Contemporary China-An Introduction*, New York: Routledge, 2009.
He Qinglian, trans. by Paul Frank, *The Fog of Censorship-Media Control in China*, New York: Human Rights in China, 2008.
McCord Edward A., "Edward L. Dreyer, China at War, 1901-1949", 13 Sep 1995,
http://www.hartford-hwp.com/archives/55/118.html, 2006.
McMahon Robert, *Cold War-A Very Short Introduction*, New York: Oxford University Press, 2003.
Morton W. Scott and Charlton M. Lewis, *China Its History and Culture,* New York: McGraw-Hill, Inc., 2005.
New York Times, 1946年9月25日.
The China White Paper, Vol. Ⅰ, 97. 1945년 4월 5일.
Tsou Tang(鄒 讜). *America`s Failure in China, 1941-1950.* Chicago: The University of Chicago Press. 1963.
TsouTang(鄒 讜, 저우당). *Twentieth Century Chinese Politics: From the Perspectives of Macro-history and Micromechanism Analysis.* Hong Kong: Oxford University Press. 1994.

현대중국사 (1945-2009)

이 상 옥 저

1판1쇄 인쇄/ 2010년 3월 1일
1판1쇄 발행/ 2010년 3월 5일

발행처/ 전주대학교 출판부
발행인/ 이남식
등록번호/ 제 43호
등록일자/ 1985년 11월 20일
전북 전주시 완산구 효자동 3가 1200
우편번호/ 560-759
전화/ 063-220-2790
FAX/ 063-220-2067

인쇄/ 싸이버기획
전화/ 063-252-1749
FAX/ 063-253-1749

* 잘못된 책은 바꾸어 드립니다.

값 12,000원

ISBN 978-89-8448-135-0 02820